【新 版】
看護師の注意義務と責任
― Q&Aと事故事例の解説 ―

編著　加藤　済仁（弁護士・医師）
　　　蒔田　覚（弁護士）
　著　小林　弘幸（医師）
　　　大平　雅之（弁護士・医師）
　　　墨岡　亮（弁護士）
　　　中田　諭（看護師・臨床工学技士）
　　　櫻井　順子（看護師）

新日本法規

新版にあたって

　平成18年に発刊された本書〔初版〕は、我が師である故加藤済仁先生との最後の共著となりました。それだけに、本書には強い思い入れがあります。本書を手に取っていただいた大勢の皆様の御陰で、10余年の歳月を経て装丁を新たに〔新版〕を世に出すことができました。

　本書〔初版〕発刊後、医療を取り巻く社会環境も大きく変わりました。平成16年より全国展開されたヒヤリ・ハット事例収集事業は、既に多くの医療機関に根付いています。また、平成17年に始まった「診療行為に関連したモデル事業」の結果を踏まえ、「医療事故調査制度」が法整備され、平成27年10月より、医療行為に関連した予期しない死亡等についての事故原因を究明し再発防止に努める取組みがなされています。その間にも、産科医療補償制度、医療裁判外紛争解決（ADR）制度が実現しています。

　チーム医療において、診察・治療等に関連する業務から患者の療養生活の支援に至るまで幅広い業務を担う看護師には、その「キーパーソン」として重要な役割が求められています。そして超高齢社会に対応すべく、平成27年10月より「特定行為研修制度」が導入されるなど、看護師の果たす役割は年々大きくなっています。これに伴い、他の医療従事者の業務内容の見直しや、これまで曖昧であった医療行為の概念についても整理が進むなどの変化も見られています。看護師の役割の拡大は、同時にその法的責任が重くなることを意味します。看護業務を行うに当たり、法的責任について正確な理解をすることの重要性は、さらに増しているといえるでしょう。

　故加藤済仁先生は、医師資格を有する弁護士として、その人生の大部分を医療紛争の解決に費やしました。彼ほど、医療と医療従事者を愛し、また裁判所を信頼した弁護士はいないかもしれません。医療の発展は、人類に福音をもたらしました。一方で、医療は身体に侵襲を

伴う行為であることから、一定の割合で合併症・偶発症・副作用といった悪しき結果を発生する危険性を内在しています。この点に関し、医療が危険であるからこそ少しでも安全な医療を実現したいと考える医療従事者と、医療の安全を信じて疑わない患者との間には溝があります。平成に入ってから平成16年までの医療紛争の著しい増加は、この溝を一層大きなものとしました。近年の医療安全の取組みが、この溝を埋めることを願っています。

　法的責任は個人責任を原則としますが、果たして個人責任を追及することが安全な医療、ひいては国民の利益につながるのでしょうか。事実、厳しすぎる個人責任の追及は、萎縮医療という大きな弊害をもたらしました。医療従事者個人の責任追及ではなく、その背景に焦点を当て医療安全を実現すること、これこそが故加藤済仁先生の願いであり、その生涯を通じて求めたものでした。医療従事者が働きやすい環境を構築することは、結果として国民の利益となるでしょう。

　訴訟社会、超高齢社会の中で、医療を取り巻く環境はこれからも大きく変化するでしょう。しかし、医療が「患者と医療従事者の信頼関係」の上に成り立つという本質は何ら変わることがないと信じています。

　新版においては、看護師その他の医療従事者が知っておくべき、最新の法律や通知をできる限り紹介しました。また、本書〔初版〕以降の裁判例を新たに多数紹介させていただきました。医療と法律とは、水と油のような関係と言われることがあります。本書がこの橋渡しの一助となれば望外の喜びです。

　最後に、本書の全面的な見直しに当たり、編集・構成にご尽力いただいた新日本法規出版株式会社の墨恭弘氏ほか関係の皆様に厚く御礼申し上げます。

　平成30年11月

　　　　　　　　　　　　　　　　　　蒔田　覚

は　し　が　き

　医療訴訟の最近の増加には著しいものがあります。医療の高度化、専門化、複雑化が進む中で、看護師に求められる役割も変化してきています。平成14年9月30日の保健師助産師看護師法が規定する「診療の補助」の行政解釈の変更により、看護師が静脈注射を行うことができるようになる等その範囲はますます拡大し、看護師業務の中心が「診療の補助」から看護師が自らの判断に基づいて行う「療養上の世話」へと変化する等、看護師を取り巻く環境は激変しています。

　診療の補助は、医師の指示に基づくものであるため、多くの場合、使用者である病院や診療所等医療機関の経営者や、指示をした医師の責任にのみ焦点が当てられ、看護師の責任はこの陰に隠れていました。しかし、看護師は「診療の補助」と「療養上の世話」を行う専門職であり、その業務内容に過ちがあれば、専門家としての責任を負うのは当然のことです。最近では看護師個人の法的責任が問われる事例も多く見受けられるようになってきています。

　医療訴訟を取り扱った法律家向けの専門書は既に多数存在しているものの、看護業務について正面から取り扱ったものは未だ不足しています。看護業務に関しては、医師の指示を必要とする業務の範囲、チーム医療下における責任の分担等複雑な法的問題を含んでいます。

　本書では、医療訴訟を担当する法律実務家の立場から、看護業務と法律上の責任との関係をＱ＆Ａ形式で分かりやすく解説し、実際に看護師等の責任が問われた裁判例を紹介し評論を加えています。また、参考となる情報や裁判例に類似したヒヤリ・ハット事例を、コラムとして適宜掲げることで、日常診療における注意を喚起できるような構成となっています。

　本書が医療訴訟を取り扱う多くの法律実務家の参考文献の一つとし

て利用されるだけでなく、病院や診療所等の医療機関における安全管理の一助となることを切に願っています。

　最後に、本書の刊行に当たり、編集にご尽力頂いた新日本法規出版株式会社の祖父江宏志氏ほかの方々に、この場を借りて心より御礼申し上げます。

　平成18年7月

加藤済仁・蒔田　覚

編集・執筆者一覧

＜編集・執筆者＞

加藤　済仁（弁護士・医師）

医学博士
仁邦法律事務所　所長
学校法人　東邦大学　常務理事
東邦大学・順天堂大学　客員教授
日本大学法科大学院　非常勤講師　等
を歴任し、平成19年逝去

蒔田　覚（弁護士）

仁邦法律事務所　所属
学校法人　駿河台大学　理事
日本大学法科大学院　非常勤講師
日本看護協会看護研修学校　非常勤講師
東海大学医療技術短期大学　非常勤講師
東海大学認定看護師教育課程　非常勤講師
杏林大学医学部附属病院集中ケア認定看護師教育過程　非常勤講師
東京大学医学部附属病院　監査委員

＜執　筆　者＞

小林　弘幸（医師）

医学博士
順天堂大学医学部総合診療科・病院管理学・漢方医学先端臨床センター　教授
順天堂大学医学部附属順天堂医院　医療安全推進部　部長
東京都医師会　理事

大平　雅之（弁護士・医師）

医学博士
仁邦法律事務所　所属
埼玉医科大学国際医療センター脳卒中内科　講師
慶應義塾大学医学部　非常勤講師
日本大学法科大学院　非常勤講師
日本神経学会　医療安全調査委員会委員

墨岡　亮（弁護士）

医学博士
仁邦法律事務所　所属
順天堂大学医学部　非常勤講師
都立広尾看護専門学校　非常勤講師
東京都立青梅看護専門学校　非常勤講師
東海大学医療技術短期大学　非常勤講師

中田　諭（看護師・臨床工学技士）

聖路加国際大学　大学院看護学研究科　急性期看護学（周麻酔期看護学）
准教授

櫻井　順子（看護師）

順天堂大学医学部附属順天堂医院　医療安全管理室　課長　医療安全管理者

凡　　例

〈本書の内容〉

　本書は医療事故の中でも、看護職者が関与したものに焦点を当て、その法的責任と職務上注意すべきポイントについて解説したものです。

〈本書の体系・構成〉

　本書は、「序章　看護事故の背景と現状」で全般的な解説を行い、「第1章　看護師の法的位置付けと責任」では概説とＱ＆Ａ形式で、「第2章　事例にみる看護師の注意義務と責任」では概説と具体的事例を取り上げ、看護業務における法律上の責任を解説しています。

　第2章の各事例は、判示事項、事例、（患者側・病院側等の）主張、裁判所はどう判断したか、コメントにより構成されています。事例によっては、適宜コラムを付しています。また、事例のもととなった判例の出典はゴシック体で表記しています。

　なお、検索の便を図るため、巻末に事項索引、判例年次索引を掲げました。

〈表記の統一事項〉

1　当事者

　当事者の表記は次のとおりです。

　　　「Ｘ」…原告・請求側（複数の場合はＸ₁、Ｘ₂）

　　　「Ｙ」…被告側（複数の場合はＹ₁、Ｙ₂）

　　　「Ａ」、「Ｂ」…その他

2　法　令

　本文中に使用される法令名は、原則としてフルネームを使用しましたが、根拠となる法令名については、次の略記法および略語を用いました。

　（1）　略記法

　　　（保助看43①一）＝保健師助産師看護師法43条1項1号

(2) 法令の略語（〔 〕は、解説本文中で使用した法令の略語）

医師	医師法
医療	医療法
介護福祉士	社会福祉士及び介護福祉士法
国公	国家公務員法
個人情報	個人情報の保護に関する法律〔個人情報保護法〕
個人情報令	個人情報の保護に関する法律施行令
刑	刑法
刑訴	刑事訴訟法
地公	地方公務員法
放射線技師	診療放射線技師法
保助看	保健師助産師看護師法〔保助看法〕
民	民法
民訴	民事訴訟法
薬剤師	薬剤師法

3 判 例

判例につきましては、次の略記法および出典の略称を用いました。

(1) 略記法

（静岡地判平28・3・24判時2319・86）

＝静岡地方裁判所平成28年3月24日判決、判例時報2319号86頁

(2) 判例集の略称

刑月	刑事裁判月報
刑集	最高裁判所判例集（刑事）
民集	最高裁判所判例集（民事）
東高刑報	東京高等裁判所判決時報（刑事）
東高民報	東京高等裁判所判決時報（民事）
判時	判例時報
判タ	判例タイムズ

目　　次

序　章　看護事故の背景と現状

ページ

1　看護事故による法的責任……………………………………5

2　看護事故の内容………………………………………………6

3　看護事故の現状………………………………………………6

4　看護事故の予防………………………………………………7

5　記録の重要性…………………………………………………9

6　終わりに……………………………………………………12

第1章　看護師の法的位置付けと責任

【概　説】

　医療行為について考える …………………………………15

【Q & A】

1　保健師助産師看護師法

Q1　看護職の資格法である保健師助産師看護師法とは………………31

Q2　保助看法で定める看護師の業務とは………………………………32

Q3　看護師の守秘義務とは………………………………………………34

Q4　保助看法で看護師に課せられているその他の義務とは…………36

Q5　看護師の業務の独占とは……………………………………………37

Q 6　看護師の名称独占とは…………………………………………37
Q 7　看護業務を行える者は……………………………………………38
Q 8　看護学生の臨地実習が許容されるのは………………………40
Q 9　患者家族による医療行為が許容されるのは…………………41

2　看護師の業務

Q10　看護業務が行われる場所とは…………………………………42
Q11　「療養上の世話」の意味とは……………………………………43
Q12　「療養上の世話」と医師の指示との関係は…………………44
Q13　「診療の補助」の意味とは………………………………………45
Q14　「診療の補助」と医師の指示の関係は………………………47
Q15　臨時応急の手当とは………………………………………………48
Q16　特定行為研修とは…………………………………………………49
Q17　特定行為とは………………………………………………………51
Q18　看護師はどこまで診療の補助ができるのか………………52
Q19　看護師が、静脈注射や麻酔行為の補助をすることは許さ
　　　れるか………………………………………………………………54
Q20　看護師が、分娩進行の状況把握を目的として内診を行う
　　　ことは許されるか………………………………………………56
Q21　看護師が、気管挿管を行うことは許されるか………………57
Q22　チーム医療における看護師の役割は…………………………58
Q23　他の医療従事者との関係は……………………………………59
Q24　看護業務と介護福祉業務の違いとは…………………………61

3　看護業務上の事故と法的責任

Q25　医療事故と医療過誤との違いは………………………………63
Q26　インシデント・アクシデントレポートとは…………………66
Q27　「医療事故調査制度」とは………………………………………67

目　次　　3

Q28　「医療事故調査報告書」を裁判で利用することはできる
　　　のか……………………………………………………………………69
Q29　医師の責任と看護師の責任の範囲は………………………………70
Q30　看護業務と法的責任の関係は………………………………………73
Q31　医療事故を起こしたときの責任は…………………………………75
Q32　民事責任とは…………………………………………………………77
Q33　刑事責任とは…………………………………………………………82
Q34　行政責任とは…………………………………………………………84
Q35　法的責任相互の関係は………………………………………………85
Q36　紛争になったときの解決手段は……………………………………87

4　看護行為の注意義務

Q37　看護師に求められる注意義務とは…………………………………93
Q38　「最善の看護」の内容とは…………………………………………95
Q39　看護水準には常に達していなければならないのか………………96
Q40　看護慣行に従っていれば注意義務を果たしたといえるの
　　　か……………………………………………………………………98
Q41　裁判上の過失（注意義務違反）の判定基準とは…………………99
Q42　「療養上の世話」の具体的注意義務の内容とは………………… 100
Q43　「診療の補助」の具体的注意義務の内容とは…………………… 102

5　看護職賠償責任保険制度

Q44　看護職賠償責任保険制度ができた背景は………………………… 103
Q45　看護職賠償責任保険制度の仕組みと特徴は……………………… 105

6　個人情報保護法

Q46　個人情報保護法とは………………………………………………… 106
Q47　要配慮個人情報とは………………………………………………… 108

4　　　目　　次

Q48　個人情報保護法と看護師の守秘義務との関係は……………………109

Q49　診療情報開示請求の内容とは………………………………………110

Q50　公的機関等からの照会等に対する対応は…………………………111

第2章　事例にみる看護師の注意義務と責任

【概　説】

看護師の法的責任………………………………………………115

【事例解説】

1　看護師の刑事責任

〔1〕　看護師が医師の補助として行った採血に際して、電気吸
　　引器の操作を誤り、また、医師もこのミスを見過ごした
　　ため、供血者を死亡させたことにつき、電気吸引器の点
　　検確認の注意義務を尽くさなかったことに過失があると
　　して看護師に罰金刑が言い渡された事例―いわゆる「千
　　葉大採血ミス事件」―………………………………………117

　　〔コラム〕　医師の責任と看護師の責任…………………120

〔2〕　外科手術の際に電気メス器へのケーブルの接続を担当し
　　た看護師が、誤って交互誤接続をしたために患児の右足
　　に高度の熱傷を生じさせたという事案につき、看護師の
　　刑事責任のみを認め、執刀医の責任を否定した事例―い
　　わゆる「北大電気メス器誤接続事件」―…………………122

〔3〕　ヘパリンナトリウム生理食塩水を準備する際に他の患者
　　に対する消毒液を同時に準備したことから薬剤の取違え
　　を生じ、誤って消毒液を投与して入院患者を死亡させた

事案について、看護師らの刑事責任が認められた事例―
いわゆる「都立広尾病院消毒剤誤注入事件」―………………… 128

　　〔コラム〕　異状死体等の届出義務……………………………… 131

　　〔コラム〕　薬剤の取違え………………………………………… 133

〔４〕　手術室への患者搬入の際に、患者の同一性の確認を怠っ
たために、本来心臓手術を予定された患者に肺手術が、
肺手術を予定されていた患者に心臓手術が実施された事
案につき、看護師、麻酔医、執刀医の刑事責任が認めら
れた事例―いわゆる「横浜市立大学患者取違え事件」―……… 136

　　〔コラム〕　患者の取違えの防止………………………………… 139

〔５〕　人工呼吸器の加温加湿器チャンバー内に滅菌精製水を補
充するに際し、滅菌精製水入りポリタンクと誤って消毒
用エタノール５ℓ入りポリタンクを準備し、気化した消
毒用エタノールを吸引させたことにより患者を死亡させ
た事例……………………………………………………………… 141

　　〔コラム〕　1年目の看護師 ……………………………………… 145

〔６〕　医師から塩化カルシウムを静脈注射するよう指示を受け
た准看護師が、薬液を塩化カリウム液であるコンクライ
ト―Kに取り違え、本来希釈点滴して使用すべき同液を
そのまま女児に静脈注射したことにより、同児を心肺停
止状態に陥らせた結果、女児に回復の見込みのない両上
下肢機能全廃等の重度後遺障害が残存することとなった
事例………………………………………………………………… 147

　　〔コラム〕　医師の指示と看護師の責任………………………… 150

　　〔コラム〕　口頭指示と書面による指示………………………… 151

〔７〕　医師から腹部超音波検査の依頼を受けた男性臨床検査技
師が、単独で実施した超音波検査（会陰走査）が、これ
に名を借りたわいせつ行為に該当するとして、逮捕・起

訴された事例……………………………………………153

〔コラム〕　患者の羞恥心・性差について……………157

〔8〕　看護師が入院患者2名の足の爪を剥離させた事案につい
　　　て、傷害の故意がないことや正当業務行為として違法性
　　　が阻却されることを理由として、傷害の罪を認定した第
　　　1審判決を破棄して無罪が言い渡された事例………………160

2　採血・注射・点滴・与薬の事故

〔9〕　看護師が、献血に先立って献血者の左前腕部から試験採
　　　血を行った際に、献血者に前腕皮神経損傷が発生した事
　　　案で、前腕皮神経の走行を予見することは不可能である
　　　として、上記試験採血を行った看護師の過失が否定され
　　　た事例………………………………………………………164

〔コラム〕　献血の特殊性……………………………………168

〔10〕　患者（女児）の蕁麻疹治療のため、医師が看護師に対し
　　　て塩化カルシウム注射液を静脈注射するように指示し、
　　　これを受けた准看護師が塩化カリウム（コンクライトー
　　　K）を原液のまま静脈注射したことにより、患者（女児）
　　　に身体障害1級の後遺障害が生じたことにつき、医療機
　　　関、医師および准看護師への損害賠償が認容された事例
　　　（認容額：約2億5,000万円）……………………………169

〔コラム〕　看護師・医師・医療機関の責任の関係…………175

〔コラム〕　看護師の静脈注射………………………………177

〔11〕　看護師が、蓄尿検査を行う際に防腐剤として使用するア
　　　ジ化ナトリウムを、誤って患者に内服させたことにより、
　　　患者が白質脳症となり、身の回りの動作に全面的な介護
　　　を要する状態となったことにつき、患者とその家族が、
　　　医療機関に対し、損害賠償を請求した事例（認容額：約

9,800万円、既払金約5,000万円を除く）………………………… 179
　　　〔コラム〕　医療訴訟と医療安全について………………………… 184
〔12〕 介護老人保健施設においてグリセリン浣腸を受けた後、
　　　高熱や腹痛等を訴え、敗血症により死亡した80歳の入所
　　　者について、看護師に浣腸時の体位の選択に関する注意
　　　義務違反があり、そのため直腸壁が損傷し敗血症を発症
　　　したとして、死亡慰謝料の請求が認容された事例（認容
　　　額：800万円）………………………………………………………… 185
　　　〔コラム〕　死亡慰謝料―「赤い本」と「青本」―…………… 191
〔13〕 点滴ルート確保のために左腕に末梢静脈留置針を穿刺す
　　　る際、看護師が十分な注意を払わずに穿刺行為を行うな
　　　どの過失により、複合性局所疼痛症候群（CRPS）を発症
　　　したとして損害賠償を求めた事例（第1審認容額：約
　　　6,100万円／控訴審認容額：約5,700万円／上告受理申立
　　　不受理決定）………………………………………………………… 193
　　　〔コラム〕　診断の重み……………………………………………… 201

3　転倒・転落事故・身体拘束

〔14〕 白内障で入院中の患者がベッドから転落し右大腿骨を骨
　　　折し、その後右大腿骨骨頭壊死となった事案につき、ナ
　　　ースコールを前提として看護態勢をとれば足りるとして
　　　病院側の過失が否定された事例（請求棄却）………………… 202
　　　〔コラム〕　転倒・転落事故防止………………………………… 206
〔15〕 ベッドからの転落を防止するための措置が不十分であっ
　　　たため患者がベッドから転落し、死亡したとして、その
　　　相続人らがそれぞれ900万円の損害賠償請求をした事例
　　　（請求棄却）………………………………………………………… 207
　　　〔コラム〕　追記の方法…………………………………………… 212

8　　　目　次

〔16〕　病院に入院中の患者が、必要もないのに看護師によって
　　　ミトン（抑制具）を使って身体を拘束された上、親族に
　　　対する報告や説明がされなかったこと等がいずれも違法
　　　であるなどと主張して、不法行為ないし診療契約上の義
　　　務の不履行による損害賠償請求に基づき慰謝料600万円
　　　の支払を求めた事例（第1審：請求棄却／控訴審認容額：
　　　約70万円／上告審：破棄自判、控訴棄却により第1審判決
　　　確定）‥‥‥‥‥‥‥‥‥‥‥‥‥‥‥‥‥‥‥‥‥‥214

〔17〕　病院に入院中、ベッドから転落して頸髄損傷の傷害を負
　　　った患者が、転落防止のための抑制帯使用義務違反等が
　　　あるとして病院の責任追及をしたところ、患者側の請求
　　　が認められた事例（第1審：請求棄却／控訴審認容額：約
　　　4,500万円）‥‥‥‥‥‥‥‥‥‥‥‥‥‥‥‥‥‥‥222

4　食事介助・誤嚥防止、痰の吸引、療養上の世話に関する事故

〔18〕　永久気管ろうの患者の入浴介助を行う際に、看護師が、
　　　患者の永久気管ろうに誤ってサージカルドレープ（通気
　　　性がないフィルム）を貼り付けたため呼吸が停止し、無
　　　酸素脳症による遷延性意識障害の後遺障害を負わせたこ
　　　とに、看護師の注意義務違反があるとされた事例（認容
　　　額：約3,850万円）‥‥‥‥‥‥‥‥‥‥‥‥‥‥‥‥228
　　　〔コラム〕　素因減額‥‥‥‥‥‥‥‥‥‥‥‥‥‥‥234

〔19〕　看護師が床ずれ防止のために入院中の患者の右膝を持ち
　　　上げた際に、右大腿骨骨折を生じ、骨折から16日目に心
　　　腎不全により患者が死亡したことについて、相続人らが
　　　病院および看護師に対して損害賠償請求を行った事例
　　　（請求棄却）‥‥‥‥‥‥‥‥‥‥‥‥‥‥‥‥‥‥235

〔20〕 介護老人保健施設に短期入所していた利用者が、退所日
に担当看護師によるシャワー浴の実施を受けたところ、
退所後同日のうちに自宅で発熱し、重症肺炎、心不全と
なったことに対して、家族の意向を無視したシャワー浴
であったなどとして慰謝料等を求めた事例（請求棄却）………243

〔21〕 くも膜下出血で病院に搬送され緊急手術を受けた患者
が、術後5日目の昼食中に、蒸しパンを喉に詰まらせ窒息
したことについて、患者およびその近親者が、病院およ
び主治医に、経口摂取の判断を誤った、あるいは適切な
食事介助を怠ったなどの過失ないし注意義務違反があ
り、これにより後遺障害を負ったとして、損害賠償を求
めた事例（認容額：約4,800万円）……………………………249

5 医療機器取扱いに関する事故

〔22〕 看護師が、アイセル病（先天性代謝異常）で入院中の4歳
の男児を入浴させた後、人工呼吸器を装着した際に装置
の脱落を知らせるアラームのスイッチを入れ忘れたため
に、異常の発見が遅れて、死亡した事例（認容額：1,650
万円）………………………………………………………………255

　〔コラム〕　オオカミが来た………………………………260
　〔コラム〕　モニターの時刻設定………………………………261

〔23〕 入院中の患者が低酸素血症により死亡したのは、担当看
護師が心電図モニターのアラームに迅速に対応しなかっ
た、人工鼻の使用を中止しなかった等の注意義務に違反
したことが原因であるとして、患者遺族が損害賠償を求
めた事例（請求棄却／控訴棄却）…………………………262

　〔コラム〕　医療慣行が尊重された背景について………………269

6　患者の経過観察に関する事故

〔24〕　腸閉塞の手術後の患者が腹膜炎のために容態が急変し死
亡するに至った事案につき、術後の経過観察において、
容態に変化があった場合に当直医に報告することは看護
師として当然にとるべき措置であって、当直の看護師が
担当医に連絡することを怠った点に過失があるとされた
事例（認容額：4,200万円）……………………………………270

　　　〔コラム〕　医師と看護師の協力……………………………273

〔25〕　小児もやもや病の治療のため、頭蓋内外血管間接吻合術
を受けた患者が、手術後に脳梗塞を生じ死亡したことか
ら、患者の両親が、担当医師らに、①適応がなかったに
もかかわらず手術を実施した過失、②適切な術後管理を
怠った過失、③手術の危険性につき十分な説明を怠った
過失があったなどと主張して損害賠償を請求した事例
（請求棄却）…………………………………………………………274

〔26〕　入院中の患者が脳梗塞を再発して重篤な後遺障害が生じ
たことについて、看護師が患者に何らかの異変が生じて
いると気付くべきであったとして、患者家族が病院に対
して損害賠償請求を行った事例（請求棄却）………………281

〔27〕　入院中に呼吸停止状態に陥って植物状態となり、その後
死亡したことについて、看護師らにおいて心拍数モニタ
ーのアラームに対応すべき注意義務があるのにこれを怠
った過失があるなどとして、患者の相続人らが3,550万
円および遅延損害金の請求を行った事例（認容額：2,250
万円）……………………………………………………………………287

7　感　染

〔28〕　脳出血に対する開頭血腫除去術等の術後、感染症等によ

り死亡した事案について、髄液滲出部位の傷の縫合が不十分であったとされたが、縫合が十分であったとしてもMRSA感染が避けられたとはいえず死亡との相当因果関係が否定され、さらに患者が死亡時点でなお生存していた相当程度の可能性も否定された事例（請求棄却／控訴棄却）……………………………………………………… 294

8　新生児・乳幼児の事故

〔29〕　助産師が、生後3日目の男児に腹満が認められたことから新生児用コットでうつ伏せ寝にしたところ、心肺停止の状態で発見され、重篤な後遺障害のために8か月後に死亡した事案につき、心肺停止の原因がSIDSではなく窒息であるとして、助産師の不法行為責任を前提とする病院の使用者責任が認められた事例（認容額：約4,800万円）……………………………………………………… 301

　　　〔コラム〕　院内で配布している資料…………………………… 308

〔30〕　看護師が、入院中の1歳の幼児のために家族が持参したコップ状の玩具を与えていたところ、この玩具が鼻口を閉塞し、幼児に重篤な後遺障害が残った事案について、病院が安全配慮（監視）義務を怠ったとして、病院開設者に対する損害賠償請求が認容された事例（認容額：約1億5,000万円）……………………………………………… 309

　　　〔コラム〕　損害賠償責任………………………………………… 317

〔31〕　出産後母児同室制度を採用している病院において、帝王切開での出産当日に母児同室としたところ新生児に低酸素性脳症が発生した事案につき、産科医療補償制度の原因分析報告書の意見等を証拠に挙げ、病院の経過観察義務違反等の損害賠償責任が否定された事例（第1審認容

12 目　　次

　　　額：約1億2,000万円／控訴棄却／上告棄却・不受理）………… 318
　　〔コラム〕　母児同室／早期母子接触について………………… 325
　　〔コラム〕　産科医療補償制度……………………………………… 326

9　精神科看護の事故

〔32〕精神科病棟に任意入院の患者が、全く面識のないＡを外
　　　出中に刺殺したという通り魔殺人を起こした場合に、抗
　　　うつ薬などの処方変更による治療上の過失を否定し、処
　　　方の変更による高度な経過観察義務は生じないとし、病
　　　院側の責任を否定した事例（請求棄却／控訴棄却／上告
　　　棄却・不受理）…………………………………………………… 328
〔33〕情緒不安定性人格障害のため精神保健及び精神障害者福
　　　祉に関する法律29条1項に基づく措置入院により入院し、
　　　治療の必要上身体拘束を受けていた患者が、身体拘束の
　　　試験解除中に隔離室で縊死したことについて、遺族らが
　　　医療従事者の注意義務違反等を主張したところ、自殺を
　　　具体的に予見することは困難であったとし、ストッキン
　　　グの装着・回収、動静の監視およびベッドのギャッチア
　　　ップに関する各注意義務違反が否定された事例（請求棄
　　　却）………………………………………………………………… 334

10　その他の事故

〔34〕腰椎骨折した患者において、HIV陽性であることが判明
　　　し、看護師等の動揺を避けるために手術を回避したこと
　　　が期待権および人格権を侵害したとして、予備的請求に
　　　基づく損害賠償が認容された事例（認容額：100万円）………… 344
〔35〕紹介予定派遣として医療法人に勤務した看護師が、MRI
　　　検査室に金属製品を持ち込んだことによりMRIが破損し

たことについて、労働者派遣事業を営む株式会社に使用
者責任を認めた上で、医療法人側にも金属製品を持ち込
まないよう配慮すべき義務を怠った過失があるとして3
割の過失相殺を認めた事例（認容額：約400万円）…………… 349

〔36〕 健康診断の一環として実施した胃がん検診の際に、受診
者がバリウムを服用した後に大腸穿孔、腹膜炎等を発症
し死亡したことについて、看護師の説明義務違反、問診
義務違反が問題となったが、いずれの請求も斥けられた
事例（請求棄却） ………………………………………………… 356

〔コラム〕 お見舞い金を交付することの危険性について……… 361

〔37〕 看護師が、診療記録（外来）に虚偽の事実を記載したと
の患者の主張が斥けられた事例（請求棄却）………………… 362

〔コラム〕 クレーム対応について………………………………… 365

11 看護師が被害に遭った事例

〔38〕 病院の看護助手が、数人の看護師らと共にせん妄のため
暴れる患者の抑制作業の際に腕を噛まれてＣ型肝炎に罹
患した場合に、病院側に安全配慮義務違反があったとし
て損害賠償責任が認められた事例（認容額：約2,500万円）……… 367

〔コラム〕 患者の暴力と診療拒否………………………………… 373

〔39〕 担当看護師らが患者の言動が人格権ないし人格的利益を
侵害する不法行為に当たるとして損害賠償を求めたが、
患者が憤慨するのも無理はないとして、その請求が棄却
された事例（請求棄却）………………………………………… 375

〔コラム〕 書面を求められた場合の対応………………………… 383

12　個人情報保護に関する事例

〔40〕　県立病院にて発生した医療事故に関し、情報公開条例に
　　　基づく医療事故報告書、事故対策委員会報告書、医療事
　　　故調査報告書、医師法21条による報告書および医療事故
　　　保険の手続文書の開示請求において、記載された患者情
　　　報等の一部非開示が適法とされた事例（請求棄却／控訴
　　　棄却）……………………………………………………………… 385
　　　〔コラム〕　弁護士会照会への対応…………………………… 390

〔41〕　特定健康診断にて女性が心電図検査実施中に、男児がド
　　　アを開けて顔をのぞかせたことにより精神的損害を被っ
　　　たとして、損害賠償が一部認容された事例（認容額：5万
　　　円）……………………………………………………………… 392

〔42〕　病院に勤務する看護師が、その夫に、患者の母親の経営
　　　する飲食店名とともに、重い病気に罹患していることな
　　　どの患者情報を伝えたことが、患者の秘密漏洩に該当す
　　　るとして、病院開設者である医師に、不法行為に基づく
　　　使用者責任としての損害賠償請求が認容された事例（認
　　　容額：110万円）……………………………………………… 397

〔43〕　使用者である病院が、勤務する看護師に関し、患者とし
　　　て取得したHIVに感染しているとの情報を、看護師本人
　　　の事前の同意がないまま労務管理に利用したこと、この
　　　情報に基づいて勤務を休むよう指示したことが、個人情
　　　報の目的外利用としてプライバシー侵害に該当するとと
　　　もに就労を妨げたものとして、病院に対し、不法行為に
　　　基づく損害賠償請求が一部認容された事例（第1審認容
　　　額：115万円／控訴審認容額：60万円）………………… 405
　　　〔コラム〕　HIV感染者の勤務について……………………… 412

13 看護師が知っておきたい重要判例（最高裁判所判例）

(1) 医療水準

〔44〕 診療契約に基づき医療機関に要求される医療水準………………414

(2) 能書判決

〔45〕 医薬品の添付文書（能書）に記載された使用上の注意事
項と医師の注意義務―医師が医薬品を使用するに当たっ
て医薬品の添付文書（能書）に記載された使用上の注意
事項に従わず、それによって医療事故が発生した場合に
は、これに従わなかったことにつき特段の合理的理由が
ない限り、当該医師の過失が推定されるとした事例―…………417

(3) 相当程度の可能性の理論

〔46〕 医師の過失ある医療行為と患者の死亡との間の因果関係
の存在は証明されないけれども、医療水準にかなった医
療が行われていたならば患者がその死亡の時点において
なお生存していた相当程度の可能性の存在が証明される
場合、生存の相当程度の可能性侵害についての損害を賠
償しなければならないとした事例………………………………420

(4) いわゆる期待権侵害の理論

〔47〕 深部静脈血栓症に関し、専門医に紹介するなどの義務を
怠り、約3年間、その症状の原因が分からないまま、その
時点においてなし得る治療や指導を受けられない状況に
置かれたことを理由に精神的損害の損害賠償を認めた原
審を、期待権の侵害のみを理由とする不法行為責任は当
該医療行為が著しく不適切なものである事案について検
討し得るにとどまるとして、破棄した事例…………………………424

索　引

○事項索引………………………………………………………429
○判例年次索引…………………………………………………434

序　章

看護事故の
　背景と現状

2

序　章　看護事故の背景と現状

　平成11年1月に大学病院で心臓手術患者と肺手術患者を取り違えるという事故が発生し、翌2月には公立病院で術後患者に誤って消毒剤を注射し患者が死亡するという事故が発生しました。これらの事故には看護師の関与も大きく、関与した看護師はそれぞれ、業務上過失傷害、業務上過失致死の刑事責任に問われています。

　患者確認、薬剤の確認は、安全な医療の提供の上で最も基本的な事項であるにもかかわらず、大学病院や公立病院において、これらの確認ができていない現実が発覚したことで、医療の安全性に対する信頼は大きく揺らぎました。特に消毒剤誤投与の事例では「異状死」を疑う状況でありながら、速やかに異状死の届出がなされなかったことで「善意の医療者」というイメージも失われました。これらの事故は社会的関心を大きく集め、社会の医療不信はピークに達し、平成16年にかけて、刑事・民事事件ともに増加の一途を辿りました。平成11年からの数年間は医療従事者にとって冬の時代と表現されることがありますが、医療を信頼できない患者にとっても冬の時代であったといえるでしょう。

　しかし、このような重大事故が発生したことで、医療安全について強く意識されるようになったのも事実です。平成11年は医療安全元年と位置付けられ、その後、医療安全を実現すべく様々な取組みがなされています。平成13年に「ヒヤリ・ハット事例収集事業」が開始され、平成16年には「ヒヤリ・ハット事例収集事業」は全国展開されています。また、平成17年には「医療行為に関連した死亡の調査分析モデル事業（以下「モデル事業」）」が開始され、平成21年には「産科医療補償制度」が整備されました。さらにモデル事業の成果を踏まえ平成27年10月に「医療事故調査制度」が整備され、今日に至っています。医療事故調査制度は、医療機関が自主的に検証を行い、医療安全に努めることを目的としたものです。このような医療安全の取組みを通じて、

患者・医療従事者間の信頼関係の再構築、維持が期待されています。

しかし、平成13年の大学病院の人工心肺装置の取扱いに関する事故で、診療記録が不自然に書き換えられるなど診療記録の改ざんまでもが明らかにされたこともあり、社会の医療に対する不信感には未だ根強いものがあります。一方で、医療従事者に当時の医療水準を上回るような医療行為を要求し刑事事件として立件されるなどの事例も発生し、医療従事者からの司法や社会に対する不信感も高まっています。医療が患者と医療従事者との信頼の上に成り立つものであるとすれば、このような状況は、患者・医療従事者双方にとって不幸と言わざるを得ません。平成11年以降、様々な医療安全対策が講じられていますが、「仏作って魂入れず」とならないためにも、医療従事者の積極的な取組みが期待されます。

ところで、医療安全については、患者側だけでなく社会の理解も必要です。医療従事者個人への厳しい責任追及は、萎縮医療を惹起し、かえって社会に不利益を招来する可能性があります。多くの善良な医療従事者は患者のためにと考えて医療を実施していますが、自らが刑事責任に問われることを覚悟してまで、医療を行うべきというのは医療従事者にとって酷ともいえます。医療は身体に対する侵襲を伴うものであり、不確実性を内在していることから、医療従事者個人に法的責任を追及すること、特に刑事責任を問うことによる萎縮医療の弊害について、社会が正しく理解することも重要と考えます。

医療従事者が安心して医療に専念できる環境は、国民にとっても福音であると考えられますが、上記のとおり、未だ医療に対する不信感も根強く国民的理解を得るには時間を要するでしょう。少なくとも現行法上は個人責任が原則となっており、医療従事者を特別扱いすることはできません。むしろ、他人の生命・健康に関与する医療従事者の責任は、他の職種にも増して重いものがあると評価する声のほうが多

いようにも思われます。

　平成27年10月には、超高齢社会に対応すべく看護師の特定行為研修制度が整備されました。看護師に期待される役割は、一層大きいものとなりますが、これに見合う法的責任も求められることとなります。また、平成29年5月には「個人情報の保護に関する法律」の改正法が施行され、個人情報に関する国民の意識は一層高まっています。医療で取り扱う個人情報は、要配慮個人情報として特に厳重な取扱いが必要となります。また、患者の秘密を守ることは、法的な義務だけでなく、職業倫理上の義務でもあります。

　看護師は看護の専門職として、その責任の重さを自覚するとともに、良質な医療の提供に努めることが求められます。

1　看護事故による法的責任

　患者の死亡、身体障害などの看護事故が起きたとき、事故を起こした看護師には、民事、刑事、行政の法的責任が問われることになります。

　民事責任は、事故によって患者やその家族（親・子など）が被った損害を金銭で賠償しなければならない責任です。この責任は、事故が起きた医療機関の経営者も問われる立場にあります。賠償額は、患者が得ている収入や悪しき結果の内容などにより、低額なものから億を超えるものまであります。

　刑事責任は、刑法211条前段で規定されている業務上過失致死傷の罪責を問われる責任です。この責任の内容は、5年以下の懲役もしくは禁錮または100万円以下の罰金です。

　この責任は、個人責任であり、民事責任と異なり医療機関の経営者は問われません。

　行政責任は、看護師免許の取消し、一定期間（3年以下）の看護師業

6 序 章 看護事故の背景と現状

務の停止、戒告などの責任です。

2 看護事故の内容

看護師は、傷病者もしくはじょく婦に対する「療養上の世話」と「診療の補助」を業務とします（保助看5・6）。「療養上の世話」とは、看護師の責任において行う患者の症状などの観察、環境整備、食事の世話など保健衛生上の危害を生じるおそれがないものです。これに対し、「診療の補助」は、医師の指示を受けて行う採血、医療機器の操作、処置などの保健衛生上の危害を生じるおそれのある医療行為です。

看護師の業務は幅が広く、看護師の知識自体や経験、判断が問題になるもの、物的・人的態勢が関係するものなど看護事故の内容は千差万別です。そして、事故の対象は、患者ばかりではなく、見舞客などの第三者、同僚看護師などの医療従事者であることもあります。

3 看護事故の現状

看護事故は、患者の取違えや薬剤の取違えといった明らかなものもありますが、過失（注意義務違反）があるといえるのか判断が困難なものも少なくありません。医療事故では、医療機関から適正に損害の填補を得られるのであれば、医療従事者個人に責任までは求めないと考える患者側も多く、民事的に解決するのが一般的です。民事裁判手続を経ずに話合いでの解決となる事例が大部分を占めますが、この点についての統計はありません。

当事者間の話合いでの解決ができず民事裁判に至ったものについては、最高裁判所のホームページ（http://www.courts.go.jp/saikosai/iinkai/izikankei/index.html）で確認できますが、看護師が関与したか否かについての情報はなく、看護事故の状況についての動向は不明です。もっとも、チーム医療が行われている現状において、関与の大小はあ

れ、多くの事例に看護師が関与していることから、上記統計は看護事故の動向について推測する資料となるでしょう。

　また、医療安全の観点から実施される、公益財団法人日本医療機能評価機構による医療事故情報収集等事業（http://www.med-safe.jp/）、あるいは一般社団法人日本医療安全調査機構による医療事故調査制度（https://www.medsafe.or.jp/）の現況報告・事業報告や医療事故の再発防止に向けた提言なども、看護事故の動向を推測する資料となります。

　医療事故における裁判では、病院や医師の責任が追及されることが多いようですが、インシデントやアクシデント報告では看護師が占める比重は小さくありません。今後、医療における看護師の役割が増す中で、看護師の法的責任が求められることも多くなり、その責任も重くなることが懸念されます。

4　看護事故の予防

　看護事故の予防については、各医療機関で組織的に取り組んでいるだけでなく、日本看護協会をはじめとする諸団体、医療機器や薬剤を取り扱う企業、さらには行政的観点からの様々な取組みがなされています。

　しかし、残念ながらそれでも看護事故を完全になくすことはできません。医療安全への取組みに関し、法律家の視点で、若干の意見を述べたいと思います。

(1)　事故・ヒヤリハットの報告

　大部分の医療機関において、看護事故が起きたとき、あるいはヒヤリハット（インシデント、ニア・ミス）が起きたとき、医療安全管理室等のしかるべき部署に報告するという医療文化が根付いています。医療従事者の間で、ヒヤリハット／インシデント・アクシデントレポートに対する理解が深まり、多くの事例が報告されるようになりまし

た。

　しかし、その報告されたものについて、原因と予防対策について検討、評価し医療安全に役立てることができているかという視点で捉えた場合、施設のみでは人的物的制限による限界があります。医療現場へのフィードバックがなされませんと、医療安全の目的は達せられないばかりか、医療従事者に報告の負担だけを課したことになりかねません。公益財団法人日本医療機能評価機構による医療事故情報収集等事業、あるいは一般社団法人日本医療安全調査機構による医療事故調査制度には、全国的な分析から個々の医療機関へのフィードバックが期待されています。

　看護事故は、いつでも、どこでも、誰にでも、誰に対してでも起こり得るのです。そこで、個々の医療機関において、明確な改善策を講じることができないとしても、事例情報を共有し、ミスなどが起きやすい状況について注意喚起をするということに一定の意義があると考えます。事故予防の一環として講演会、勉強会なども行われていますが、生の教材を用いて情報の共有を図ることは、それ以上の効果があるのではないでしょうか。そのためにも、ヒヤリハット／インシデント・アクシデントレポートが個人の責任追及を目的としたものではないことを医療従事者に周知徹底することが大切です。

（2）　事故防止マニュアル

　各医療機関では、事故防止マニュアルを、それも大変詳しいものを作成しているところが多くあります。しかし、そのマニュアルは、事故防止に実際に役立っているのでしょうか。

　医療事故が起きたとき、マニュアル上、どのようになっているかを、事故を起こした看護師が認識していないことも多くあります。これは、医療現場で働いている看護師などがそのマニュアルに目を通していないことを意味しています。つまり、マニュアルは「画に描いた餅」

になっています。

当然、マニュアルを作成した医療機関では、看護師などに対し、マニュアルをよく読むように指示しています。しかし、このような指示をしただけでは、本来の看護業務ばかりでなく、会議や勉強会などで忙しい時間を過ごしている看護師に、マニュアルに目を通すことを期待することは困難です。

そこで、日常の看護業務の中で必然的にマニュアルに目を通したことになるような方策を考える必要があります。例えば、病棟で今月はマニュアルのこの防止対策を実践しましょう、翌月はこのことを、というように順次マニュアルの防止対策を一つ一つ取り上げて皆に周知徹底して実践すれば、マニュアルは活きたものとなるでしょう。あるいは、勉強会でマニュアルを皆で読み上げることを繰り返すことも一つの策です。

(3) 患者側の協力

医療事故によって被害を被るのは患者であり、患者ないしその家族は、事故に遭いたくないと考えています。そして、患者の協力を得ることによって、事故を防止できることが少なくありません。

事故防止について、医療従事者は自分たちの問題として真摯に取り組んでいます。しかし、患者も医療の単なる客体（対象）ではなく主体的な立場にあるといわれています。そこで、医療従事者として、積極的に事故防止について患者の協力を得るよう、検討する必要があるでしょう。

5　記録の重要性

診療記録は、患者情報を医療従事者間で共有するために作成されます。また事故が起きたときに、医療安全の見地から再発防止策を検討する際にも重要な資料となります。そのため、適切な医療を実施する

だけでなく、これを正確に記録するということが求められます。

さらに診療記録は、医療裁判における重要な証拠ともなります。裁判では、証拠に基づいて診療経過を確定します（証拠裁判主義）。そのため、適切な医療行為を行っていたとしても、これが記録されていなければ不利に扱われる可能性があります。

もっとも、多忙な日常業務の中で、全ての内容を診療記録に残すことは現実には不可能です。また、患者の診療の過程において重要とされる所見と、医療事故発生後の検証や裁判の過程で重要とされる情報とは必ずしも一致しません。

採血事故を例にとりますと、採血時に痛みやしびれ等の異状所見（陽性所見）があれば、これを記録する医療従事者も多いでしょう。しかし、通常どおり実施された採血において、異状所見がなかったこと（陰性所見）を記録に残す医療従事者は、まずいないと思われます。しかし、裁判では、異状所見がなかったことも重要な情報となります。これは、夜勤帯の巡回等でも同様です。巡回の際に異状がなければ看護記録に記載しないことや、定時の巡回の際にまとめて記載する場合も多いでしょう。しかし、患者が急変した場合などでは、いつの時点で巡回をしたのか、その時点における患者の状態はどのようなものであったか（特にいつまで異状がなかったのか）が、重要な情報となります。

そこで、患者に異状を認めた場合などでは、陰性所見を含めて、「追記」として詳細な情報を記録することが求められます。当然のことながら、虚偽の事実を記録することは許されません。診療記録の改ざんは、当該医療機関だけでなく、医療全体に対する不信感を招くことになります。また、正しい記録であっても、元の記録を修正した場合には改ざんと誤解される可能性があります。そこで、追記をする場合には、元記録は修正せず、追記の年月日を明らかにした上で、項を改め

序　章　看護事故の背景と現状　　11

て記載するなど誤解を招かない工夫も必要となります。

　電子カルテの導入により、記載時刻や修正履歴が明らかになることから、修正として追記を行う医療従事者も存在しますが、「修正」と「追記」とでは意味合いが異なります。電子カルテにおいても、事故発生後に記録を加筆する場合には、元記録を修正することは避け、追記の項目を設けて（追記時刻を明らかにした上で）記載することが望まれます。

　さらに、モニター上の時刻表示についてのメンテナンスがなされておらず、実際の日時と異なることがあります。また、複数のモニターが使用されている場合、モニターごとの時刻が異なっていることもあります。そのため、裁判では、印字されている日時が不正確なものとなったり、モニター間の整合性が問題となることがあります。事故後の検証においては、モニターの所見だけに注意が奪われがちですが、印字が正確になされているかも確認し、不正確な時刻が印字されている場合には、これを修正し、その修正の理由なども付記する必要があります。この点、医療事故が発生した場合に、全てのモニターや時計をビデオ録画して、事後の検証や裁判に備える医療機関もありますので、参考にされるとよいでしょう。

　事故が発生した場合に、まずは患者の状態の改善に全力を注ぐことになります。しかし、医療安全の観点や患者や家族への説明、さらには裁判等に至ることなどを考えますと、関係者の記憶が鮮明なうちに検証を行うことも大切です。具体的には、患者の状態が落ち着いたところで、事故に関係した医師や看護師等の関係者が、速やかに一堂に会し、各診療記録等を確認しながら、事故の経過（発生後の救急措置なども含む診療経過）を明らかにするよう努めることになります。医療従事者は患者の治療には熱心ですが、その後の検証作業はおろそかになりがちです。そこで、あらかじめ、事故が発生した場合に、どの

ような対応をするのかについてもマニュアルを作成し、関係者に周知
徹底することも検討されてよいでしょう。

6　終わりに

　最近では、捜査機関においても医療事故の立件については消極的な
姿勢が見られるようになりました。刑事責任の追及による副作用は極
めて甚大であることから、引き続きこのような謙抑的な運用が望まれ
ます。

　しかし、そもそも医療事故は医療従事者個人の責任であり、その者
の責任を問えば防げるものなのでしょうか。法的責任では、個人の責
任追及が原則となるため、その背景には焦点が当てられず、背景を考
慮するとしても、量刑における情状（刑事裁判）や慰謝料算定におけ
る事情（民事裁判）の1つとして評価されるにすぎません。マスコミも
個人の責任追及に終始するのがほとんどで、時に事故の背景に触れる
こともありますが、看護不足や過酷な勤務体制などの抽象論にとどま
っている感は否めません。

　医療安全は医療従事者が先頭に立ち、企業や行政、さらには患者、
社会を巻き込んで実現するものです。公益財団法人日本医療機能評価
機構による医療事故情報収集等事業、あるいは一般社団法人日本医療
安全調査機構による医療事故調査制度を通じた活動も重要な役割を果
たしています。

　このような取組みを通じて、医療従事者個人の責任追及に終始する
のではなく、医療安全文化が定着することを願ってやみません。

第1章

看護師の法的
位置付けと責任

14

【概　説】

医療行為について考える

憲法22条1項は「何人も、公共の福祉に反しない限り、居住、移転及び職業選択の自由を有する。」と規定し、「職業選択の自由」を人権として保障している。

ところが、医師や看護師などの医療従事者になるためには、「国家試験に合格」し、「厚生労働大臣の免許」を受けねばならず（医師2、保助看7等）、しかも、免許のない一般人が医療行為を行うことを刑事罰をもって禁止している（医師31、保助看43等）。このように法により一般的に禁止した上で、特定の場合に特定の人にだけ許可するという法制度は、講学上「許可制（免許制）」と呼ばれる。

医療行為は、身体に対する侵襲を伴い、健康被害や保健衛生上の危害を生じるおそれのある危険な行為であるため、我が国では、一般的に医療行為を行うことを禁止し、医療行為を安全に実施可能な国家試験に合格した医師・看護師などの医療従事者に限って許可するという法制度を採用し、もって「国民の健康な生活」の確保を図っている。

もっとも「医療行為」の概念は、医療機器の安全性の向上、時代や社会的要因による影響を受け、必ずしも一義的に明確となっているわけではない。特に、近年の超高齢社会において在宅医療や介護施設入所を希望する者が増える中で、医療行為概念の見直し、整理が求められている。

1　医師法の禁止する医業とは

医師法17条は「医師でなければ、医業をなしてはならない。」と規定し、医師以外の者が反復継続する意思をもって医行為を行うことを禁止している。

（1） そもそも医行為とはいえないもの

ある行為が医行為（医療行為）に当たるか否かについては、個々の行為の態様に応じ個別具体的に判断されることになる。

この点、医師法・保助看法が刑罰をもって一般人（非医療従事者）が医行為（医療行為）を行うことを禁止しているため、ともすると医行為（医療行為）の概念が拡大して解釈されかねない。その結果、萎縮効果を招くと、かえって国民に不利益が発生するおそれがある。事実、傷病者ではない高齢者介護、障害者介護の現場等では混乱が見られた。そこで、厚生労働省は、平成17年7月26日付医政発第0726005号厚生労働省医政局長通知にて、原則として医行為ではないと考えられるものを明らかにした。

この通知において、例えば①水銀体温計・電子体温計により腋下で体温を測定すること、②自動血圧測定器にて血圧を測ること、③入院の必要がない者（新生児を除く。）に対して、パルスオキシメータを装着することなどは、医行為（医療行為）に該当しないと整理され、また④軽微な切り傷、擦り傷、やけど等について、専門的な判断や技術を要しない処置も、医師法、保助看法の規制対象とする医行為には該当しないとされている。

さらに、患者の状態が以下の3条件を満たしていることを医師等が確認し、一般人（非医療従事者）による医薬品の使用の介助ができることを本人または家族に伝えている場合に、服薬指導、保健指導・助言を遵守した医薬品の使用を介助することも医師法、保助看法の規制対象とする医行為には含まれないことが確認された。

＜条　件＞

① 患者が入院・入所して治療する必要がなく容態が安定していること

② 副作用の危険性や投薬量の調整等のため、医師または看護職員による連続的な容態の経過観察が必要である場合ではないこと

第 1 章 　看護師の法的位置付けと責任　　17

③ 　当該医薬品の使用の方法そのものについて専門的な配慮が必要な
場合でないこと

　そもそも、医師法・保助看法において非医療従事者が医行為（医療
行為）を行うことを禁止した趣旨は、非医療従事者が医行為（医療行
為）を行うことにより国民に健康被害や保健衛生上の危害が生じるこ
とを防止する点にある。にもかかわらず、これら法律を根拠に介護を
必要とする者が適切な介護を受けられないとすれば由々しき事態であ
る。

　そもそも、上記通知以前より、体温測定や自動血圧計による血圧測
定などは一般家庭でも実施されていた。また、外来診療における内服
1つを例にとっても明らかなように、医療は患者自身、さらにはその家
族や介護者の協力なしには行えないものも少なくない。これらの全て
の行為が医師法、保助看法の規制対象とする医行為に該当するのであ
れば、内服の度に患者は医療機関を受診せざるを得ず、患者側に著し
い負担を強いるばかりか、真に医療の提供を受けるべき患者の診療が
おろそかとなりかねない。これでは医師法や保助看法の趣旨である公
衆衛生は達せられない。そこで、患者側が医師らの指導等を遵守した
医薬品の使用をしている限り、これを医師法や保助看法の規制する医
行為と評価する必要はないのは当然ともいえよう（なお、反対解釈と
して遵守事項に従わない場合には医行為と評価される余地がある。）。

　(2)　医行為に該当するが違法性が阻却されるもの

　犯罪とは、①構成要件に該当する、②違法、③有責な行為である。
したがって、医師法や保助看法の構成要件に形式上該当したとしても、
そのことから直ちに刑事罰の対象となるとの結論が導かれるものでは
ない。既述したように医療行為に関しては、患者自身やその家族の協
力が不可欠なものもある。そこで、類型的に「医行為でない」とまで
の評価が困難な行為であっても、実質的に違法性がないなどとして刑
事責任が否定される場合がある。

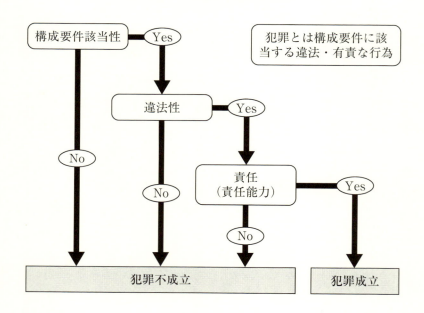

<医師法・保助看法違反の成否>

　具体的には、家族による痰の吸引、胃瘻からの経管栄養、インスリンの自己注射（家族による注射）等が、これに該当する（昭56・5・21医事38厚生省医務局医事課長通知等）。もっとも、違法か否かは状況によっても異なる。例えば、入院中で医療従事者による医療行為が可能であれば、あえて家族らがこれを実施する理由はなく、違法性は阻却されない（東京地判平28・11・17判時2351・14参照）。
　具体的場面において違法性が阻却されるか否かは、
① 　目的の正当性（治療目的）
② 　手段の相当性（適切な指導・管理）
③ 　法益衡量（医療機関への通院の負担）
④ 　法益侵害の相対的軽微性（侵襲性）
⑤ 　必要性・緊急性
などを総合して実質的に判断することになる。

（3）　自動体外式除細動器（AED）の使用について

　自動体外式除細動器（AED）は、心停止が疑われる場合に自動的に心電図の解析を行い、心室細動を検出した際は除細動を行う医療機器である。

　自動体外式除細動器（AED）は医師や看護師でなくとも扱えるように設計された医療機器であり、「一般人（非医療従事者）が使用できるのは当然」と考える人は少なくない。実際にも、公共施設等においては、一般人（非医療従事者）が使用することを前提に自動体外式除細動器（AED）が設置されており、また一般人（非医療従事者）を対象とした講習会も開催されている。

　しかし、自動体外式除細動器（AED）は、除細動という極めて侵襲の高い行為を行う機器であることから「医療機器」に位置付けられることは疑いようがない。にもかかわらず、これを一般人（非医療従事者）が使用することは医師法に違反しないのであろうか。

　医師法17条は「医師でなければ、医業をなしてはならない。」と規定し、医師以外の者が医業を行うことを禁止している。つまり、一般人（非医療従事者）が「医行為」を「反復継続する意思」をもって行った場合には、医師法違反として、刑事罰の対象となりかねない。

＜「医」と「業」の意味＞

　医行為：医師の医学的判断および技術をもってするのでなければ人
　　　　　体に危害を及ぼし、または危害を及ぼすおそれのある行為
　業　　：反復継続する意思

※業務性は不要（職業として行わなくとも、反復継続すれば「業」と評価される。）。
※最初の行為でも反復継続する意思があれば「業」と評価される。

　この点、AEDの使用に関する厚生労働省の正式な見解は、以下のとおりである（平16・7・1医政発0701001、平24・9・21医政発0921第11、平25・9・27医政発0927第10　厚生労働省医政局長通知）。

＜AEDを用いた除細動の医行為該当性＞

　心室細動および無脈性心室頻拍による心停止者に対するAEDの使用については、医行為に該当するものであり、医師でない者が反復継続する意思をもって行えば、基本的には医師法17条違反となるものであること

＜非医療従事者によるAEDの使用について＞

　救命の現場に居合わせた一般市民がAEDを用いることには、一般的に反復継続性が認められず、同条違反にはならないものと考えられること

　厚生労働省の見解は、除細動が「人体に危害を及ぼし、または危害を及ぼすおそれのある行為」であることから、AEDの使用は医行為であることを当然の前提とし、医師法の禁止する上記、「医」と「業」のうち、「業（反復継続する意思）」を否定することで、一般人（非医療従事者）がAEDを使用することが医師法違反とはならないという結論を導くものである。厚生労働省として、一般人（非医療従事者）においてもAEDの使用が可能、との解釈を示した意義は極めて大きい。しかし、「業」とは反復継続する「意思」であり、最初の行為であっても「業」に該当する可能性がある。そのため、この解釈では、一般人（非医療従事者）が「反復継続する意思」を有していた場合には医師法違反となりかねない。

　しかも、業務の内容や活動領域の性格から一定の頻度で心停止者に対し応急の対応をすることが期待、想定されている者は、反復継続性（その意思）が認められ、基本的には医師法17条違反との結論が導かれることになる。この結論の不合理を回避するために、上記通知では、一定の頻度で心停止者に対し応急の対応をすることが期待、想定されている者について、以下の4要件を満たした場合には、「反復継続する意思」を有していたとしても医師法違反とはならないとしている。

＜非医療従事者がAEDを使用する4要件＞

① 医師等を探す努力をしても見つからない等、医師等による速やかな対応を得ることが困難であること

② 使用者が、対象者の意識、呼吸がないことを確認していること

③ 使用者が、AED使用に必要な講習を受けていること

④ 使用されるAEDが医療用具として医薬品、医療機器等の品質、有効性及び安全性の確保等に関する法律（旧薬事法）上の承認を得ていること

確かに、AEDを安全かつ確実に使用するには、上記4要件は必要といえる。しかし、このように「反復継続する意思」という使用者の主観による区分によった場合、救命の現場に居合わせた一般市民は上記4要件を満たさないときでもAEDを使用できるのに、業務内容や活動領域の性格によっては、より厳しい要件が課されることになるという矛盾をはらむ。

この点については、医師法が禁止する医行為、すなわち「医師の医学的判断および技術をもってするのでなければ、人体に危害を及ぼし、または危害を及ぼすおそれのある行為」に関し、下線部分を実質的に評価し、そもそも素人が使用することを前提に設計された「医療機器」は、それが医療機器としての安全性を備えている限り、除細動という身体への侵襲の高い行為であっても医師法の禁止する医行為には当たらないとの解釈、あるいは、少なくとも心停止という緊急の場面で、一般人（非医療従事者）が医行為を行ったとしても、反復継続する意思の有無にかかわらず、一定の要件の下、緊急避難や正当行為として違法性が阻却されると解釈する余地があり得るのではなかろうか。このように解釈することにより、使用者の反復継続の意思という主観に委ねるよりは統一的かつ妥当な結論が導きやすいようにも思われる。

いずれにせよ、AEDという医師や看護師等の医療従事者でなくとも使用可能な医療機器の登場は、従前の医行為、医療行為の概念につ

いて一石を投じることとなった。今後、ますますの技術の進歩、医療機器の安全性の向上、さらには国民意識の変化等により、医師法、保助看法等による「医行為」の概念について、更なる見直しが求められることになろう。

【参考：医行為に関する裁判例】

①　健康診断において看護師の資格を有さない者が心電図検査を実施したことにつき、診療の補助に当たるとして無資格者が実施することは保助看法違反と判断した事例（東京高判平20・5・30東高刑報59・1〜12・44）

②　柔道整復師が診療放射線技師の免許を受けていないのに、X線照射をしたことが、診療放射線技師および診療エックス線技士法（現：診療放射線技師法）に違反するとされた事例（最決平3・2・15判時1381・133）

③　人工透析において、看護師資格等のないいわゆる透析士をして人工腎臓装置の先端部の穿刺針を患者のシャントに刺入および抜去する行為が保助看法違反とされた事例（東京高判昭63・6・30判タ684・241）

※臨床工学技士については、現在、臨床工学技士法2条2項および同施行令1条にてシャントへの接続またはシャントからの抜去が許容されている。

2　絶対的医行為と相対的医行為

（1）　概念の整理

医行為（医療行為）は、講学上、診断・手術・処方といった、高度な医学的知識、経験、技術を要する医師のみが行える「絶対的医行為」と、医師の指示の下で看護師等の医療従事者が実施可能な「相対的医行為」とに大別される。個々の医療行為が「絶対的医行為」「相対的医行為」のいずれに該当するかの評価は、社会的要因、医療機器の安全性の向上および医療技術の進歩等によっても影響を受け、一義的に決定することはできない。そのため、概ね以下の実質的な基準により、

具体的な医療行為が絶対的医行為なのか、相対的医行為の範疇に含まれるかを判断せざるを得ない。

絶対的医行為：医師の医学的判断および技術をもってするのでなければ、人体に危害を及ぼし、または危害を及ぼすおそれのある行為（「健康被害」を生ずるおそれのある行為）

相対的医行為：医師・看護師等の医療従事者が行うのでなければ、
（≒診療の補助）　保健衛生上の危害を生じ、または危害を及ぼすおそれのある行為（「保健衛生上の危害」を生ずるおそれのある行為）

なお、「おそれ」の有無は、立法目的に照らし、「具体的危険性」ではなく「抽象的危険性」をもって評価されるが、健康被害や保健衛生上の危害が生じるおそれが全くない行為は医療行為の範疇から除外されることになる。

(2)　絶対的医行為と相対的医行為の具体的内容

　絶対的医行為とは、「診断・手術・処方といった、高度な医学的知識、経験、技術を要する医師のみが行える医行為」をいう。これらの医行為について、医師の指示があったとしても、看護師が実施することは許されない。

　一方、相対的医行為とは、「医師が行うことも、医師の指示に基づいて看護師等の医療従事者が行うこともできる医行為」をいう。この範疇には、身体的侵襲の比較的軽微なものから、採血、静脈注射、医療機器の操作、さらには動脈穿刺や褥瘡に対する壊死組織の除去などの特定行為といった身体への侵襲性の非常に高いものまでが含まれる。相対的医行為は、ほぼ看護師の行う「診療の補助」業務と重なる。

　しかし、個々の医療行為が絶対的医行為・相対的医行為のいずれに該当するかの評価は、社会的要因、医療機器の安全性の向上および医

療技術の進歩等によっても影響を受け、一義的に決定することは困難である。例えば静脈注射は、厚生省医務局長通知（昭26・9・15医収517）では、医師のみが実施できる絶対的医行為に位置付けられていたが、平成14年9月30日付医政発第0930002号医政局長通知にて「診療の補助の範疇」であることが確認された。

　もっとも、診療の補助の範疇に含まれるということは、「看護師が静脈注射を行っても違法ではない」という消極的な意味を有するにすぎず、看護師が静脈注射を行わねばならないという積極的な意味までを含むものではない。この点は、上記通知においても、薬剤の血管注入による身体への影響が大きいことに変わりはないとして、以下のような対応が求められていることからも明らかである（このような体制の構築なしに看護師が静脈注射を行うことがあってはならない。）。

① 医療機関	看護師等を対象にした研修を実施するとともに、静脈注射の実施等に関して、施設内基準や看護手順の作成・見直しを行い、また個々の看護師等の能力を踏まえた適切な業務分担を行うこと
② 看護師等学校養成所	薬理作用、静脈注射に関する知識・技術、感染・安全対策などの教育を見直し、必要に応じて強化すること

　少なくとも看護師が静脈注射を実施するに当たっては、法的責任の理解と自覚、薬理作用の十分な理解、患者の反応の観察と対応、緊急時の対応体制、感染対策、安全対策など、患者に対する安全を保障するために、基礎教育、臨床それぞれの場における体制整備が不可欠である（公益社団法人日本看護協会「静脈注射の実施に関する指針」参照）。

また、平成27年10月1日付医政看発1001第1号医政局看護課長通知では、①経口用気管チューブまたは経鼻用気管チューブの挿管、②経口用気管チューブまたは経鼻用気管チューブの抜管、③直腸内圧測定、④膀胱内圧測定、⑤褥瘡または慢性創傷における血管結さつによる止血などの非常に難易度の高い行為も、従前どおり、診療の補助行為の範疇に含まれるとの解釈が示された。静脈注射の場合と異なり、過去にこれらの5つの行為について禁止する行政解釈が示されたことはないが、これらの行為は身体への侵襲が高く、非常に高度な技術が必要となることから、絶対的医行為と評価する医療従事者は決して少なくない。

　特に気管挿管を、医師の指示の下とはいえ看護師が実施できるとすることについての反対意見は根強い。上記通知において、気管挿管を「従来どおり診療の補助の範疇」との解釈を示した背景には、既に救急救命士が、診療の補助として気管挿管を実施していたことが挙げられる。救急救命士において、保助看法の例外として気管挿管を実施できる以上、保助看法が看護師の気管挿管を禁止しているとの解釈は理論的整合性を欠く。もっとも、救急救命士の場合には、気管挿管に必要な知識、技術を修得するための研修が実施されており、同様の知識、技術を有しない看護師が気管挿管を実施することは、いたずらに患者を危険に晒しかねない。

　この点、公益財団法人日本看護協会からは、上記①ないし⑤の医行為（医療行為）を診療の補助の範疇とした通知の位置付けについて、「診療の補助に含まれ、かつ難易度が高いとの整理がされ、実施の場合の研修の重要性が示されたものであり、本会は、看護師の積極的な実施を推進するものではない。」とした上で、「特定行為と同様、客観性が担保された体系的な研修の受講と体制整備による安全性の担保なくしては、看護師が実施すべきではないと考えます。」との見解が示されている（https://www.nurse.or.jp/nursing/practice/tokutei/faq/index.html）。

26 第1章　看護師の法的位置付けと責任

　絶対的医行為か相対的医行為（≒診療の補助）かという形式的な議論に惑わされることなく、患者の安全を第一に考えて適正な業務分担を検討することが望まれる。

3　看護師の行う特定行為

　2025年には、国民の3人に1人が65歳以上の高齢者、4～5人に1人が75歳以上の後期高齢者となることが予想されている。これに対応すべく、2015年（平成27年）10月1日より特定行為に係る看護師の研修制度がスタートした。

　超高齢社会に対応するためには、地域における質の高い医療の確保、そのための基盤の整備が喫緊の課題である。特定行為研修制度は、「チーム医療の推進」のための施策の1つとして整備された。ここでは、臨床検査技師に検査のための検体採取（鼻腔拭い液による検体採取等）を実施すること（臨床検査技師等に関する法律20条の2等）や、診療放射線技師に業務に関連して造影剤投与を実施すること（診療放射線技師法24の2等）を許容するなど関連職種の業務範囲の拡大を図るとともに、看護師に在宅医療等における新たな役割を期待している。

　在宅医療等の推進を図るためには、医師または歯科医師の判断を待たずに、手順書により、一定の診療の補助（例えば脱水時の点滴（脱水の程度の判断と輸液による補正）など）を行う看護師を養成し、確保する必要がある。行える行為を特定し、その内容を標準化することにより、今後の在宅医療等を支えていく看護師を計画的に養成していくことが、看護師の特定行為研修制度創設の目的である。

　保助看法37条の2第1項は「特定行為を手順書により行う看護師は、指定研修機関において、当該特定行為の特定行為区分に係る特定行為研修を受けなければならない。」として、特定行為研修を義務付けている。現在の特定行為および特定行為区分（38行為21区分）は次表のとおりである。

第1章　看護師の法的位置付けと責任　　27

<特定行為及び特定行為区分（38行為21区分）>

特定行為区分	特定行為
呼吸器（気道確保に係るもの）関連	経口用気管チューブまたは経鼻用気管チューブの位置の調整
呼吸器（人工呼吸療法に係るもの）関連	侵襲的陽圧換気の設定の変更
	非侵襲的陽圧換気の設定の変更
	人工呼吸管理がなされている者に対する鎮静薬の投与量の調整
	人工呼吸器からの離脱
呼吸器（長期呼吸療法に係るもの）関連	気管カニューレの交換
循環器関連	一時的ペースメーカの操作および管理
	一時的ペースメーカリードの抜去
	経皮的心肺補助装置の操作および管理
	大動脈内バルーンパンピングからの離脱を行うときの補助の頻度の調整
心囊ドレーン管理関連	心囊ドレーンの抜去
胸腔ドレーン管理関連	低圧胸腔内持続吸引器の吸引圧の設定および設定の変更
	胸腔ドレーンの抜去
腹腔ドレーン管理関連	腹腔ドレーンの抜去（腹腔内に留置された穿刺針の抜針を含む。）

特定行為区分	特定行為
ろう孔管理関連	胃ろうカテーテルもしくは腸ろうカテーテルまたは胃ろうボタンの交換
	膀胱ろうカテーテルの交換
栄養に係るカテーテル管理（中心静脈カテーテル管理）関連	中心静脈カテーテルの抜去
栄養に係るカテーテル管理（末梢留置型中心静脈注射用カテーテル管理）関連	末梢留置型中心静脈注射用カテーテルの挿入
創傷管理関連	褥（じょく）瘡（そう）または慢性創傷の治療における血流のない壊死組織の除去
	創傷に対する陰圧閉鎖療法
創部ドレーン管理関連	創部ドレーンの抜去
動脈血液ガス分析関連	直接動脈穿刺法による採血
	橈骨動脈ラインの確保
透析管理関連	急性血液浄化療法における血液透析器または血液透析濾過器の操作および管理
栄養および水分管理に係る薬剤投与関連	持続点滴中の高カロリー輸液の投与量の調整
	脱水症状に対する輸液による補正
感染に係る薬剤投与関連	感染徴候がある者に対する薬剤の臨時の投与

第1章 看護師の法的位置付けと責任 29

特定行為区分	特定行為
血糖コントロールに係る薬剤投与関連	インスリンの投与量の調整
術後疼痛管理関連	硬膜外カテーテルによる鎮痛剤の投与および投与量の調整
循環動態に係る薬剤投与関連	持続点滴中のカテコラミンの投与量の調整
	持続点滴中のナトリウム、カリウムまたはクロールの投与量の調整
	持続点滴中の降圧剤の投与量の調整
	持続点滴中の糖質輸液または電解質輸液の投与量の調整
	持続点滴中の利尿剤の投与量の調整
精神および神経症状に係る薬剤投与関連	抗けいれん剤の臨時の投与
	抗精神病薬の臨時の投与
	抗不安薬の臨時の投与
皮膚損傷に係る薬剤投与関連	抗癌剤その他の薬剤が血管外に漏出したときのステロイド薬の局所注射および投与量の調整

　看護師の業務内容（保助看5・37等）自体に変更はない。特定行為について「診療の補助であって、看護師が手順書により行う場合には、実践的な理解力、思考力及び判断力並びに高度かつ専門的な知識及び技能が特に必要とされるものとして厚生労働省令で定めるものをいう。」と定められている（保助看37の2②一）ことからも明らかなように、「特定行為」は従前より看護師が行い得る「診療の補助」の範疇に含まれる医療行為である。

30 第1章 看護師の法的位置付けと責任

　研修を修了した看護師は、手順書にあらかじめ示された病状の範囲内であれば、医師への事前の報告やその判断を待たずに、一定の診療の補助を行うことが可能となった。この点、研修を終了していない看護師は、①患者の病状を医師へ報告し、②その判断に基づいて診療の補助を行う必要がある。例えば、在宅療養中に脱水を繰り返す患者に対し、輸液すること自体は特定研修の有無にかかわらず可能であるが、特定行為研修を受けた看護師は上記①、②を省略することができる点で、大きな違いがある。このように特定行為を実施する看護師には、病状の範囲内か否かについての高度な医学的判断が求められることから、それに必要な知識・技術を身に付けるのが、特定行為研修制度である。

　なお、特定行為および特定行為区分（38行為21区分）にて明らかにされたものは「診療の補助」と評価されることから、医師の（具体的）指示に基づいて、一般の看護師がこれらを実施することも可能である。特定行為研修制度において診療の補助の具体的内容が明らかになったことには、一般の看護師にとっても大きな意義がある。ただし、法律上、診療の補助として許容されることと、個々の看護師において実施する知識・技術を有しているかは別に考えなければならない問題である。

　特定行為とされた医療行為が診療の補助の範疇に含まれるとしても、高度な知識・技術を要することから、特定行為研修を受けていない看護師がこれらの診療の補助行為を実施するに当たっては、特定行為研修における技術水準を参考にして、各医療機関において施設内基準や看護手順の作成・見直しを行い、また個々の看護師等の能力を踏まえた適切な業務分担を行うことが求められるであろう。

第1章　看護師の法的位置付けと責任　　31

【Q & A】

1　保健師助産師看護師法

Q1　看護職の資格法である保健師助産師看護師法とは

A　保健師助産師看護師法（以下「保助看法」といいます。）は、1948年（昭和23年）、保健婦助産婦看護婦法として制定されましたが、男女共同参画の意識の高まりを受けて、2001年（平成13年）12月12日法律153号によって、男女を包含する「保健師助産師看護師法」の名称に変更されました（ただし、助産師については、現在も男性に対する免許は認められていません。）。

日本国憲法22条1項は、「何人も、公共の福祉に反しない限り、居住、移転及び職業選択の自由を有する。」として職業選択の自由を基本的人権の一つとして保障しています。最高裁判所は、職業について「人が自己の生計を維持するためにする継続的活動であるとともに、分業社会においては、これを通じて社会の存続と発展に寄与する社会的機能分担の活動たる性質を有し、各人が自己のもつ個性を全うすべき場として、個人の人格的価値とも不可分の関連を有する」（最判昭50・4・30判時777・8）として、職業が経済的・社会的性質のみならず、個人の人格的発展とも密接に関連する性質を合わせ持つものとして、その重要性を認めています。

にもかかわらず、保助看法では、保健師、助産師、看護師について国家資格とし、免許制を採用しています（保助看7）。看護職についての資格制限が許容されているのは、看護職が人の生命に直接かかわるという医療の一翼を担う重要な職業であり、看護職の資質を一定の水準

32　　　第1章　看護師の法的位置付けと責任

に保ち向上させることが、国民の保健衛生上の危害を防止するという
「公共の福祉」にかなうと考えられるからです。

　そこで、保助看法では「保健師、助産師及び看護師の資質を向上し、
もつて医療及び公衆衛生の普及向上を図る」(保助看1)とその目的を明
らかにした上で、資格や業務について厳格な定めをしています。

Q2　保助看法で定める看護師の業務とは

A　保助看法5条では、看護師とは「厚生労働大臣の免許を受け
て、傷病者若しくはじよく婦に対する療養上の世話又は診療
の補助を行うことを業とする者」とされています。

　「療養上の世話」とは、患者の症状などの観察、環境整備、食事の
世話、清拭および排泄の介助、生活指導などであり、看護師の主体的
な判断と技術をもって行う、看護師の本来的な業務です。

　「診療の補助」とは、身体的侵襲の比較的軽微な医療行為の一部に
ついて補助するもので、比較的単純なものから、採血、静脈注射、医
療機器の操作、さらには動脈穿刺や褥瘡に対する壊死組織の除去など
の特定行為といった身体への侵襲性の非常に高いものまで多岐にわた
っています。診療の補助は、医師または歯科医師の指示に基づかなけ
れば行うことはできません。

　保助看法37条では、「主治の医師又は歯科医師の指示があつた場合
を除くほか、診療機械を使用し、医薬品を授与し、医薬品について指
示をしその他医師又は歯科医師が行うのでなければ衛生上危害を生ず
るおそれのある行為をしてはならない。」と明確に規定しています(た
だし、臨時の応急の手当を例外的に許容)。なお、看護師が診療の補助
として行うことができる医療行為の範囲は、医師の具体的指示内容の

程度、当該看護師の知識・経験・技術によって決定されると考えられています。

一方、医師法17条は、医師でない者の医行為を禁止しています。診断、手術、処方といった医行為については、高度な医学的知識、経験、技術を有する医師自身が行うのでなければ、健康危害を生ずるおそれがありますので、医師の具体的指示があったとしても看護師がこれを行うことは許されません。

講学上、医師のみが行える医行為を「絶対的医行為」、医師のほか看護師が行える医行為を「相対的医行為」と区分しています。

<医師と医療従事者の業務関係（イメージ）>

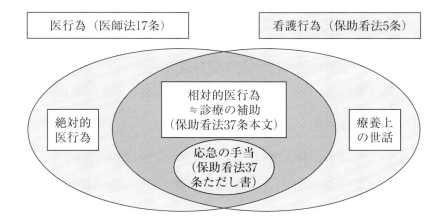

しかしながら、これらの区分は絶対的・普遍的なものではなく、「看護師」の専門的知識および技術の向上により変化します。例えば、静脈注射については、以前「看護師の業務の範囲外の行為であり、医師または歯科医師の指示があってもこれを行うことができない」との行政解釈（昭26・9・15医収517）が示されていましたが、平成14年9月30日厚

34 第1章 看護師の法的位置付けと責任

生労働省医政局長通知 (医政発0930002号) において「医師又は歯科医師の指示の下に保健師、助産師、看護師及び准看護師 (以下「看護師等」という。)が行う静脈注射は、保助看法5条に規定する診療の補助行為の範疇として取り扱うものとする。」と変更されています。今後の看護教育、研修、研鑽の充実に伴い、看護師の業務範囲はますます拡大していくものと考えられます。以前は、医師と看護師との関係について、自ら判断し指揮監督する「医師＝頭」、それに従って診療補助行為をする「看護師＝手足」という図式で捉えられていました。この考え方は、専門職である看護師の地位を十分に理解しないものですが、一方で法的責任を免除するための理論として機能していたことも事実です。看護師の業務範囲の拡大は、看護師の専門性が社会的に認知されたという点では非常に喜ばしいことですが、看護師の「責任範囲」の拡大を意味していることを忘れてはなりません。

Q3　看護師の守秘義務とは

A　保助看法42条の2では、「保健師、看護師又は准看護師は、正当な理由がなく、その業務上知り得た人の秘密を漏らしてはならない。保健師、看護師又は准看護師でなくなつた後においても、同様とする。」として、看護師に守秘義務を課しています。この義務は罰則を伴っており、業務上知り得た他人の秘密を漏らした者は、6か月以下の懲役または10万円以下の罰金に処せられます (保助看44の3)。この点、助産師の場合には、刑法134条に「助産師又はこれらの職にあった者が、正当な理由がないのに、その業務上取り扱ったことについて知り得た人の秘密を漏らしたときは、6月以下の懲役又は10万円以下

の罰金に処する。」と同様の定めがあり、秘密漏示罪として処罰されることとなっているため、保助看法42条の2、44条の3の主体には含まれていません。

　かつて、看護師の守秘義務は、日本看護協会の倫理規定、各職場における就業規則、個々の看護師のモラルにより維持されていましたが、平成13年6月29日法律87号で保助看法においても、守秘義務が明文化されました。看護師らに法律上の守秘義務が認められた背景には、看護師が刑法制定時に比して、職務上、他人の秘密を知り得る機会が著しく増えたという社会事情があります。今日のプライバシー意識の高まりという社会的要請に応えるためには、看護師個々人のモラルによるだけでは不十分で、立法措置の必要性が以前より指摘されていました。上記保助看法改正は、この社会的要請に応えたものといえます。

　ところで、この罪の刑罰の内容は「懲役または罰金」となっており「禁錮」の選択の余地はありません。「禁錮」と「懲役」とは「刑事施設に拘置」される点では共通していますが、「禁錮」が政治犯や過失犯などの罪に対して科されるのに対し、「懲役」は「破廉恥罪（道徳的に非難すべき動機・原因からなされる犯罪）」に科される刑罰である点で性格が大きく異なります。法は、看護師が他人の秘密を故意に漏らす行為は、道徳的にも非難される行為であると捉えているといえるでしょう。

　また、「秘密」とは、一般に「特定の小範囲の人にだけ知られている事実で、本人が他の人に知られたくないという意思を持っており、さらに他人に知られることが客観的にみて本人の不利益になると認められるもの」と理解されています。そのため、患者の病状・既往・家族歴、さらに状況によっては入院しているかどうかなども、「秘密」に該当することになります。

36 第1章 看護師の法的位置付けと責任

　刑事罰の対象となるのは、故意に（意図的に）他人の秘密を漏らした場合に限られますが、民事上の責任は、過失による場合も対象となりますので、患者情報の取扱いには十分に注意しなければなりません。

Q4　保助看法で看護師に課せられているその他の義務とは

A　保助看法では、守秘義務以外にもいくつかの義務が規定されています。

　保助看法33条では、「業務に従事する保健師、助産師、看護師又は准看護師は、厚生労働省令で定める2年ごとの年の12月31日現在における氏名、住所その他厚生労働省令で定める事項を、当該年の翌年1月15日までに、その就業地の都道府県知事に届け出なければならない。」とされています。同法施行規則33条で「業務従事者届」の様式（第3号様式）が定められており、氏名、免許の種別とその登録番号、就業場所等について記載することとなっています。この趣旨は、就業者の実態を把握し、就業者に対する指導監督や需給バランス等看護行政の推進に資するためとされており、届出違反には、50万円以下の罰金が科されます（保助看45二）。

　また、行政処分の多様化に関連し、保助看法15条の2第1項、2項では、①戒告、②業務停止、③免許の取消し等の行政処分を受けた看護師等に対し、保健師等再教育研修を受けるよう命ずることができるとしており、この命令に違反して再教育研修を受けなかった者も、50万円以下の罰金が科されます（保助看45一）。

第1章　看護師の法的位置付けと責任　　37

Q 5　　看護師の業務の独占とは

A　　保助看法31条1項本文では、「看護師でない者は、第5条に規定する業をしてはならない。」と規定し、看護師以外の者が療養上の世話や診療の補助を行うことを禁止しています。看護師以外の者がこれらの業務を行った場合には、2年以下の懲役もしくは50万円以下の罰金（併科可）が科されることになります（保助看43一）。これは、専門職である看護師が業務を独占することで、保健衛生上の危害が生じることを防止することを目的としたものです。

　なお、診療は、医師や歯科医師の本来的業務ですので、保助看法上の業務独占の規定にかかわらず、医療行為を医師や歯科医師が医師法または歯科医師法に基づいて行うことができるのは当然です（保助看31①ただし書）。

Q 6　　看護師の名称独占とは

A　　保助看法42条の3第3項（第4項）では、「看護師（准看護師）でない者は、看護師（准看護師）又はこれに紛らわしい名称を使用してはならない。」と、名称独占を定めています。名称独占は、平成18年6月21日法律84号にて新設された規定です。看護師でない者が、看護師またはこれに紛らわしい名称を使用した場合には、30万円以下の罰金が科されます（保助看45の2）。

　名称独占には、一般に、専門的な資格、業務を識別させ、それに対する社会的な信用力を確保し、相手方との信頼関係の確立や被害を未

然に防止する機能があるとされています。上記法改正は、医師法で医師の業務独占と共に名称独占が規定されている（医師17・18）だけでなく、保助看法の例外とされる他の医療従事者に関する法律でも名称独占が定められているにもかかわらず、看護師に名称独占がないことは整合性を欠くとの批判に応えたものといえます。

なお、「看護補助者」、「看護助手」については、既に定着しているため誤認する可能性が低いと考えられること等に鑑み、保助看法の名称独占には違反しないものと考えられていますが、患者に対して資格の種類や有無等の情報を正しく提供できるようにする工夫が求められるでしょう。

Q7　看護業務を行える者は

A 保助看法31条1項は、看護師の業務独占を定めていますが、業務独占の趣旨は国民に保健衛生上の危害が生じることを防止する点にありますので、看護師と同等（あるいはそれ以上）の知識・技術を有する者であることが制度的に保障されているのであれば、看護業務あるいはその一部に限ってこれを行うことが可能です。

そもそも医師や歯科医師が診療を行うのは当然であることから、保助看法31条1項ただし書きは「医師法又は歯科医師法の規定に基づいて行う場合は、この限りでない。」と定め、医師や歯科医師の業務が保助看法上の業務独占に抵触しないことを明確にしています。また、保助看法31条2項は、「保健師及び助産師は、前項の規定にかかわらず、第5条に規定する業を行うことができる。」と定め、保健師や助産師が看護業務を行うことを許容しています。もっとも、名称独占（保助看42の3③）との関係で、これらの者であっても看護師国家試験に合格し厚生労働大臣からの看護師免許を取得していなければ「看護師」の名称

第1章　看護師の法的位置付けと責任　　39

を用いることはできません。

　平成18年保助看法改正前においては、保健師または助産師国家試験
の受験資格が、看護師国家試験に合格した者のほか、看護学校・看護
師養成所を卒業した者等についても認められていました（改正前保助看
19・20）。看護師国家試験と保健師・助産師国家試験とは試験範囲、内
容が異なっていたため、保健師・助産師国家試験に合格したとしても
看護師としての資質が確認されたことにはなりませんでした。ところ
が、保助看法31条2項が看護師資格のない保健師・助産師が看護業務を
行うことを許容していたことから、従前より看護師国家試験に合格し
ていない保健師・助産師が看護業務を行うことの問題が指摘されてい
ました。この点、平成18年改正では、保健師・助産師になるための条
件として、保健師・助産師国家試験および看護師国家試験の合格が求
められるようになりました（改正保助看7・12）。同改正により、従来の
ように看護師国家試験を受験せず、保健師または助産師国家試験のみ
を受験して保健師または助産師になる道は閉ざされました。

　その結果、保健師または助産師資格を有する者は、看護師国家試験
にも合格し、看護師としての資質が確認されていることになります。
保健師および助産師が看護業務を行えることを規定した保助看法31条
2項は当然の規定と位置付けられます。平成18年改正以降は、看護師
国家試験に合格していない保健師または助産師が誕生することはあり
ませんので、看護師資格を有しない者が看護業務を行うという問題は
段階的に解消されることになるでしょう。

　なお、医療の高度化・専門化・複雑化が進む中で、チーム医療とし
ての役割分担が求められるようになりました。そこで、それぞれの専
門分野ごとに保助看法の例外を許容する個別立法が制定され、現在で
は、臨床検査技師、理学療法士、診療放射線技師、視能訓練士、臨床
工学技士、救急救命士……といった様々な医療従事者が、それぞれの
専門性に応じた範囲で「診療の補助」の一部の業務を担っています。

Q8 看護学生の臨地実習が許容されるのは

A 看護学生は、国家試験に合格しておらず、厚生労働大臣の免許も受けていない「無資格者」ですので、看護学生が医療行為を行うことは医師法や保助看法に抵触するおそれがあります。しかし、看護師としての知識・技術を身に付けるには座学だけでは不十分で、看護学生が学内で学んだ知識、技術、態度の統合を図り、看護実践能力の基本を身に付ける上でも、臨地実習は不可欠です。医師法・保助看法上の明文の根拠はありませんが、医師・看護師養成制度（医師11、保助看21等）を採用していること自体が、臨地実習を許容しているともいえるでしょう。

そもそも、医師法や保助看法が「知識・技術を有する」医師・看護師などの医療従事者に業務を独占させる目的は、国民に健康被害や保健衛生上の危害が発生することを防止することにあります。そこで、医師や看護師を志す学生が、適切な指導者の下、その学生の能力に応じた臨地実習を行い、医療従事者が行うのと同様の医療水準が保障されるのであれば、これを禁止しなければならない実質的理由はありません。

この点に関し、厚生労働省の発表した「看護基礎教育における技術教育のあり方に関する検討会報告書」（平15・3・17）（以下「看護基礎教育報告書」といいます。）では、「看護師等の資格を有しない学生の看護行為も、その目的・手段・方法が、社会通念から見て相当であり、看護師等が行う看護行為と同程度の安全性が確保される範囲内であれば、違法性はないと解することができる。」としています。

もっとも、臨地実習として許容されるということは、「看護学生が実施したとしても違法ではない」という消極的な意味にすぎず、「看護学

第1章　看護師の法的位置付けと責任　　41

生が実施しなければならない」というものではありません。この点、看護学生には実施者として、指導者には監督者としての法的責任が問われることになりますので、個々の看護学生の学習レベル・技術レベルに応じて、実習内容の見直しや指導内容の工夫などの具体的対応が求められます。また、臨地実習の必要性があるとはいえ、本来医療行為をできない看護学生が患者の診療に加わる以上、臨地実習の必要性やその具体的内容、監督体制などを丁寧に説明し、患者や家族の理解を求めることが大切です。

Q9　患者家族による医療行為が許容されるのは

A　医療従事者でない患者家族が医療行為を行うことは、原則として医師法・保助看法等に抵触する可能性があります。

　しかしながら、超高齢社会において病院での医療から在宅医療へとシフトしていく中で、患者家族の役割は一層重要となっており、医師法・保助看法の禁止する医療行為に該当するか否かは、保健衛生上の危害防止という立法趣旨に照らし、実質的な検討が必要です。この点、平成17年7月26日医政発0726005号厚生労働省医政局長通知では、①水銀体温計・電子体温計により腋下で体温を測定すること、②自動血圧測定器にて血圧を測ること、③入院の必要がないもの（新生児を除く）に対して、パルスオキシメータを装着することなどは、医行為に該当しないこと、また、④軽微な切り傷、擦り傷、やけど等について、専門的な判断や技術を要しない処置も、医師法、保助看法の規制対象とする医行為には該当しないことが確認されています。さらに、患者の状態が一定の条件を満たしていることを医師等が確認し、非医療従事者による医薬品の使用の介助ができることを本人または家族に伝えて

42 第1章 看護師の法的位置付けと責任

いる場合に、服薬指導、保健指導・助言を遵守した医薬品の使用を介
助することも医師法、保助看法の規制対象とする医行為には含まれな
いとの見解が示されています。

　そのほか、医療行為には該当するものの実質的に違法性が阻却され
るものの例として、在宅医療における家族による痰の吸引、胃ろうか
らの経管栄養、インスリンの自己注射（家族による注射）等が挙げら
れます（昭56・5・21医事38厚生省医務局医事課長通知等）。

2　看護師の業務

Q10　看護業務が行われる場所とは

A　看護業務が行われる場所として、病院、診療所、助産所、
　介護老人保健施設、介護医療院および看護を受ける者の居宅
が予定されています（医療1の2②、看護師等の人材確保の促進に関する法律1・
2②参照）。

　「病院」とは、「医師又は歯科医師が、公衆又は特定多数人のため医
業又は歯科医業を行う場所であつて、20人以上の患者を入院させるた
めの施設を有するもの」、「診療所」とは、「医師又は歯科医師が、公衆
又は特定多数人のため医業又は歯科医業を行う場所であつて、患者を
入院させるための施設を有しないもの又は19人以下の患者を入院させ
るための施設を有するもの」をいいます（医療1の5）。

　かつて、看護業務を行う場所は、病院等の施設が中心でした。しか
し、我が国における急速な高齢化の進展および保健医療を取り巻く環
境の変化に伴い、看護師には在宅医療提供の中心的な担い手としての
役割も期待されるようになっています。在宅医療（訪問看護）におい

第1章　看護師の法的位置付けと責任　　43

ては医師が患者の近くにいない場面も想定されますので、個々の看護師には、病院等の施設に勤務する場合とは異なる知識・技術の修得が求められることになります。

Q11　「療養上の世話」の意味とは

A 保助看法5条は、傷病者もしくはじょく婦に対する「療養上の世話」を行うことを看護師の業務として規定しています。

「療養上の世話」とは、患者の症状等の観察、環境整備、食事の世話、清拭および排せつの介助、生活指導等であり、看護師の主体的な判断と技術をもって行う、看護師の本来的な業務です。

「療養上の世話」について、かつて「病人に対する普通の肉体的な手当に必要な手先の仕事」と理解されていたこともありましたが、これは、看護師の専門性についての理解を欠いたものといわざるを得ません。今日では、「看護師としての専門的な知識に基づいて、主体的な判断と技術をもって行う本来的業務」との理解が一般的です。なお、療養上の世話は、看護師の主体的判断で行うことができますので、看護師がこれを実施するに当たって、医師の指示は必要ありません（本章Q12参照）。

大学病院等では、「療養上の世話」が看護学の中核をなすものとして、研究・研鑽を進めています。また、訪問看護の場面においても、看護師が主体的な判断において、患者の看護を行う重要性が高まっています。看護師らには、療養生活支援の「専門家」として、的確な看護判断を行い、適切な看護技術を提供する能力が求められているといえるでしょう。

医療現場において、看護師には、単に患者を物理的・機械的に世話

44 第1章 看護師の法的位置付けと責任

するのではなく、個々の患者の病状、年齢、性別、職業、性格等に配慮したきめ細かいケアが求められています。療養上の世話に関する看護水準の向上には目覚ましいものがあり、看護師に求められる看護水準も、年々高度化しています。

　看護師には、療養上の世話が看護師の本来的業務であることを十分に理解し、自己の知識・技能を高めるべく研鑽に励むことが求められます。

Q12 「療養上の世話」と医師の指示との関係は

A 保助看法5条では、看護業務として「療養上の世話」と「診療の補助」とを定めていますが、「療養上の世話」について、医師の指示は必要ではありません。療養上の世話については、診療の補助のように医師の指示が必要（保助看37）との規定はないことから、その反対解釈として、医師の指示は不要という結論が導かれます。

　実質的にも「療養上の世話」は、①医師の医学的判断・指示に基づかなくとも衛生上危害を生じるおそれがないこと、②心身共に病んでいる患者に対する、肉体的・精神的看護（ケア）の場面では、医学的判断よりもむしろ看護師の専門的判断が重要となることなどからも、看護師が主体的な判断と技術をもって行う業務と評価されます。

　もっとも、療養上の世話は、治療の必要性が高い傷病者等に対して行われるものですから、医師の医行為と密接不可分の関係にあります。例えば、食事介助は療養上の世話と位置付けられますが、その前提となる嚥下機能の評価や食事開始時期などは、患者の病状を最も正確に把握している医師の医学的判断となります。また、経過観察は、観察項目について医師の具体的指示がある場合には診療の補助となります

第1章　看護師の法的位置付けと責任　　45

し、これがない場合であっても、患者の状況を確認していれば足りるというものではなく、異状があれば、当然に医師に報告して医療上の処置を求めることが要求されています。この点、医師から容態の急変があれば直ちに報告するよう指示がない場合であっても、看護師としては当然採るべき措置とした裁判例もあります（第2章事例〔24〕参照）。

　このように「療養上の世話」が看護師の本来的業務であるとしても、これのみを切り離して医療サービスを提供することはできず、状況に応じて医学的な知識に基づく判断が必要となることがあります。「療養上の世話」が看護師の主体的判断において行える業務であるとしても、これは医師に医学的な見地からの指導や助言を求めることが禁止されるものではありません。むしろ、患者にとってより良い医療を提供するためには、医師・看護師の垣根を越えた情報共有が重要となっています。

　そこで、現在では、看護師の業務内容である「療養上の世話」と「診療の補助」とを厳格に区分し医師の指示が必要か否かを論ずることの意義は薄れているともいえます。むしろ、具体的な療養上の世話を行う際に医師の意見を求めるべきかどうかについて適切に判断できる看護師等の能力、専門性を養っていくことが重要といえるでしょう（「新たな看護のあり方に関する検討会報告書」（平15・3・24）参照）。

Q13　「診療の補助」の意味とは

A　「診療の補助」は、医行為のうち、身体的侵襲の比較的軽微な医療行為の一部について補助するものです（相対的医行為）。これには、身体的侵襲の比較的軽微なものから、採血、静脈注射、医療機器の操作、更には動脈穿刺や褥瘡に対する壊死組織の除去など

の特定行為といった身体への侵襲性の非常に高いものまでが含まれます。

医師法17条は、「医師でなければ、医業をなしてはならない。」と規定し、医師以外が医業を行うことを禁止していますが、保助看法5条、37条はこの例外を定めたものといえます。

看護師が行えるのは、診療そのものではなく、その補助です。そのため、診断、手術、処方といった、高度な医学的知識、経験、技術を有する医師自身が行うのでなければ健康被害を生ずるおそれのある行為（絶対的医行為）を、看護師が行うことはできません。したがって、看護師の行う診療上の補助は、①医師の判断に基づくものであること、②医師の指導監督の下に行われることが要求されます。

診療の補助行為がどこまで許されるかについては、「看護師」の専門的知識および技術の向上、さらには時代とともに変化するものと考えられています。また、医療の現場においては、個々の看護師の能力を前提に、どこまでの診療の補助が許されるのかについても慎重に検討する必要があります。

診療の補助行為は、医師の判断により、医師の指示監督の下で診療行為の一部を看護師に委ねるものですから、診療に関する最終的な責任は医師が負担するという一般論はありますが、診療の補助行為も看護師の業務であることに変わりはなく、看護師が医師からの具体的指示に反する行為を行って保健衛生上の危害や健康被害が生じた場合、看護師自らの責任が問われることになります。

今後、「看護師」の専門的知識および技術の向上に伴い、看護師が行い得る診療の補助行為の範囲はますます拡大するものと考えられます。診療の補助行為を行うに際しては、その責任の重さをも十分に認識しなければなりません。

第1章　看護師の法的位置付けと責任　　　47

Q14　「診療の補助」と医師の指示の関係は

A　保助看法37条は「保健師、助産師、看護師又は准看護師は、主治の医師又は歯科医師の指示があつた場合を除くほか、診療機械を使用し、医薬品を授与し、医薬品について指示をしその他医師又は歯科医師が行うのでなければ衛生上危害を生ずるおそれのある行為をしてはならない。ただし、臨時応急の手当をし、又は助産師がへその緒を切り、浣腸を施しその他助産師の業務に当然に付随する行為をする場合は、この限りでない。」と規定しています。

　このように、診療の補助業務は、医師の指示に基づいて行い得るものです。看護師が医師の指示なしで診療の補助業務を実施した場合には、6か月以下の懲役もしくは50万円以下の罰金に処せられ、またはこれらが併科されることになります（保助看44の2）。

1　医師による「指示の方法」

　保助看法では、指示の方法については規定されていませんので、書面による指示も、口頭による指示も可能です。しかしながら、口頭指示の場合には、薬品の種類・量の言い間違い、聞き間違いによる医療事故の危険がありますので、可能な限り書面によることが望ましいといえます。

　なお、特定行為研修を受けた看護師が特定行為を行う場合には、口頭指示では足りず「手順書」が必要となります（本章Q16・17参照）。

2　医師による「指示の程度」

　保助看法では、指示の程度については定められていませんので、一

般的指示、包括的指示に基づく診療の補助行為であったとしても、直ちに保助看法44条の2による罰則が科されることはありません。

　もっとも、「診療の補助」が医行為の一部であること、保健衛生上の危害が生じるおそれがあることからすれば、医師による指示は「具体的」かつ「個別的」に行われることが望ましいといえます。しかし、全ての場合にこれを要求することは、医療行為の停滞を招くおそれがあります。

　どのような場合に一般的指示・包括的指示が許されるかについては、当該医療行為の内容、患者の状態、看護師の能力その他諸般の事情を加味しながら個別的に判断することになります。

　なお、特定行為研修を受けた看護師に対しては、当該特定行為について「手順書」による包括指示が許容されています（本章Q16・17参照）。

Q15　臨時応急の手当とは

A　保助看法37条ただし書では「臨時応急の手当」に関しては、医師の指示に基づかずにこれを行うことが認められています。

　「臨時応急の手当」の具体的な内容については、法文上の規定はなく、また明確な行政解釈等も示されていませんので、個々の場面に応じて解釈せざるを得ません。

　「臨時応急」となっていることから、医師の指示を待つことが可能な状態（通常の業務指示が可能）である看護師が応急の手当を行うことは許されません。また、法は「手当」と、あえて「医行為」「診療（の補助）」とは異なる表現を用いており、行える医療行為を限定しようと

第1章　看護師の法的位置付けと責任　　　49

したものといえるでしょう。少なくとも、手術等の高度な医療行為を
「臨時応急の手当」として行うことは許されません。

　臨時応急の手当は、基本的には、医師が到着し医師自身による医療
行為あるいは医師の指示に基づく診療の補助行為が可能となるまでの
暫定的な措置と考えられます。もっとも、治療の必要性が高い傷病者
等においては、症状が急変することもあり、医師の指示を待っていた
のでは、かえって健康危害を生じる場合がありますので、生命あるい
は重篤な健康危害が生じかねないほどに患者の容態が悪化した場合
に、医師が到着するまでの間に実施する心臓マッサージ、酸素投与、
気道確保等の行為も応急の手当として実施可能と考えられます。ま
た、一定の要件を満たす場合には、刑法37条1項の緊急避難が成立する
こともあります。

Q16　特定行為研修とは

A　保助看法改正（平成26年法律83号）により、平成27年10月
　　　1日、特定行為研修制度がスタートしました。

　2025年には団塊の世代が75歳以上を迎え、国民の3人に1人が65歳以
上、4〜5人に1人が75歳以上になると考えられています。このような
急激な高齢化の進展に伴い、①慢性疾患、複数の疾病を抱える患者、
②リハビリを必要とする患者、③自宅で暮らしながら医療を受ける患
者などが急速に増えることが予想されます。

　また医療の高度化・複雑化が進む中で、質が高く安全な医療を提供
するため、チーム医療の推進を図ることは喫緊の課題となっています。
医療資源が限られる中で、それぞれの医療従事者が高い専門性を発揮
しつつ、互いに連携し、患者の状態に応じた適切な医療を提供するた

めには、医療従事者の特性・専門性に応じた役割分担が期待されます。

　チーム医療の推進を図るべく、診療放射線技師、臨床検査技師等の業務範囲を拡大し、看護師には、その専門性をより発揮すべく、患者の状態を見極め必要な医療サービスを適切なタイミングで届けるなど、速やかに対応する更なる役割が求められました。特定行為研修制度は、医師または歯科医師の判断を待たずに、手順書により一定の診療の補助を行う看護師を計画的に養成し、今後の在宅医療等を支えていくために必要な看護師を確保するための研修制度です。

　保助看法37条の2第1項では「特定行為を手順書により行う看護師は、指定研修機関において、当該特定行為の特定行為区分に係る特定行為研修を受けなければならない。」と定めています。このように、診療の補助のうち、厚生労働省令で定める高度かつ専門的な知識および技能が特に必要とされる診療の補助行為を手順書により行おうとする看護師には、特定行為研修の受講が義務付けられることとなりました。

　特定行為研修では「看護師が手順書により特定行為を行う場合に特に必要とされる実践的な理解力、思考力及び判断力並びに高度かつ専門的な知識及び技能の向上を図るための研修」が行われています（保助看37の2②四参照）。

　なお、特定行為研修制度は、あくまでも「診療の補助」の中で高度かつ専門的技能が特に必要とされるものについての知識・技術の向上を図るためのものですので、研修を修了したとしても、処方や診断といった絶対的医行為を看護師が行うことはできません。

第1章　看護師の法的位置付けと責任　　51

Q17　　特定行為とは

A　特定行為とは、「診療の補助であつて、看護師が手順書により行う場合には、実践的な理解力、思考力及び判断力並びに高度かつ専門的な知識及び技能が特に必要とされるものとして厚生労働省令で定めるもの」をいいます（保助看37の2②一）。この点、手順書とは、医師または歯科医師が看護師の診療の補助を行わせるための事前指示の1つであり以下の①〜⑥が記載されているものをいいます（参考：厚生労働省ウェブサイト「特定行為に係る手順書例集」　http://www.mhlw.go.jp/stf/seisakunitsuite/bunya/0000111457.html）。

① 看護師に診療の補助を行わせる患者の病状の範囲
② 診療の補助の内容
③ 当該手順書に係る特定行為の対象となる患者
④ 特定行為を行うときに確認すべき事項
⑤ 医療の安全を確保するために医師または歯科医師との連絡が必要となった場合の連絡体制
⑥ 特定行為を行った後の医師または歯科医師に対する報告の方法

　特定行為の性格を巡っては様々な議論がありましたが、平成26年保助看法改正では、特定行為を、明確に「診療の補助」の範疇と位置付けました。そもそも、診療の補助については、特定行為研修を修了していない看護師であっても、医師または歯科医師の指示の下に実施することは可能です。したがって、特定行為を修了していない看護師が、手順書によらず、医師または歯科医師の（具体的）指示に基づき特定行為を実施することは許容されていることになります。

　以上のとおり、特定研修を受けた看護師とそれ以外の看護師との法律上の違いは、「手順書（事前・包括指示）」による特定行為（診療の

補助）を行えるか否かということになります。もっとも、特定行為は、看護師が行う診療の補助の中で、高度かつ専門的な知識および技能が特に必要とされる行為であることから、研修を受けていない看護師が、医師の指示に基づいて特定行為の範疇とされる診療の補助を実施するに当たっては、それを安全に実施できるだけの知識・技術が求められることになります。この点で、特定行為研修を受けていない看護師が、特定行為を診療の補助として行うに際しては、各医療機関の実情に応じた研修・指導体制の見直しも必要となるでしょう。

　なお、特定行為としては、現在21区分38行為が定められています（前掲27頁参照）。この中には、医師の絶対的医行為か診療の補助（相対的医行為）かについての解釈の分かれていたものも含まれています。厚生労働省の正式な見解が示されたことで、これらは診療の補助であることが明らかになりました。また各区分に応じた具体的行為が示されたことで、これまで抽象的な議論となりがちであった絶対的医行為・相対的医行為について、これらの行為と比較しながら具体的な検討が可能となった点での意義も大きいと考えます。

Q18　看護師はどこまで診療の補助ができるのか

A　医師法17条は、「医師でなければ、医業をなしてはならない。」と規定し、医師以外の者が医行為を行うことを禁止しています。医療行為は身体に対する侵襲を伴い、常に保健衛生上の危害を生じるおそれを内在しています。医療的知識、技術のない者がこれを行った場合には、国民に健康被害や保健衛生上の危害が生じかねませんので、これを禁止することにより、国民の健康な生活を確保するのが同条の趣旨といえます。しかし、全ての医療行為を医師自身によ

って行うことは不可能です。また、医療従事者ごとに様々な専門性がありますので、それぞれの専門性に応じた医療を提供することが患者の利益ともなります。

　この点、看護師は、医師法17条の規定にかかわらず、保助看法5条に基づき、傷病者もしくはじょく婦に対する「診療の補助」の範囲内で医療行為を行うことが許容されています。もっとも、看護師が行うことができる医療行為は、あくまでも「診療の補助」ですので、診療行為そのものと評価される行為を行うことはできません。

　この点、診断、手術、処方といった医行為（絶対的医行為）については、高度な医学的知識、経験、技術が必要と考えられますので、医師の指示があったとしても、看護師が行うことは許されません。つまり、看護師が行える「診療の補助」の範囲は、医師自身が行わなくても健康被害を生じるおそれのない医療行為（相対的医行為）の範囲となります。

　これを整理しますと、①絶対的医行為：医師自身が行うのでなければ健康被害を生じるおそれのある行為、②相対的医行為：医師または看護師が行うのでなければ保健衛生上の危害を生じるおそれのある行為となります。看護師が実施できる診療の補助の範囲は、このような実質的な判断で考えざるを得ません。

　そのため、絶対的医行為・相対的医行為の区別は絶対的なものではなく、「看護師」の専門的知識および技術の向上、社会の要請等により変化することになります。このような実質的基準により区別することで妥当な結論を得ることはできますが、一方で当該医療行為を行う際の基準としては機能しないことともなりかねません。これを埋めるのが行政通知等の行政解釈です。法律・規則だけではなく、行政通知などの行政解釈を参考にしながら、適正な業務分担を検討することになります。

第1章　看護師の法的位置付けと責任

Q19　看護師が、静脈注射や麻酔行為の補助をすることは許されるか

A　静脈注射は、昭和26年9月15日旧厚生省医務局長通知（医収517号）における「看護師の業務の範囲外の行為であり、医師または歯科医師の指示があってもこれを行うことができない」との行政解釈により、絶対的医行為と位置付けられていました。しかし、平成14年9月30日厚生労働省医政局長通知（医政発0930002号）において「医師又は歯科医師の指示の下に保健師、助産師、看護師及び准看護師が行う静脈注射は、保健師助産師看護師法第5条に規定する診療の補助行為の範疇として取り扱うものとする。」と変更され、現在、静脈注射は看護師の実施可能な業務の内容となっています。

また、麻酔行為の補助については、麻酔行為が、患者の生命身体への影響の大きい薬剤を使用するものであること、その実施中も常時高度の医学知識および技術をもって患者の状態を把握し、状態の変化に即応した適切な措置が求められる等の特殊性が存在することから非常に微妙な問題を含んでいます。この点、日本麻酔学会長あて厚生省医務課長回答（昭40・7・1医事48）などの行政解釈を参考にして、「看護師が医師の適切な指揮監督の下に麻酔行為の補助行為を行うことは違法ではないが、吸入麻酔法により手術実施中の医師が麻酔につき指揮監督することが実態上不可能と考えられるときは、他に看護師等を指揮監督できる医師がいない限り、その麻酔行為の補助は適法な診療補助の範囲を超えるもの」と理解されています。

もっとも、静脈注射や一定の範囲での麻酔行為の補助が許されるとしても、これは看護師が当該行為を実施しなければならないものでは

第 1 章　看護師の法的位置付けと責任　　　　　　　55

ありません。仮に、これらの診療の補助行為を安全に実施する知識・技術のない看護師が行った場合、いたずらに患者を危険に晒すことになりかねません。なお、静脈注射に関する前述の平成14年通知においても、「医療機関においては、看護師等を対象にした研修を実施するとともに、静脈注射の実施等に関して、施設内基準や看護手順の作成・見直しを行い、また個々の看護師等の能力を踏まえた適切な業務分担を行うこと。」との注意喚起がなされています。

<＜看護師の業務範囲に関する法的整理＞>

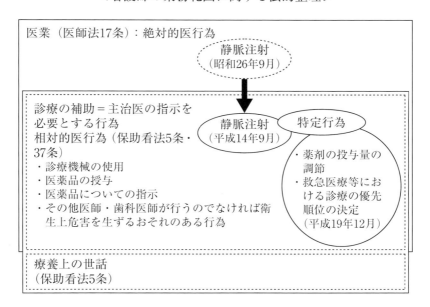

（出典）　厚生労働省医政局看護課看護サービス推進室「看護師の特定行為研修の概要について」スライド10を一部改変

第1章　看護師の法的位置付けと責任

Q20　看護師が、分娩進行の状況把握を目的として内診を行うことは許されるか

A　看護師が行う内診に関しては、従前より「産婦に対して、子宮口の開大、児頭の下降度等の確認及び分娩進行の状況把握を目的として内診を行うことは、助産であるとして医師又は助産師以外の者が行ってはならない。」との行政解釈が示されていました（平14・11・14医政看発1114001、平16・9・13医政看発0913002）。

しかし、このような行政解釈が示されているにもかかわらず、一部の産婦人科診療所で看護師が内診を行っているところがありました。その後、平成19年3月30日各都道府県知事あて厚生労働省医政局長通知「分娩における医師、助産師、看護師等の役割分担と連携等について」（医政発0330061号）にて、「看護師等は、療養上の世話及び診療の補助を業務とするものであり（保健師助産師看護師法第5条及び第6条）、分娩期においては、自らの判断で分娩の進行管理は行うことができず、医師又は助産師の指示監督の下診療又は助産の補助を担い、産婦の看護を行う。」との見解が示されたことで、看護師が「診療の補助」としての内診を行うことを許容する方向に行政解釈が変更されたのではないか、議論となりました。

この混乱は、厚生労働省から「上記通知は看護師及び准看護師の内診行為を解除する主旨のものではない。」という見解が示され、日本看護協会からも「看護師および准看護師は、自己の免許に伴う法的責任を正しく認識し、これを超える業務の実施を求められた場合には、明確に拒否すべきである。」との注意喚起がなされるなどして決着しました。

この行政解釈を前提にしますと、内診は「助産」に該当しますので、

第1章　看護師の法的位置付けと責任　　57

助産師ではない看護師がこれを行うことは保助看法違反（保助看30・43
一）として「2年以下の懲役もしくは50万円以下の罰金」の対象となる
ことになります。そこで、行政解釈が直ちに司法判断を拘束するもの
でないとしても、現時点において内診を看護師が行うことには慎重に
ならざるを得ないと考えます。

Q21　看護師が、気管挿管を行うことは許されるか

A　気管挿管は、身体への侵襲が高く、非常に高度な技術が必
要となることから、絶対的医行為と評価する医療従事者は少
なくありませんでした。しかし、平成27年10月1日医政看発1001第1号
医政局看護課長通知では、①経口用気管チューブまたは経鼻用気管チ
ューブの挿管、②経口用気管チューブまたは経鼻用気管チューブの抜
管、③直腸内圧測定、④膀胱内圧測定、⑤褥瘡または慢性創傷におけ
る血管結さつによる止血などの非常に難易度の高い行為も、従前どお
り、診療の補助行為の範疇に含まれるとの解釈が示されています。

　この通知により、以前より気管挿管は診療の補助の範囲内であった
ことが確認されたことになりますが、これを実施するには高度な技術
を要することから未だ気管挿管を絶対的医行為に位置付けるべきと考
える医療従事者も多数存在します。

　上記通知において、気管挿管を「従来どおり診療の補助の範疇」と
の解釈を示した背景には、既に救急救命士が「診療の補助」として気
管挿管を実施していたことがあります。しかし、診療の補助として位
置付けられるとしても、難易度の非常に高い医行為（医療行為）を、
看護師が実際に行うためには、更なる知識・技術の向上が不可欠です。
診療の補助の範疇に含まれるということは、「看護師が気管挿管を行っ

58 第1章 看護師の法的位置付けと責任

ても違法ではない」ということを意味するにすぎず、必ず看護師が実施しなければならないというものではありません。

この点、公益社団法人日本看護協会からは、上記①ないし⑤の医行為（医療行為）を診療の補助の範疇とした通知の位置付けについて、「診療の補助に含まれ、かつ難易度が高いとの整理がされ、実施の場合の研修の重要性が示されたものであり、本会は、看護師の積極的な実施を推進するものではない。」と評価し、「特定行為と同様、客観性が担保された体系的な研修の受講と体制整備による安全性の担保なくしては、看護師が実施すべきではないと考えます。」との見解が示されています（https://www.nurse.or.jp/nursing/education/tokuteikenshu/faq/index.html）。

Q22 チーム医療における看護師の役割は

A 医療は、かつて医師を頂点とするピラミッド型の医療モデルで捉えられていましたが、最近では、医療従事者がお互い対等に連携することで患者中心の医療の実現を目指した「チーム医療」が理想の医療モデルと考えられています（なお、患者中心の医療は、患者が医師に代わってピラミッドの頂点に立つものではなく、患者を中心に医療従事者が連携を図るという水平の関係です。）。

医師を頂点とするピラミッド型医療モデルでは、医療従事者が全て医師の配下に位置付けられることから、各医療従事者の主体性が十分に発揮できず、結果として最善の医療が実現できなくなることがあるという欠点が指摘されていました。

チーム医療は、この関係を水平な構造にし、それぞれの立場からの提言を互いにフィードバックしながら医療を行うことを目指すもので

第1章　看護師の法的位置付けと責任　　59

す。チーム医療においては、患者（およびその家族）に焦点を当てて、チーム全体が共通の理解に立って、適切な医療行為の提供に努めることが求められます。

　このモデルにおいて、看護師は、療養上の世話を中心とする看護専門職として位置付けられます。看護師が独自性を十分に発揮するためには、患者およびその家族の身近な存在として、患者らとの関わりを持ちながら、診療に有用な情報を収集しそれを医師その他の医療従事者へ提供し、情報の共有を図ることが大切です。

　情報の共有化はチーム医療における生命線といっても過言ではありません。電子カルテの導入は医療情報の共有を技術的に支援するものといえます。看護師には、診療に役立てるために必要な情報を過不足なく収集し、これを必要とする医療従事者間で速やかに共有化を図るための能力が求められます。

Q23　他の医療従事者との関係は

A　医療現場には、医師、看護師のほか様々な職種が存在します。医師・看護師と他の医療従事者の関係は以下のとおりです。

① 薬剤師

　薬剤師は、「調剤、医薬品の供給その他薬事衛生（をつかさどることによって、公衆衛生の向上及び増進に寄与し、もって国民の健康な生活を確保する）」を業とする者です（薬剤師1）。医師は処方を行い（医師22）、原則として薬剤師が調剤を行います（薬剤師19）。その結果、薬剤師は、保健衛生の分野で独立、かつ、高度の責任を負うことになります（医薬分業の原則）。

薬剤師は、医師の処方せんによらなければ、調剤できず、処方せんを交付した医師の同意を得た場合を除くほか、これを変更して調剤することは禁止されます（薬剤師23）。また、処方せん中に疑わしい点があるときは、処方せんを交付した医師に問い合わせて、その疑わしい点を確かめた後でなければ、これによって調剤してはならない（薬剤師24）とされています。

上記医師と薬剤師との関係は、看護師が「診療の補助」を行うに当たっても参考になります。看護師は医師の指示に基づいて「診療の補助」を行いますが、当然のことながら、これは誤った指示にも従わねばならないということではありません。看護師には、医師の指示に疑問があるときは、その疑問点を解消してから診療の補助を行うことが求められます。

② 保健師・助産師

「保健師」は、厚生労働大臣の免許を受けて、保健師の名称を用いて、「保健指導に従事すること」を業とする者（保助看2）、「助産師」は、厚生労働大臣の免許を受けて、「助産または妊婦、じょく婦もしくは新生児の保健指導」を行うことを業とする女子（保助看3）です。

これらの者も看護師の業務である療養上の世話および診療の補助を行うことが認められています（保助看31②）。もっとも、名称独占（保助看42の3）がありますので、看護師でない者が看護師を名乗ることはできません。

③ その他の医療従事者について

臨床検査技師、救急救命士、理学療法士、作業療法士、視能訓練士、言語聴覚士等は、それぞれの専門性に対応して、看護師の行う「診療の補助」の一部を行う医療従事者といえます。

例えば、臨床検査技師については、臨床検査技師等に関する法律20条の2第1項で「臨床検査技師は、保健師助産師看護師法〔中略〕第31条

第1章　看護師の法的位置付けと責任　　61

第1項及び第32条の規定にかかわらず、診療の補助として採血及び検体採取（医師又は歯科医師の具体的な指示を受けて行うものに限る。）並びに第2条の厚生労働省令で定める生理学的検査を行うことを業とすることができる。」と規定し、保助看法の例外として診療の補助の一部を行えることが明らかにされています。また、救急救命士法43条1項では「救急救命士は、保健師助産師看護師法〔中略〕第31条第1項及び第32条の規定にかかわらず、診療の補助として救急救命処置を行うことを業とすることができる。」とされています。その他の医療従事者においても、ほぼ同様の規定がなされ、保助看法の例外として各専門性に応じた医療行為（診療の補助）を行うことが許容されています。

　診療放射線技師についても、ＭＲＩ等の画像診断装置を用いた検査等の業務については、同様に診療の補助として行えることとなっていますが、放射線を人体に対して照射すること（放射線技師2②）については、診療放射線技師法24条にて「医師、歯科医師又は診療放射線技師でなければ、第2条第2項に規定する業をしてはならない。」と規定し、診療の補助行為ではなく、医師法17条の例外とされていますので注意が必要です。放射線の人体への照射は、診療の補助の範囲外となりますので、医師の指示があったとしても看護師がこれを行うことは禁止されます。

Q24　看護業務と介護福祉業務の違いとは

A　看護業務は、「傷病者もしくはじょく婦」に対する「療養上の世話」または「診療の補助」を行うこと（保助看5）であり、看護師ら以外の者が、看護業務を行うことは、原則として禁止されています（保助看31・43①一）。

一方、介護福祉業務とは、専門的知識および技術をもって、「身体上又は精神上の障害があることにより日常生活を営むのに支障がある者」（以下「要介護者」といいます。）につき「心身の状況に応じた介護を行い、並びにその者及びその介護者に対して介護に関する指導」を行うこと（以下「介護等」といいます。）とされています（介護福祉士2②）。

介護福祉士とは、介護福祉士の名称を用いて、要介護者に対し介護等を行うことを業とする者をいいます。介護福祉士でない者が、介護福祉士の名称を使用することは、禁止されています（介護福祉士48②）。

上記のとおり、看護師と介護福祉士とは、法文上、その対象者および業務内容が明確に区別されていますが、現実には両者の業務内容が重なる点も少なくありません。

「傷病者」と「要介護者」とは、病状が安定しているか否かで区別されます。病院・診療所に入院中の患者は、急性症状（状態不安定）で、治療の必要性が高いことから「傷病者」であるとの判断は比較的容易ですが、在宅医療の場面では、傷病者と要介護者との区別は困難です。

看護師は、「療養上の世話」として、傷病者に対して入浴、排せつ、食事等の介助等の業務を行いますが、介護福祉士も、要介護者に対して同様の業務を行います。看護業務は、医療的色彩の強いもの、介護福祉業務は福祉的色彩の強いものとの評価は可能ですが、やはり在宅医療において、両者を明確に区別できません。

また、以前は介護福祉士が「診療の補助」を行うことはできないものと考えられていましたが、平成23年社会福祉士及び介護福祉士法改正により、医師の指示の下に行われる喀痰吸引その他のその者が日常生活を営むのに必要な行為については、保助看法31条・32条の規定にかかわらず、診療の補助として実施可能となりました（介護福祉士2②・48

の2)。

　病院中心の医療から在宅中心の医療へと医療環境の変化が進む中
で、看護と介護福祉との区別は一層困難なものとなっています。医療
的色彩・福祉的色彩との違いを理解した上で、当該患者・要介護者に
とって最も適切なケアや介助ができるように業務分担に努めることが
重要と考えます。

3　看護業務上の事故と法的責任

Q 25　医療事故と医療過誤との違いは

　A　医療事故・医療過誤の概念について、法律上明確な定めは
ありません。平成27年10月よりスタートした医療事故調査制
度において、医療事故とは「当該病院等に勤務する医療従事者が提供
した医療に起因し、又は起因すると疑われる死亡又は死産であつて、
当該管理者が当該死亡又は死産を予期しなかつたものとして厚生労働
省令で定めるもの」と定義されています（医療6の10）が、これは同調査
制度の対象を明確にする目的で医療事故の一部を抽出したものです。

　これらの概念については、論者によっても異なる点がありますが、
以下では、一般的な説明をすることとします。

1　医療事故

　医療事故（広義）とは、医療に関わる場所で、医療の全過程におい
て発生する全ての「人身」事故をいいます。医療従事者の過失の有無
は問いません。医療事故の具体例としては以下のものが挙げられま
す。

① 患者の死亡・生命の危険・病状の悪化等の身体的被害、ならびに苦痛、不安等の精神的被害が生じた場合
② 患者が廊下で転倒し負傷した事例のように、医療行為とは直接関係しない場合
③ 患者についてだけでなく、注射針の誤刺のように、医療従事者に被害が生じた場合

2　医療過誤とは
　医療過誤とは、医療従事者が、医療の遂行において、不注意により患者に被害を発生させた人身事故をいいます。

3　医療事故と医療過誤の区別
　「医療事故」は医療安全の観点からの概念であり、「医療過誤」は法的責任の観点からの概念であって、両者は目的・対象を異にしています。医療事故と医療過誤の概念を整理しますと、次図のとおりとなります。

<医療事故と医療過誤>

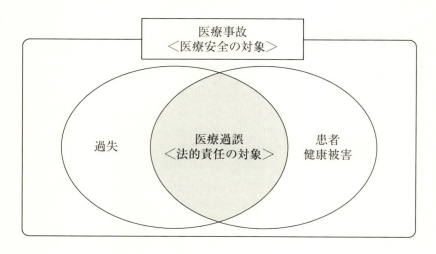

医療安全を目的とした「医療事故」の概念においては、医療と直接関係しない患者の転倒や、医療従事者に被害が生じた場合など、対象を広く捉える必要があります。これに対し、医療過誤は、患者に対する医療機関の法的責任の有無を画する概念ですので、厳格に解釈することとなります。具体的には、故意・過失により患者に悪しき結果が発生したと評価される場合が、「医療過誤」とされることになります。

ところで、医療に起因して患者に健康被害が発生した場合、医療行為の不確実性を理解しない患者側では、悪しき結果が発生した以上、過失（不適切な医療行為）があったはずと考える傾向があります。また、職業意識の高い、あるいは道義的責任を重く受け止める医療従事者においても、悪しき結果が発生した以上、法的責任は免れないと考えがちです。

しかし、「過失（不適切な医療行為）」は法的概念であり、当該時点で医療水準（看護水準）を下回ったといえるか否か（予見可能性・結果回避義務に違反したか否か）という法的検討が必要となります。法的責任の有無は、最終的には裁判により決定されるものであるため、医療事故が発生した段階で、これが「医療過誤」に当たるか否かを正確に判断することは困難です。

そのため、法的概念を理解しない医療従事者が「医療過誤」という表現を安易に用いることは危険です。

このようなことから、医療に起因して患者に健康被害が生じたような場面では、「医療事故／医療過誤」という法的概念を用いるのではなく、医療者になじみのある「合併症・偶発症・副作用」として、その発生までの事実経過を丁寧に説明するなどの対応が理想と考えます。

第1章 看護師の法的位置付けと責任

Q26 インシデント・アクシデントレポートとは

A インシデントとは、アクシデント（医療事故）に対応した概念であり、患者に健康被害が発生しなかった場合をいいます。患者に被害は発生してはいないが、日常診療の現場で、"ヒヤリ"としたり、"ハッ"とした経験を有する事例について「ヒヤリ・ハット」といわれることもあります。インシデントとヒヤリ・ハットとは、厳密には異なる概念ですが、医療安全の見地から必要な報告という点において、両者を区別する意義は乏しいといえるでしょう。

特定機能病院等には医療事故情報等の報告義務が課されており（平成16年医療法施行規則の改正）、届出義務のない他の多くの医療機関でも、医療安全の見地から、医療従事者に対して、インシデントレポート（ヒヤリ・ハット報告）・アクシデントレポートの提出を義務付けています。そして、公益財団法人日本医療機能評価機構において、ヒヤリ・ハット事例収集・分析事業が実施され、医療安全情報としてフィードバックするというシステムが確立しています。

医療安全の観点からは、第一報としてのインシデント・アクシデントレポートは極めて重要で、各医療機関においては、情報を匿名化して取り扱い、懲罰的な取扱いをしないなど、報告しやすい環境整備に努めています。

もっとも、医療裁判やその前提となる証拠保全手続において、患者側よりインシデントレポート・アクシデントレポートの提出を求める文書提出命令や検証物提示命令の申立てが行われるケースは少なくありません。しかし、インシデントレポート・アクシデントレポートは、文書提出義務の例外である民事訴訟法220条4号ニの「専ら文書の所持者の利用に供するための文書」に該当し、提出義務はないものと考え

第1章　看護師の法的位置付けと責任　　67

られます（最決平11・11・12判時1695・49参照）。インシデントレポート・アクシデントレポートについて直接判断を示した最高裁判断はありませんが、損害保険会社に対する事故報告は自己利用文書に該当するという高裁判断を維持した平成23年9月30日最高裁決定（平23（許）27）があり、また下級審においてもインシデントレポート・アクシデントレポートの提出義務はないとする裁判例が大勢を占めています。このように、医療安全についての裁判所の理解も進んでいます。

　ところで、今なお、医療安全の目的を十分に理解せず、知識不足・経験不足といった反省の弁のみを記載したインシデントレポート・アクシデントレポートが散見されることがあります。しかし、医療安全（再発防止）の観点からは、どのような状況において、どのような経過で、どのような結果が発生したのかという経緯こそが重要となります。第一報としての限界や制限もあり、その後の検証の過程の中で、正確な事実関係の把握に努めることになるとはいえ、更なるインシデントレポート・アクシデントレポートの目的についての周知徹底が望まれるところです。

Q27　「医療事故調査制度」とは

A　医療事故調査制度は、平成26年6月25日医療法改正（医療6の10以下）により、医療安全のための制度と位置付けられ、平成27年10月1日からスタートしました。本制度は、医療事故が発生した医療機関において院内調査を行い、その調査報告を民間の第三者機関（一般社団法人日本医療安全調査機構（医療事故調査・支援センター））が収集・分析することで再発防止につなげるための医療事故に係る調査の仕組みです。医療事故調査・支援センターでは、収集した情報の

整理・分析を行い、再発防止に関する普及啓発等を行うことで、医療現場にフィードバックを行っています（医療6の16）。

本制度は全ての医療事故を対象とした制度ではありません。この制度の対象となるのは、①医療に起因し、または起因すると疑われる死亡または死産で、②管理者が予期しなかった医療事故です（医療6の10①）。したがって、死亡に至らない傷害（後遺障害）については対象外です。また、死亡や死産の場合であっても、患者や家族に対して事前に説明していたものや、診療記録等に記録があるもの、調査の結果医療提供前に予期されたと評価されるものは、同制度の対象とはなりません。なお、本制度の対象となるか否かの判断は、施設管理者に委ねられています。

施設管理者が、本制度の医療事故に該当すると判断した場合、遺族へ説明をした上で、医療事故調査・支援センターに報告し、院内医療事故調査が開始されます（医療6の10①②・6の11①）。院内事故調査においては、医療事故調査等支援団体に必要な支援を求めることができます（医療6の11②）。法文上、院内事故調査において外部委員を含めることは必須とはされていませんが、本制度の目的に鑑み外部委員を含む事故調査を行う運用が定着しています。調査終了後に遺族へ結果を説明し、医療事故調査・支援センターへの報告をもって、院内事故調査手続は終了となります（医療6の11④⑤）。

遺族への結果説明の具体的方法についての法文上の定めはありませんので、①口頭（説明内容をカルテに記載）または②書面（報告書または説明用の資料）もしくはその双方の適切な方法で行うことが可能です。もっとも、調査の目的・結果について遺族の希望する方法で説明するよう努めなければならないとされています。

医療従事者の中には、医療事故調査報告書が裁判等の証拠となることを恐れて、遺族にこれを交付することに抵抗を感じる人もいるよう

第1章　看護師の法的位置付けと責任　　69

です。確かに、本制度は、医療安全のためのものであり、遺族の納得を得ることを直接の目的とはしていませんので、遺族の希望とは異なる形式での結果説明を行ったとしても、法の要求は満たしているものと評価されます。しかし、遺族の納得が得られるのであれば、これが理想といえます。また、遺族に対しては、診療契約上の報告義務もありますので、遺族から診療記録の開示や医療従事者の氏名開示の求めがあれば、特段の事情のない限り、これを拒むことはできません。

　さらに、医療事故調査・支援センターで受付後は、医療機関または遺族からの依頼によりセンター調査が可能とされており（医療6の17）、院内事故調査の結果に遺族の納得が得られなければ、センター調査となり、さらに長期間の検証が行われることにもなりかねません。制度の目的に従い、充実した調査を行うとともに、遺族の理解を得るための工夫も必要でしょう。

Q28　「医療事故調査報告書」を裁判で利用することはできるのか

A　医療事故調査制度の目的は「医療の安全を確保するために、医療事故の再発防止を行うこと」にあります。この制度は学習を目的とした報告システムであることから、第三者機関の関与の下で各医療機関において自主的な院内調査を実施し、状況に応じて第三者機関による調査の余地を残し（独立性）つつ、医療従事者が特定されないように努め（秘匿性）、さらには調査結果について警察や行政に届出を義務付けない（非懲罰性）など、医療従事者個人の責任追及がなされることがないよう、一定の配慮がなされています。

　しかし、結果として民事裁判や刑事裁判の証拠となるのであれば、

医療者個人の責任追及がなされることになりかねません。そこで、医療安全の目的に鑑み「医療事故調査報告書を裁判の証拠として利用すべきではない」との意見も根強いのですが、現行法上、医療事故調査報告書を訴訟に使用することについて制限はありません。そのため、医療事故調査報告書は、刑事訴追や損害賠償請求の証拠として利用することが可能です。

したがって、医療事故調査を行うに当たっては、本制度が医療安全のためのものであることを十分に理解し、医療事故の原因を医療者個人に帰するような調査を行うのではなく、医療事故が発生した「構造的な原因に着目した調査」を行い、医療事故調査報告書を作成する際にも、この点を意識して作成することが肝要です（厚生労働省「医療事故調査制度に関するＱ＆Ａ」参照　http://www.mhlw.go.jp/stf/seisakunitsuite/bunya/0000061201.html）。

医療安全文化を根付かせるためには、医療従事者側だけではなく、国民的な理解が不可欠といえるでしょう。

Q29　医師の責任と看護師の責任の範囲は

A　保助看法5条は、看護師につき「厚生労働大臣の免許を受けて、傷病者若しくはじよく婦に対する療養上の世話又は診療の補助を行うことを業とする者」と規定しています。かつての医師を頂点としたピラミッド型医療モデルの下では、「医師＝頭脳」それに従って診療補助行為を行う「看護師＝手足」という図式で理解されることもありました（看護師手足論）。非常に古い判例ですが、調剤に関する事例で「自己が当然になすべき職務行為の一部を自らの手足におけるのと同一の関係において担当せしむるもの」と判示した（大判昭13・

第1章　看護師の法的位置付けと責任　　71

10・14刑集17・18・759）ものもあります。

　もちろん、診療の補助であっても、具体的業務においては看護師の思考・行為が介在します。そこで、医師からの具体的指示の内容を誤ったため医療事故が発生した場合に看護師個人の法的責任が問われるのですが、多くの場合には、医師の指導監督責任の影に隠れて表面化することはありませんでした。看護師手足論は、診療に関する全責任を医師が負い、看護師の責任を回避するために機能していたといえます。

　しかしながら、医療の高度化・専門化・複雑化の中で、マンパワーの限界が意識され、また、患者の権利意識の高まりにより、医療モデルはピラミッド型医療モデルからチーム医療型モデルへと変化しました。

　チーム医療においては、看護業務が独立した専門職として意識されるようになり、看護師の主体性が認められています。特に「療養上の世話」については、看護師の本来的業務としての意味を持ち、その比重は年々高まっています。ここにおいて、看護師の責任に対する評価も大きく変容しました。看護師が、主体的な判断により業務を行うのですから、この業務に関しては、看護師が第一次的責任を負担することになります。

　また、診療の補助に関しても、看護師としての専門的知識・技術に基づいて行われるものですので、チーム医療型モデルにおいては、従前の医師の指導監督責任の影に隠れていた看護師の責任がより顕在化することになります。医師の指示内容を看護師が誤った場合には看護師個人の法的責任が問われることは当然として、医師の指示どおりに実施してさえいれば、看護師としての注意義務を尽くしたということにはなりません。平成14年9月30日厚生労働省医政局長通知（医政発0930002号）において、看護師等による静脈注射が許容されましたが、同

時に「看護師等学校養成所においては、『薬理作用、静脈注射に関する知識・技術、感染・安全対策などの教育を見直し、必要に応じて強化すること』」とされています。そのため、専門職である看護師が「薬理作用」についての知識を有していなかったとの言い訳は通用しません。このようなことから、静脈注射において、医師から誤った薬剤名や投与量、投与方法が指示された場合に、漫然とこれに従った看護師には、その状況によっては医師に問いただす義務を怠ったものとして法的責任が追及される場合もあるでしょう。

医療安全の見地からも、看護師において自己の知識・経験に照らし疑問のある場合には、医師に問いただすことが大切です。最終実施者である看護師による安全確認は、患者を健康被害から救うための最後の安全弁ともいえます。医師が指示しているのだから間違いないという思い込みは、チーム医療型モデルからピラミッド型医療モデルへと後戻りをするものともいえるでしょう。

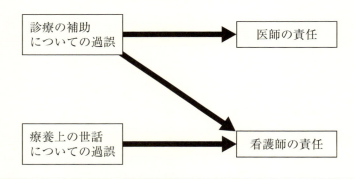

＜看護師の法的責任の構造＞

※注　チーム医療における診療の補助についての責任
① 医師の適切な指示を看護師が誤解：基本的には看護師の責任
② 医師の誤った指示に、看護師も気付かず：医師／看護師両方の責任

第 1 章　看護師の法的位置付けと責任　　73

Q30　看護業務と法的責任の関係は

A　医療行為は、①医師でなければ行えない診断・治療といった絶対的医行為、②医師の行う医療行為の一部を補助する相対的医行為（診療の補助）、③看護師の行う「療養上の世話」とに区別されます。さらに、例外的なものとして④臨時応急の手当があります。

法的責任は、医療行為の性格に応じて、概ね以下のとおり整理できます。

1　絶対的医行為

これは、医師でなければ行えない行為です。したがって、看護師が絶対的医行為を行うことは許されません。看護師が、この行為を行った場合には、それ自体が違法行為として法的責任（刑事責任）を問われることになります。

2　相対的医行為（診療の補助）

相対的医行為（診療の補助）は、医師の指示に基づいて看護師が実施可能な医療行為です。ここでは、指示者である医師と実施者である看護師とが存在することになりますので、その責任の所在が問題となります（なお、医師の指示なしに診療の補助を行えば、刑事責任の対象となります。）。

この点、医師は、自ら行うべき治療行為の一部を看護師に委ねるのですから、当然に指導監督責任を負います。一方、看護師には医師の指示に従った正確な行動が求められますので、これに反した場合には、看護師の法的責任が問われることになります。なお、看護師の知識・経験に照らして、当然に医師の指示の誤りに気付くべきであったよう

74 第1章 看護師の法的位置付けと責任

な事案では、医師の指示に基づいたものであったとしても、医師と共に法的責任を問われる場合も考えられます。

3 療養上の世話

療養上の世話は、看護師の本来の業務であり、医師の指示なしに看護師の主体的判断でこれを行うことができます。したがって、この点に関して過誤があった場合には、原則として看護師が責任を負うことになります。仮に、医師の指示内容（助言内容）が誤っていたとしても、これのみを理由に法的責任を免れることはできません。

4 臨時応急の手当

速やかな手当が求められる場面であり、医師の指示は不要です。医師の指示に基づかず看護師の判断にて実施するものですので、臨時応急の手当に関する法的責任は看護師が負担することになります。

具体的には、応急の手当において看護師が誤った手当を行い悪い結果が発生した場合には、看護師が法的責任を負担することなります（ただし、状況によっては緊急事務管理（民698）として、悪意・重過失がなければ免責される余地や、正当行為（刑35）、緊急避難（刑37）として責任が否定されることも考えられます。）。

また、臨時応急の場面において、看護師は医師の指示なしに応急の手当を行うことが許容されているのですから、速やかな手当が必要な状況でありながら、これを行わないこと自体が不適切であると評価されて法的責任を問われる可能性もあります。

この場面では、看護師において、医師の診察や指示を待てる状況か否かについて判断する能力が求められます。

第1章　看護師の法的位置付けと責任　　75

Q31　医療事故を起こしたときの責任は

A　医療事故を起こした場合の責任は、「法的責任」と「道義的責任」とに大別されます。

1　法的責任とは

　法的責任とは、法の定める一定の要件を満たした場合に発生する責任で、最終的には国家により強制される責任です。具体的には、以下の3つの責任が挙げられます。なお、法的責任は、それぞれ、その目的、発生要件等が異なり独立した関係にありますので、下記のうち一つの法的責任を果たしたからといって、当然に他の法的責任を免れることにはなりません。

　(1)　民事責任

　民事責任は、いわゆる「損害賠償責任」です。加害者（病院、医療従事者）に対し、被害者である患者が被った被害の弁償を強制することで、被害者救済を図るものといえます（「私人」対「私人」の関係）。

　(2)　刑事責任

　刑事責任とは、いわゆる「刑罰」です。加害者の自由・財産等に一定の害悪を与えることにより、応報を科すとともに、犯罪を予防、再犯防止を図る等、公益的見地からの責任です（「国家」対「個人」の関係）。

　(3)　行政責任

　行政責任とは、いわゆる「行政罰」です。ここでは、医療行為を行うことが不適当と判断される者に対し、戒告、3年以下の業務の停止、あるいは免許取消の処分が課されます。これは、刑罰と異なり、医療の安全を確保するという行政目的で課される責任です（「国家」対「個

人」の関係)。

2　道義的責任とは

　道義的責任とは、「悪しき結果に対し申し訳ないと思う気持ち」から発する責任で、法により強制されることはありません。そのため、道義的責任の内容は千差万別であり、これを果たすか否かも個人の考え方によるところが大きいといえます。

　具体的には「患者に対する（道義的）謝罪」が道義的責任の中心と考えられます。また、「記者会見を開催して、事実関係を報告し、病院長等が病院を代表して社会に対して謝罪する」こともありますが、このような社会的責任も道義的責任の一つといえるでしょう（ただし、社会に対して謝罪する必要がある事案かは慎重に検討する必要があります。）。

　過失が否定される場合（あるいは、医療機関・医療従事者として争う場合）に、道義的責任としての謝罪を行うべきかについては意見の分かれるところです。この点、謝罪をすることで法的責任を認めたものと誤解を招くとして、安易な謝罪は行うべきではないとの意見もあります。しかし、道義的責任と法的責任とは明確に区別されるものですので、道義的責任としての謝罪をもって法的責任を問われるという理解には飛躍があります。そこで、状況によっては速やかに謝罪を行うことも検討されてよいでしょう。その際には、道義的なものであることを明らかにした上で謝罪をするのが理想的な対応といえます。

　そもそも、医療従事者として、医療行為に関して悪しき結果が発生した場合に、結果に対し「申し訳ない」との思いを抱くのは自然な感情といえます。この医療従事者としての自然な感情を患者やその家族に伝えることにより、患者や家族の気持ちを和らげ紛争を未然に防ぐ効果も期待されます。もちろん、謝罪は道義的なものですので、「不適

第1章　看護師の法的位置付けと責任　　77

切な医療行為があった」あるいは「一切の責任を負う」など法的責任を認めたものと誤解されるような表現は避けねばなりません。また、患者やその家族が法的責任を認めたと誤解したような場合には、改めて「道義的」なものであったことを明確にする必要があるでしょう。

Q32　民事責任とは

A　民事責任は、病院（医療従事者）と、医療事故により被害を受けた患者およびその家族との関係において問題となります（「私人」対「私人」の関係）。民事責任は、いわゆる「損害賠償責任」です。加害者に対し、被害者が被った被害の弁償を強制することで、被害者救済を図るものです。あくまでも損害填補を目的としたもので、我が国では、懲罰的な賠償は認められていません。

　損害の内容としては、一般に①積極損害として、治療費、付添看護費、入院雑費、通院交通費、介護費用、葬儀費用、弁護士費用、②消極損害として、休業損害、逸失利益、③慰謝料（死亡慰謝料・後遺症慰謝料・入通院慰謝料）等が挙げられます。

　具体的な損害額は、被害者の年齢、職業、性別その他の事情により異なりますが、新生児が脳性麻痺となったような場合には、将来長期間にわたって介護が必要となることから高額な介護費用が認定され、その結果、1億円を超える高額賠償となることも珍しくありません。

　医療事故が発生すれば常に民事責任を負うというものではなく、法の定める要件を満たす必要があります。民事責任には、契約を前提としない不法行為責任と、契約に基づく債務不履行責任の2つがあります。

1　不法行為責任

　契約関係を前提としない当事者間での責任です。診療契約は医療機関（医療法人、あるいは事実上医療機関を代表する者）と患者との間で締結されますので、多くの場合、患者の具体的診療に携わる医師・看護師その他の医療従事者は、患者に対して、契約上の義務を負担しません（ただし、医療機関と医療従事者との間には雇用契約等に基づく契約上の義務があります。）。

　そのため、患者側が、医師・看護師その他の医療従事者に対し、損害の賠償を求める場合には、不法行為（民709）の要件を満たす必要があります。

　民法709条は、「故意又は過失によって他人の権利又は法律上保護される利益を侵害した者は、これによって生じた損害を賠償する責任を負う。」と規定しています。具体的には、①過失（故意）の存在、②悪しき結果の発生、③両者間の因果関係の存在が高度の蓋然性をもって証明される場合に不法行為責任が認められることになります。

　また、医療従事者に不法行為責任が認められる場合、使用者である医療機関において、医療従事者の選任および監督について相当の注意をしたとき（あるいは、相当の注意をしても損害が生ずべきであったとき）を除いて、使用者責任を負担することになります（民715①）。

　なお、使用者責任は、被害者救済の観点から責任を負う当事者の範囲を広げたものですので、使用者から当該医療従事者に対して求償が可能です（民715③）。

　不法行為責任が認められる場合、患者側では、①医療従事者のみ、②医療機関のみ、③両者に対して全額の損害賠償を請求することが可能です。資力の関係で、医療機関を当事者とすることが通常ですが、医療事故の第一次的責任は当該医療従事者にあることを忘れてはなりません。

第1章　看護師の法的位置付けと責任

＜民事責任参考図①＞

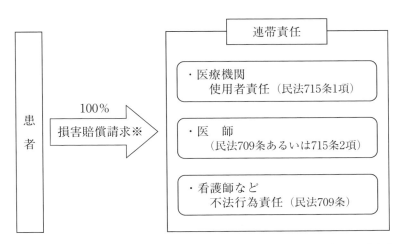

※　全員に対して請求することも、特定の者に対してのみ損害全額を請求することも可能

＜民事責任参考図②（民法715条3項：求償関係）＞

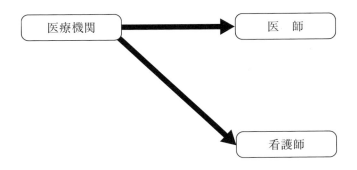

　最近では、医療機関と併せて当該医療従事者の責任をも追及する訴訟も増えていますし、極めてまれではありますが、当該医療従事者のみを被告とした訴訟もあります。

2 債務不履行責任

契約当事者が、相手方当事者に対して負担する責任です。

医療機関と患者側との間では、診療契約が締結されています。そこで、不適切な医療行為により患者に悪しき結果が発生した場合に、医療機関は契約に基づく法的責任を負担します。

診療契約は、「法律行為でない事務の委託」として、一般には準委任契約（民643・656）と理解されています。医療機関において、診療契約における債務の本旨に従った履行をしない場合には法的責任を追及されることになります。

3 不法行為責任と債務不履行責任の異同について

かつては、民法415条が「債務者がその債務の本旨に従った履行をしないときは、債権者は、これによって生じた損害の賠償を請求することができる。」と規定していることから、患者側は診療契約の締結を立証すれば足り、注意義務違反（過失）について立証責任が転換されるとの誤解がありました。

しかし、診療契約における債務不履行の態様は不完全履行ですので、当該具体的状況下における債務の内容（債務の本旨）、およびそれが不完全であったことを患者の側で主張・立証する必要があります。これは、不法行為責任における「過失」の内容と重なります。したがって、契約責任と捉えたとしても、患者側の立証が容易になるわけではありません。そこで、医療裁判の場では、不法行為責任、債務不履行責任のいずれにおいても、具体的患者の病状等を前提として当該時点において求められる医療行為の内容、それが不適切（不完全）であったか否かという「過失（注意義務違反）」の有無を中心に審理が行われています。

第1章　看護師の法的位置付けと責任　　81

　不法行為責任では医療従事者個人への責任追及も可能ですが、契約
責任である債務不履行責任では契約当事者でない医療従事者個人への
責任追及はできません。また、医療機関が使用者責任を果たした場合
には、その責任割合に応じて各医療従事者に対する求償が可能です（民
715③）が、債務不履行責任の場合には、同様の規定はありません。も
っとも、医療従事者は当該医療機関との間で、雇用契約等に基づく責
任を負担していますので、医療従事者の医療行為に不適切な点があっ
た場合には、雇用契約の債務不履行として、医療機関から損害賠償責
任を追及される立場に立つことになります（前掲＜民事責任参考図
②＞を参照）。

　現行法の下、不法行為責任と構成するか、債務不履行責任と構成す
るかによる差異は、次のとおり、①遅延損害金の発生時期、②時効期
間、③近親者の慰謝料請求権となります。

①　遅延損害金の発生時期

　・不法行為：催告を待たず、損害発生と同時（不法行為時）に遅滞
　　　　　　　に陥る（最判昭37・9・4判夕139・51、最判昭58・9・6判時1092・
　　　　　　　34等参照）

　・債務不履行：履行の請求を受けた時（民412③）

②　時効期間

　・不法行為：損害および加害者を知った時から3年
　　　　　　　不法行為の時から20年（民724）

　・債務不履行：本来の債務の履行を請求しうる時から10年（民166・
　　　　　　　　167）

　　　　　　　　※平成32年4月1日に施行される改正民法では、時効期間につ
　　　　　　　　　いて、不法行為／債務不履行共に、損害および加害者を知
　　　　　　　　　ったときから5年、不法行為時（権利を行使できる時）から
　　　　　　　　　20年とされ、この点に関する実質的な差はなくなっていま
　　　　　　　　　す。

82 第1章 看護師の法的位置付けと責任

③ 近親者の慰謝料請求権

・不法行為：被害者の父母、配偶者、子（民711）

（死亡以外、他の親族にも類推適用の余地あり）

・債務不履行：近親者の慰謝料請求の規定なし（最判昭55・12・18判時

992・44参照）

Q33 刑事責任とは

A 刑事責任とは、いわゆる「刑罰」です。加害者の自由・財産等に一定の害悪を加えることにより応報を科すとともに、犯罪を予防、再犯防止を図る等、公益的見地からの法的責任です。

民事責任が私人間の問題であるのに対し、刑事責任は「国家」対「個人」の関係とされています。そのため、民事責任を果たしたからといって、刑事責任を免れることはできません。

医療事故では、業務上過失致死傷が問題となります。

刑法211条では、「業務上必要な注意を怠り、よって人を死傷させた者は、5年以下の懲役若しくは禁錮又は100万円以下の罰金に処する。」と規定されています。

「懲役」、「禁錮」は共に自由刑とされるもので、「刑事施設に拘置」される点では共通していますが、懲役では「所定の作業」が義務付けられるのに対し、禁錮では作業を行う義務はないとされる点で異なっています。「懲役」は破廉恥罪（道義的にも非難される罪）に対するものという理解が一般的ですので、医療事故では、多くの場合「禁錮」が選択されます。また、「罰金」は財産刑といわれるものです。医療事故において、医療従事者が当初より過失を認めている場合には、公判

請求ではなく略式手続（100万円以下の罰金や科料に相当するような軽微な犯罪について、公判を開かずに（非公開の書面審理だけで）、検察官の提出した資料に基づいて、比較的少額の財産刑を科す制度。）によることが多いようです。

　なお、この場合であっても、「罰金以上の刑に処せられた者」あるいは「業務に関し犯罪または不正の行為があった者」として、行政処分の対象となります（保助看14・9）。

1　刑事責任の特徴
（1）　立証の程度

　民事事件が私人間の金銭的問題であるのに対し、刑事事件は、国家権力である検察官が訴追して、犯罪として処罰するものですから、その目的、内容は大きく異なります。そのため、刑事事件においては、民事事件の場合に比して、検察官に高い証明責任が課されます（民事事件では「高度の蓋然性の証明」が求められるのに対し、刑事事件では「合理的疑いを容れない程度の証明」が必要とされています。）。

（2）　起訴猶予（起訴便宜主義）

　刑事訴訟法248条は、「犯人の性格、年齢及び境遇、犯罪の軽重及び情状並びに犯罪後の情況により訴追を必要としないときは、公訴を提起しないことができる。」と規定し、検察官に起訴について一定の裁量を認めています。

　医療過誤は、医療従事者の悪意によらないものが多く、犯罪の情状としては類型的に訴追の必要性が乏しいものといえますので、民事的に十分な被害弁償がなされているなど他の情状によっては刑事訴追を免れる事案も多数存在しているものと考えられます。

2 刑事罰と就業との関係

国家公務員・地方公務員である医療従事者に刑事罰が科された場合には、国家公務員法82条ないし85条、地方公務員法29条に基づく懲戒処分の対象となります。また、刑事責任が確定する以前においても起訴された時点で、起訴休職（国公79二、地公28②二）を命じられることもあります。

民間の医療機関の場合にも、就業規則において同様の定めをしている場合も多く、刑事責任は単に刑罰の対象とされるのみならず、就業先との身分関係にも大きな影響を及ぼすものといえます。

Q34　行政責任とは

A　行政責任とは、いわゆる「行政罰」です。刑罰と異なり、医療の安全を確保するという行政目的から、医療行為を行うことが不適当と判断される者に対して課される法的責任です。

平成18年保助看法改正（平成18年6月21日法律84号、平成20年4月1日施行）以前において、行政処分の内容は、業務の停止・免許取消の2つでした（保助看14）が、同改正において「戒告」という処分が新たに加わりました。「戒告」というのは「本人の将来を戒める旨の申渡しをする処分」です。戒告処分では、他の行政処分とは異なり、それ自体により国家資格が制限されるなど業務を行う上での不利益はありませんが、行政処分として記録に残ります。

また、同改正において業務停止の期間についても「3年以下」と、その上限が定められました。改正以前には業務停止期間の上限についての定めはなく、概ね5年を超えない範囲で業務停止期間を定めるとの運用となっていました。改正後は、このような運用は許されず、3年を

第1章　看護師の法的位置付けと責任　　85

超える業務停止が相当と評価される事案では免許の取消しが選択されることになります。そして、免許が取り消された場合、処分の日から5年を経過しなければ、再免許の交付を受けることはできません（保助看14③）。

　このような行政処分の多様化（厳格化）は、適正かつ公平な処分を可能にしたものといえます。行政処分は、医道審議会の意見を参考にして、その具体的内容が決定されます（保助看15参照）。行政処分の基本的な考え方については、医道審議会保健師助産師看護師分科会看護倫理部会「保健師助産師看護師行政処分の考え方」（平成14年11月26日、平成17年7月22日改正）が参考になります。

　また、保助看法改正では「再教育研修」が規定されました（保助看15の2）。業務停止や免許の取消し等の資格制限は、それ自体に教育的効果はありません。行政処分の目的は、医療の安全を確保する点にありますので、資格制限中の教育を通じて、その知識・技術・自覚を促す再教育制度の創設は、この目的を達するための大きな前進といえます。ただし、医療安全の視点で捉えた場合、医療事故などでは、その発生原因が組織の安全体制の不備にあることも少なくありません。そのため、個人への行政罰・再教育のみで十分な効果が得られない場合もあるでしょう。法的規制にはなじまないものかもしれませんが、医療機関としての組織全体の改善を図るための検討も必要と考えます。

Q35　法的責任相互の関係は

A　行政責任、民事責任、刑事責任といった法的責任は、それぞれ法の定める要件（条件）を満たしたときに発生します。法的責任の内容は、次図のとおりです。民事責任が私人間の関係を調

整するものであるのに対し、行政責任・刑事責任は「国家」対「個人」の関係とされます。これらの責任は独立した責任ですが、密接な関連性があります。民事責任と刑事責任との要件（条件）は非常に類似しています。また、刑事責任が問われ、罰金以上の刑に該当した場合には、行政責任の対象となります。もっとも、民事責任と刑事責任とでは、証明の程度が異なること（民事責任が「高度の蓋然性の証明」であるのに対し、刑事責任では「合理的疑いを容れない程度の証明」と、より高度の証明が求められています。）や、検察官に起訴猶予などの広い裁量（起訴便宜主義）が認められていることから、大部分の医療紛争は民事的な解決がなされており、刑事責任や行政責任までが追及される事例はまれです。

　しかし、死亡などの重大な医療事故で明らかな過失が認められるケースにおいて、被害弁償も十分になされないような場合には、刑事責任や行政責任へと発展するケースもあります。適正な賠償がなされたこと（民事責任が果たされたこと）は、刑事責任の量刑（執行猶予の有無）だけでなく、刑事訴追の必要性を検討する際の大きな事情となります。早期に適正な被害弁償をすることにより、起訴段階で不起訴処分（起訴猶予）として、刑事手続から解放されるケースもあり、これは結果的に行政責任も免れることにもつながります。

<医療事故：法的責任・種類・内容>

	民事責任	刑事責任	行政責任
目　的	被害救済 <私人対私人>	応報・犯罪予防 <国家対個人>	医療の安全確保 <国家対個人>
内　容	金銭賠償 積極損害・消極損害	刑罰： 懲役・禁錮（5年以下）	行政罰： 戒告／3年以下の業務停止／免許の

第1章　看護師の法的位置付けと責任　　87

	慰謝料等	罰金（100万円以下）	取消
要　件 （条件）	①悪い結果 ②過失 ③因果関係	①死亡・傷害 ②過失 ③因果関係	①罰金以上の刑 ②医事に関し犯罪・不正 ③心身の障害／④麻薬、大麻あへんの中毒者 （または） 品位を損するような行為
手　続	私人間（弁護士間） ⇒交渉／ADR 裁判（民事裁判） ⇒判決／和解	警察署・検察庁 ⇒起訴／不起訴 （略式or公判） 裁判所（刑事裁判） ⇒判決（有罪／無罪）	医道審議会 ⇒答申 厚生労働大臣 ⇒処分

Q36　紛争になったときの解決手段は

A　医療紛争は、医療機関側と患者側の間のトラブルの総称ですので、医療事故よりも広い概念です。医療紛争の背景には、患者の医療機関・医療従事者に対する不満や不信感などの感情があります。

　例えば、患者側が全く医学的根拠のない民間療法を要求し、医師がこれを拒んだ場合、これは医療事故とはいえないことは明白ですが、患者側に不満が残り医療紛争へと発展する場合もあります。また、医

師あるいは看護師の言葉に傷ついたとして紛争化する事例も存在します。

　各医療機関では、安全で良質な医療の提供に努めています。しかし、医療行為は身体に対する侵襲を伴うものであり、不可避的に合併症・偶発症のリスクを内在しています。また、人が行うものである以上、医療事故の発生を完全に防止することは不可能です。医療事故の多くはヒューマンエラーによるといわれていますが、人の関与を排除することは、医療の本質に反することにもなります。医療事故防止は医療における永遠のテーマともいえるでしょう。医療紛争には、医療従事者に対する不満や不信感という感情が絡みますので、医療事故を防止できたとしても医療紛争がなくなるわけではありません。

　医療紛争は、民事手続により解決される場合が大部分です（まれに刑事告訴や刑事告発等がなされることもあります。この場合、民事的解決の有無やその内容が刑事処分、さらには行政処分に事実上の影響を及ぼします。)。

1　示　談

　医療機関側において不適切な医療行為があったと判断した場合には、裁判手続を経ることなく、損害賠償金を支払い解決することになります。

　逆に、患者側において、医療機関側に法的責任がないことを理解した場合には、極めて低額の見舞金によって解決に至る場合もあります。

　いずれにしても、当事者間で基本的事実関係に合意ができなければ、示談による解決は困難といえます。

2　調停・ADR（あっせん・仲裁）

　医療紛争においても、簡易裁判所に調停を求めることが可能です。

調停は、調停委員が当事者（申立人・相手方）の言い分を聞き、解決に向けた助言を行うことで、話合いによる解決（調停成立）を目指す手続です。成立した調停調書は判決と同様の効力があります。

当事者以外の第三者が加わることにより、円滑な進行を図りつつ、感情の衝突を緩衝するなど、当事者間での話合いとは異なるメリットがあります。しかしながら、調停は、あくまでも話合いによる解決ですので、当事者双方の事実認識（評価）の溝が埋まらなければ、この手続による解決は困難です。

他に「あっせん・仲裁（ADR）」という制度もあります。「あっせん」は、あっせん人が間に入り、話合いによる解決を目指す手続です。話合いによる解決が困難な場合であっても、当事者双方が「仲裁」を選択すれば、仲裁により終局的な解決を得られるという利点がありますが、当事者の基本的な認識に争いがある中で、仲裁が選択されることはなく、大部分が話合いでの解決となっています。東京三弁護士会では、中立的な立場のあっせん人、医療者側代理人として経験豊富なあっせん人、患者側代理人として経験豊富なあっせん人の3名で合意形成に向けた医療ADRが行われ、一定の成果を上げています。さらに、医師会等によるADR等も整備されるなど、その役割に大きな期待が寄せられています。

もっとも、これらの手続は、事実関係（過失評価）に大きな争いはなく損害額の評価についての争いがあるような事案、または、健康被害が発生していない、あるいは健康被害が軽微であるなど、もっぱら感情的な対立の事案の解決には有用ですが、基本的事実関係や評価について当事者間に大きな隔たりがあるような事案の解決には適しているとはいえません。このような事案は、従来どおり民事訴訟を通じて解決されることになります。

第1章　看護師の法的位置付けと責任

3　訴訟（狭義の裁判手続）

医療紛争において、事実関係あるいは医学的評価について争いがある事案の多くは、民事訴訟によって解決されることになります。

訴訟は、具体的な争訟について、証拠を合理的に評価し、法を適用・宣言することによって、終局的な解決を図る手続です。最終的には、判決によって裁判所の見解が示されますが、証拠調べの過程において、当事者間の事実認識や評価が共通になることも多く、訴訟のうちの約半数が和解で終了しています。

医療訴訟（医療裁判）では、訴訟期間の長期化、裁判官の専門的知識の不足等の問題が指摘されていましたが、「計画審理」「専門委員制度」「医療集中部の創設」「鑑定の工夫（学会による鑑定人候補者推薦手続、複数鑑定・カンファレンス鑑定）」等による対応が図られています。

(1)　計画審理（民訴147の2）

計画審理とは、あらかじめ、裁判所において、「①争点および証拠の整理を行う期間、②証人および当事者本人の尋問を行う期間、③口頭弁論の終結および判決の言渡しの予定時期」を定め、これにのっとって審理を行うことで、迅速かつ充実した裁判を目的とする手続です。

民事訴訟法147条の3第1項では、「裁判所は、審理すべき事項が多数であり又は錯そうしているなど事件が複雑であることその他の事情によりその適正かつ迅速な審理を行うため必要があると認められるときは、当事者双方と協議をし、その結果を踏まえて審理の計画を定めなければならない。」と規定されており、医療訴訟も計画審理の対象となり得ます。

(2)　専門員制度

民事訴訟法92条の2第1項は「裁判所は、争点若しくは証拠の整理又は訴訟手続の進行に関し必要な事項の協議をするに当たり、訴訟関係

を明瞭にし、又は訴訟手続の円滑な進行を図るため必要があると認めるときは、当事者の意見を聴いて、決定で、専門的な知見に基づく説明を聴くために専門委員を手続に関与させることができる」と、専門員制度について定めています。

医療訴訟の場合、裁判官や代理人弁護士の専門的知識が乏しいため、主張の構成や争点整理に時間を要し、訴訟が長期化する事例もありました。裁判官が事案や当事者の言い分等を十分に理解し、迅速かつ充実した審理を行うためには、その分野の専門家から適宜、専門的な事項について説明を受けることが有用といえます。

専門員制度は、説明による知見の補充を目的とするものですので、個別事件についての鑑定的説明や意見を求めないというのが前提でしたが、最近では、当事者双方の合意の下で、事案に即した意見を求めるなど、簡易鑑定的に利用されることもあります。

(3) 学会による鑑定人候補者推薦手続、複数鑑定・カンファレンス鑑定

以前は鑑定人候補者の推薦、鑑定意見書の作成のために、事実上、訴訟の進行が停止状態に陥る場面も少なからず存在していました。平成13年7月には正式に医事関係訴訟委員会が発足し、この委員会を介して学会単位で鑑定人候補者の推薦依頼が可能となりました。これにより、迅速な鑑定人の選任が期待されましたが、当初想定したほどの効果は得られていません。

複数鑑定とは、ある事件につき、複数の鑑定人が鑑定書を作成する手続です。鑑定を要する事項の内容が複数の専門的領域にわたるために専門を異にする複数の鑑定人に依頼するもののほか、複数の専門領域にわたらなくとも、複数の視点から評価を求めるために利用されるものです。また、カンファレンス鑑定は、東京地方裁判所において用いられる方式で、あらかじめ、複数の鑑定人に鑑定資料を送付し、こ

れを検討の上、鑑定事項に対する結論と簡単な理由付けの提出を求め、鑑定人全員を招集して、裁判官の面前にて討論（カンファレンス）することを主眼として鑑定を行う方式です。

これらの鑑定方法は、鑑定人の労力、精神的な負担を軽減しながら、鑑定の質を高めることができるとの積極的な評価もありますが、鑑定人の意見が分かれた場合の対応、全体としての整合性の問題、特にカンファレンスの場合には声の大きい人の意見が通りやすいのではないかといった問題も指摘されています。

4　医療訴訟（医療裁判）の動向

医療裁判は平成16年の1,110件をピークに減少傾向を示し、最近は850件前後を推移しています（平成27年830件、平成28年870件、平成29年857件）。

約半数が和解で終了していますが、判決に至った場合の認容率についての変化が見られています。以前、認容率は概ね40％でしたが、最近は20％前後となっています（平成27年20.6％、平成28年17.6％、平成29年20.5％）。

平成7年当時は、医療事件の民事第一審審理に38.8月（3年強）を要していましたが、最近は24月（2年）前後まで短縮しています（平成27年22.8月、平成28年23.2月、平成29年24.2月）。更なる短縮を望む声も聞かれますが、医療事件のような専門訴訟において、審理促進のみを強調することは拙速な判断ともなりかねませんので、概ね2年の審理期間は妥当なものと評価されます。

第1章　看護師の法的位置付けと責任　　93

4　看護行為の注意義務

Q37　看護師に求められる注意義務とは

A　医療訴訟においては、注意義務違反（過失）の有無が問題となります。看護職の注意義務の発生根拠につき、抽象的には保助看法あるいは看護師の倫理規定等に求めることも可能ですが、これらから、直ちに具体的状況下における注意義務の内容を導くことはできません。最高裁判所は、「およそ人の生命・身体に危害を生ずるおそれのあるいわゆる危険業務に従事する者は、その業務の性質に照らし危害を防止するため法律上・慣習上もしくは条理上必要なる一切の注意をなすべき業務を負担するものであって、法令上明文のない場合といえどもこの義務を免れない」としています（最決昭37・12・28刑集16・12・1752）。

　過失（注意義務違反）については、従来、結果発生を認識・予見すべきであったにもかかわらず、注意を怠って認識・予見しなかった心理状態をいうものとされていましたが、現在では、①結果発生の予見義務（具体的予見可能性を前提とする）に加えて、②結果回避義務（結果回避可能性を前提とする）違反を重視する立場が一般的です。

　結果発生の予見義務とは、事故の発生（または発生の可能性）を認識・予見すべき義務であり、結果回避義務とは、そのような認識・予見に基づいて事故の発生を回避すべき義務です。この両者を怠ることが過失（注意義務違反）と理解されます。

　ところで、医療の場合には、傷病者を対象とするものであること、それ自体が身体的侵襲を伴うことから、悪しき結果が発生する可能性を常に内在しています。具体的医療行為を行うに際しては、多くの医

療従事者が、何らかの漠然とした不安を感じているのではないでしょうか。しかしながら、このような不安感や危惧感を前提に結果回避義務を課すと、結果責任を問うに等しいものとなり医療従事者に過酷となるばかりか、行為規範としての指針を示すことができなくなり、ひいては医療が停滞してしまう可能性があります。結果回避義務の前提をなす、予見義務が具体的予見可能性を前提とする理由もこの点にあります。

予見義務（予見可能性）では、何らかの副作用が起こるかもしれないという漠然としたものでは足りず、当該具体的患者、具体的状況を前提として副作用の結果を具体的に予見すべきといえるか否かが問われることになります。

例えばヨードを含む造影剤検査においては、まれに造影剤ショックに至ることが知られています。このことから、一般的抽象的には副作用としてのショックの発生の可能性があるとはいえ、当該患者に造影剤ショックの発生を具体的に予見できたといえるのかは難しい問題です。また、結果回避義務については、結果回避可能性が前提となりますが、同事例では、問診、皮膚反応等のテストを実施したとしても、ショックの発生を回避することはできない点で、結果回避義務があるといえるかも簡単には結論付けられません。

医療裁判では、当該時点における「臨床医学の実践における医療水準」を前提に、要求される結果発生の予見義務、結果回避義務の内容が検討されることになります。

看護師の場合には、「療養上の世話」あるいは「診療上の補助」に関し、事故当時の臨床看護における看護知識および技術の水準を基準として結果発生の予見義務・結果回避義務の内容を検討することになります。具体的には、当該看護師の能力を基準とするのではなく、事故当時の通常一般の平均的看護師の能力、知識および技術が基準となり

第1章　看護師の法的位置付けと責任　　95

ます。したがって、当該看護師の能力が劣っていたために結果発生を予見したり結果発生を回避することができなかったとしても過失責任（注意義務違反）が問われることになります。

Q38　「最善の看護」の内容とは

A　診療契約は、医療機関側が患者に対して、「最善の医療」を提供し、患者が、これに対して対価を支払うことを基本とする有償双務契約（準委任契約）と理解されています。看護師の行う看護業務は診療契約の一部ですので、一般論として「最善の看護」を提供する義務があるといえるでしょう。

　輸血梅毒事件（最判昭36・2・16判時251・7）では、「いやしくも人の生命及び健康を管理すべき業務（医業）に従事する者は、その業務の性質に照し、危険防止のために実験上必要とされる『最善の注意義務を要求』されるのは、已むを得ないところといわざるを得ない。」とされています。その後の未熟児網膜症高山日赤事件（最判昭57・3・30判時1039・66）では、「注意義務の基準となるべきものは、診療当時のいわゆる『臨床医学の実践における医療水準』である。」と、その内容が具体化されました。つまり、「最善の医療」とは、診療当時の医療水準を満たしているものであり、かつ、それをもって足りると考えられます。

　医療水準がある一時点においてあらゆる医療機関の義務になるのかについて、未熟児網膜症姫路日赤事件（最判平7・6・9判時1537・3）では、「当該医療機関の性格、所在地域の医療環境の特性等の諸般の事情を考慮すべきであり……、すべての医療機関について診療契約に基づき要求される医療水準を一律に解するのは相当でない」との判断が示され、医療水準は種々の事情に基づき医療機関ごとに判断され、特定の

時点から全ての医療者の義務水準となるものではないことが明らかにされました。続く能書判決（最判平8・1・23判時1571・57）では、「当該医師の専門分野」によっても医療水準が異なることが確認されました。

　裁判における「医療水準」が「医学水準」ではないのと同様に、看護師に要求される「最善の看護」の内容は、「看護学水準」ではなく「当該事故当時の臨床看護における看護知識・看護技術の実践的水準」です。また、当該医療機関の性格、所在地域の医療環境の特性、当該看護師の専門分野等の諸般の事情を考慮して決定されるものであり、全国一律なものではないといえるでしょう。

　しかし、看護業務の内容が多様性に富んでいることから、医療水準にも増して、その内容を確定することは困難といえるでしょう。具体的には、厚生労働省のガイドライン、各学会のガイドライン、看護学文献、院内マニュアル等を参考にしながら、当該時点、当該医療機関において要求される「最善の看護」の内容を検討することになります。

Q39　看護水準には常に達していなければならないのか

A　看護水準とは、「当該事故当時の臨床看護における看護知識・看護技術の実践的水準」であると理解されています。看護師は、看護の専門職として「療養上の世話」、「診療の補助」を行うことが求められますので、当然看護水準にのっとった看護を提供することが求められます。

　看護水準の内容は、時代、当該医療機関の性格、所在地域の医療環境の特性、当該看護師の専門分野等によっても異なりますが、事故当時、同様の施設、同様の医療環境における平均的看護師の能力、知識、

第1章　看護師の法的位置付けと責任　　97

技術を有していることが求められます。個人的に能力を欠いていたとしても、注意義務の内容が軽減される性質のものではありません。医療の提供を受ける患者の立場に立てば当然のことといえるでしょう。

したがって、患者に対する関係では、その施設の特性に応じた看護水準が求められ、経験の浅い看護師が業務を行うに当たっては、医師や経験豊富な看護師による指導・監督を通じて、当該施設に要求される看護水準を満たすことが求められます。これは、看護学生が臨地実習を行う場合も同様で、当該看護師や看護学生の未熟さを理由に注意義務の内容が軽減されることはありません。

このように、チーム医療が発達した現在においては、「患者」と「看護師」の1対1の関係で捉えるのではなく、「患者」と「医療（看護）チーム」との関係で捉え直す必要があります。したがって、「医療（看護）チーム」として、看護水準にのっとった看護行為が行える体制作りが課題といえます。

看護行為は、身体的侵襲を全く伴わないものから、静脈注射等身体への危険の大きいものまで様々です。当該看護行為の危険性と当該看護師の知識、経験および技術等を考慮して、具体的業務の内容を決定することや、上位の看護師による指導・監督を行うことで、医療（看護）チームとして、看護水準にのっとった看護を提供することは十分に可能と思われます。

これを看護師個人の立場から捉えますと、自らの知識、経験、技術に不安のある看護行為を実施する場合には、漫然とこれを行うのではなく、経験のある看護師、医師等へ助言・指導を求めることが要求され、場合によっては他者に処置を委ねることも検討する必要があるといえます。

第1章 看護師の法的位置付けと責任

Q40 看護慣行に従っていれば注意義務を果たしたといえるのか

A 輸血梅毒事件（最判昭36・2・16判時251・7）では「注意義務の存否は、もともと法的判断によって決定されるべき事項であって、仮に、医師の間では従来、供血者が右のような証明書、会員証等持参するときは問診を省略する慣行が行われているとしても、そのこと故に直ちに注意義務違反が否定されるべきいわれはない」と判示し、「医療水準」と「医療慣行」とを明確に区別しています。

また、能書判決（最判平8・1・23判時1571・57）では「医療水準は、医師の注意義務の基準（規範）となるべきものであるから、平均的医師が現に行っている医療慣行とは必ずしも一致するものではなく、医師が医療慣行に従った医療行為を行ったからといって、医療水準に従った注意義務を尽くしたと直ちにいうことはできない」としています。

医療慣行の多くはEBM（Evidence-based Medicine：根拠に基づく医療）に合致し、医療水準と重なるでしょうが、千葉大採血ミス事故に関する下級審判決（千葉地判昭47・9・18判時681・22（刑事事件））の示すように「悪しき慣行は基準（医療水準）とはならない」といえます。

看護業務においては、医療行為にもまして「看護慣行」なるものが存在しています。これらの慣行は先輩から口頭で伝えられるものや経験の中で身に付くものもあるでしょう。

しかし、上記能書判決が「医師が医薬品を使用するに当たって文書（医薬品の添付文書）に記載された使用上の注意事項に従わず、それによって医療事故が発生した場合には、これに従わなかったことにつき特段の合理的理由がない限り、当該医師の過失が推定されるというべきものである。」としていることから、添付文書（能書）あるいはガ

第1章　看護師の法的位置付けと責任　　99

イドライン等に基づかない「慣行」は、悪しき慣行として過失が推定される可能性があります。

　臨床における看護慣行は、裁判における過失の判断基準とはなりませんので、現在行われている慣行が看護水準を満たすか否か改めて見直すことも必要でしょう。

Q41　裁判上の過失（注意義務違反）の判定基準とは

　A　医療裁判における過失（注意義務違反）の判定基準は「医療水準」です。

　看護業務に限定すれば「看護水準」を満たすか否かが問われることになります。また、看護水準は「当該看護行為（事故）時点」を基準として判断されなければなりません。

　しかしながら、看護業務の内容が多様性に富んでいることから、医療水準にもまして、その内容を確定することは困難といえるでしょう。

　かつて、看護師は医師の手足と考えられていた時代もありました。この時代には看護師の主体性は全く顧みられず、看護水準なるものを検討する必要はありませんでした。しかしながら、今日では看護職の専門性、主体性が確立しています。また、特定行為など診療の補助における裁量も大きく認められるようになりました。

　看護師の法的責任を問うには、単に悪しき結果を発生させたことでは足りず、当該時点において要求される看護水準を満たさないものであったといえなければなりません。具体的には、厚生労働省の通知、各学会のガイドライン、看護学文献、院内マニュアル等を参考にしながら、当該時点、当該医療機関において要求される「看護水準」の内容を検討することになります。

看護師の中心業務の一つとされる「経過観察」は療養上の世話に位置付けられますが、単に観察をしていれば足りるというものではなく、当該患者の状態を正確に判断し、必要に応じて措置や医師への報告が求められますので、「診療の補助」としての意味もあります。

大阪地裁平成11年2月25日判決（判タ1038・242）は、医師が当直の看護師に対し、容態の急変があれば、直ちに報告するよう指示していないとしても「看護師としては当然とるべき措置」と判示しています（第2章事例〔24〕参照）。

現在では、経過観察に関する看護水準として「専門的知識と技術に基づく意図的な観察からの情報収集をし、これを評価して、異状を早期に発見し、適切な措置、報告を行うこと」が求められているといえます。

Q42 「療養上の世話」の具体的注意義務の内容とは

A 療養上の世話は、看護師の主体的業務ですので、医師の指示に基づかずに、看護師自らの主体的な判断により、これを行うことができます。

1 経過観察

経過観察には、①患者の生活的側面の観察や、病室が患者にとって適切な環境であるという意味の観察、②術後管理等、患者の診療を有効ならしめるための観察とがあります。後者については、診療の補助の要素が強いことから医師に観察方法の具体的指示を求める裁判例もありますが、医師の具体的指示がなくとも、異状があれば適切な措置、

報告を行うことが求められるのは当然です。医療機関では、クリニカルパスの整備が進んでおり、これも看護師の具体的注意義務の内容の根拠となります。

かつて、看護師は医師の指示に従っていればその責任を否定される傾向がありましたが、現在では、たとえ医師の具体的指示がなくとも、適宜、経過観察を行い、必要に応じて医師の診察、治療を求めることが要求されていると考えられます。医師の特別な指示がなくとも、看護師に要求される経過観察を怠った場合には、看護師としての責任が問われることになるでしょう。

2　患者の主訴に対する対応

疼痛その他の異状に関する患者の訴えをどの程度聞き入れるべきかは、非常に困難な問題です。患者の性格や感受性によって、患者の主訴と客観的容態とは大きく異なる場合もあります。しかしながら、悪しき結果が発生しますと、その時点において患者の訴えに対応していなかったことが注意義務違反として問題にされる可能性があります。

看護師には、専門職として患者の訴えを適切に評価すべき義務があります。そこで、看護記録等に単に患者の訴えをそのまま記載するだけでなく、その訴えが医師への報告や措置を要するものか否かを評価することが求められます。この点で、医師に報告しなくてよいと評価したのであれば、その根拠を示す必要があるでしょう。

3　環境管理

患者の年齢、性別、理解力に応じた適切な世話を行うことが求められます。

小児、老人において転落・転倒事故、誤嚥による窒息等の報告があります。転落や窒息を具体的に予見すること自体が困難な場面も少な

くありませんが、リスク因子を適切に評価することで、ある程度の危険性を予測することも可能です。また、ヒヤリ・ハット報告、インシデント、アクシデントレポートの蓄積、さらには症例報告や様々な発表を通じて、これらの事故が発生しやすい状況か否かの推測が可能な場合もあるでしょう。これらのリスクが具体的に予見される場面では、結果回避義務が要求されることになります。もとより、結果回避義務は結果を回避するよう努めることを求めるものですので、これを尽くしたとしても、結果を回避できるとは限りません。しかし、具体的予防策を講じることなしに悪しき結果を招いたとすれば、法的責任を免れることは困難でしょう。

　看護師には、柵の挙上、床面に弾性マットを使用する試み等の設備面の管理に加え、当該患者の特質や行動様式を念頭に置いた「療養上の世話」を行うことが求められます。

Q43　「診療の補助」の具体的注意義務の内容とは

A　診療の補助は、医師の行う医療行為のうち、比較的侵襲の軽微な一部を医師に代わって行うものです。看護師が診療の補助を行うには、医師の指示が必要とされていますので、看護師が医師の指示に基づかずに診療の補助を行うことは原則として許されません。

　診療の補助の具体的内容は医師が決定していますので、看護師は、医師の指示内容に従って行動することで注意義務を果たしたといえる場合が多いと考えられます。

　そのため、裁判において看護師の注意義務違反が問題となった事例

は、①医師の指示を看護師が誤って理解した場合、②具体的診療の補助行為の手技を誤った場合（薬剤の種類、投与量、投与方法）が、大部分を占めています。

しかし、看護師は看護の専門職としてチーム医療に加わっているのですから、医師の指示内容が明白な誤りである場合、あるいは、不明確な場合には、医師に質問するべき義務があるものと考えられます。なお、薬剤師法24条では「処方せん中に疑わしい点があるときは、その処方せんを交付した医師、歯科医師又は獣医師に問い合わせて、その疑わしい点を確かめた後でなければ、これによって調剤してはならない」と規定されています。

診療の補助として静脈注射等を行う以上、看護師が薬剤等の知識を全く有していないとすれば、それ自体が大きな問題です。自らの知識、経験に基づき、医師の指示内容に疑問を抱いた場合に、医師への問合せを怠り、漫然と診療の補助行為を行えば、誤った指示をした医師だけでなく、当該看護師に注意義務違反が問われる場面もあるでしょう。

5　看護職賠償責任保険制度

Q44　看護職賠償責任保険制度ができた背景は

A　医療の高度化・専門化・複雑化、医師中心の医療モデルからチーム医療への質的変化に伴い、看護職は「療養上の世話」を中心とする看護専門職として位置付けられるようになりました。また、「診療の補助」についても、医師の指示に従ってさえいれば免責されるという時代ではありません。

看護職が専門的な知識・技術を用いて医療に参画することは、看護職のやりがいという意味では非常に望ましいものですが、一方で、それに伴う責任も負担することを意味します。

医療訴訟（民事事件）における賠償額は、年々高額化傾向にあります（最近では1億円を超えることも珍しくはなく、2億円を超えるような裁判例も散見されます。）。また、医療機関だけでなく看護師等の医療従事者個人の法的責任が問われる事案もあります。患者側で医療訴訟を担当する弁護士の多くは、医療従事者個人の責任追及について消極的な意見を持っているようですが、中には、医療機関に加えて、当該医療従事者も提訴すべきと公言する弁護士もいますし、患者やその家族の心情としては、医療機関ではなく当該医療従事者の責任を問いたいと思う人も少なくありません。

このような状況において、相次ぐ医療事故報道に危機感を感じた日本看護協会会員から「看護職賠償責任保険」の導入を望む声が大きくなりました。平成12年7月以降には、国立病院・療養所を始めとする諸団体で、独自に看護職賠償責任保険が導入されました。

また、平成13年度日本看護協会通常総会において「看護職賠償責任保険（仮称）の創設」が賛成多数で可決されました。同年11月1日より日本看護協会会員向けの看護職賠償責任保険制度が発足し、現在では、多くの看護師が同保険に加入しています。

日本看護協会会員の資格を前提とする看護職賠償責任保険制度と、看護職であれば加入可能な同様の保険があります。これらは、1年間当たりの保険料、補償内容や補償限度額等に差異がありますので、自己に合った保険を選択するのがよいでしょう。

第1章　看護師の法的位置付けと責任　　105

Q45　看護職賠償責任保険制度の仕組みと特徴は

A　看護職賠償責任保険とは、看護職が業務遂行により、他人の生命・身体を害したり、財物を損壊したり、プライバシーの漏洩等による人格権侵害について、法律上負担しなければならない損害賠償責任を補償するための保険です。

同保険制度の特徴としては、①日本国内で行った保助看法に定められたあらゆる業務を対象としていること、②業務中の対人事故だけではなく、業務中に他人の財物に損害を与えた場合も補償の対象となること、③法律上の損害賠償金のほか、賠償責任の有無にかかわらず支出した弁護士費用その他の争訟費用も補償するものであること、④初期対応費用の支払い（保険填補）があることなどが挙げられます。

この保険は、事故時ではなく「事故発覚時」に加入していることが支払要件とされていますので、加入後に「加入前の事故が発覚」した場合も補償の対象となり得ます。しかし、保険加入の時点で「事故を認識していた場合」等は、保険対象外です。患者から、クレームや請求があった後に保険に加入したとしても当該事故について保険は適用されませんので注意が必要です。

また、同保険制度は、損害賠償責任を補償すること（民事責任）を目的とするものですので、刑事責任や行政責任は対象となりません。したがって、本保険に加入していたとしても、刑事処分としての罰金は、自ら負担しなければなりませんし、刑事手続、行政手続における弁護士費用も個人の負担となります。確かに、刑罰である罰金を保険で填補することは不適切ですが、弁護士費用について、医師には既に「刑事弁護士費用担保追加条項（医師特約条項）」も認められていることを考えると、看護職賠償責任保険においても、同様の制度が検討されてもよいでしょう。

6 個人情報保護法

> ## Q46　個人情報保護法とは

A 　平成17年4月1日より個人情報の保護に関する法律（以下「個人情報保護法」といいます。）が全面施行されました。その後、平成29年5月30日より改正個人情報保護法が施行され、今日に至っています。

　個人情報保護法は「個人情報の適正かつ効果的な活用が新たな産業の創出並びに活力ある経済社会及び豊かな国民生活の実現に資するものであることその他の個人情報の有用性に配慮しつつ、個人の権利利益を保護することを」目的とした法律です（個人保護1）。

　下線部分が今回の改正の主旨であり、このような観点から匿名加工情報に関する加工方法や取扱い等の規定の整備がなされていますが、医療機関等に対する関係でも、いくつか重要な改正がありました。

　改正前の個人情報保護法では小規模事業者（識別される特定の個人の数の合計が過去6か月以内のいずれの日においても5,000を超えない事業者）は対象外とされていましたが、今回の改正により、全ての事業者がその対象となりました。

　同法の対象となる個人情報は、生存する個人に関する情報であって、「①当該情報に含まれる氏名、生年月日その他の記述等により特定の個人を識別することができるもの」あるいは「②個人識別符号が含まれるもの」と定義されています（個人情報2①一・二）。今回の改正で個人識別情報も個人情報であることが確認されました。これらは、番号・記号そのものが個人情報として保護の対象となります。

　なお、個人情報保護法では、次のとおり個人情報の概念を整理し（個

人情報2)、その性質に応じた法制がなされています。改正個人情報保護法施行に際し、「個人情報の保護に関する法律についてのガイドライン」ならびに医療機関関係での「医療・介護関係事業者における個人情報の適切な取扱いのためのガイダンス」及びこれに関する「Ｑ＆Ａ（事例集）」などが整備されていますので、これらを参考にした運用が求められます。

＜概念と規制の内容＞
① 個人情報（個人情報2①）
② 個人情報データベース等（個人情報2④、個人情報令3）
　　（容易に検索できるよう体系的に構成した個人情報を含む情報の集合物）
③ 個人データ（個人情報2⑥）
　　（個人情報データベース等を構成する個人情報）
④ 保有個人データ（個人情報2⑦、個人情報令4・5）
　　（開示、内容の訂正、追加または削除、利用の停止、消去および第三者への提供の停止を行うことのできる権限を有する個人データ）
【個人情報に関する規制】
　→個人情報保護法15条〜18条・35条等
　　※ 専ら取得に関する規制
【個人データベースに関する規制】
　→個人情報保護法19条〜26条等
　　※ 正確性の確保、安全管理体制、使用（第三者提供）
【保有個人データに関する規制】
　→個人情報保護法27条〜34条
　　※ 本人との調整

108　　第1章　看護師の法的位置付けと責任

Q47　要配慮個人情報とは

A　要配慮個人情報とは、「本人の人種、信条、社会的身分、病歴、犯罪の経歴、犯罪により害を被った事実その他本人に対する不当な差別、偏見その他の不利益が生じないようにその取扱いに特に配慮を要するものとして政令で定める記述等が含まれる個人情報」をいいます（個人保護2③）。

　個人情報の保護に関する法律施行令2条では、医療機関が扱う以下のような情報も要配慮個人情報であるとされており、医療機関で扱う個人情報の大部分が要配慮個人情報となります。

①　身体障害、知的障害、精神障害（発達障害を含みます。）その他の個人情報保護委員会規則で定める心身の機能の障害があること

②　本人に対して医師その他医療に関連する職務に従事する者（③において「医師等」といいます。）により行われた疾病の予防および早期発見のための健康診断その他の検査（③において「健康診断等」といいます。）の結果

③　健康診断等の結果に基づき、または疾病、負傷その他の心身の変化を理由として、本人に対して医師等により心身の状態の改善のための指導または診療もしくは調剤が行われたこと

　要配慮個人情報を取得するには、原則として本人の同意が必要であり、オプトアウト方式による第三者提供も認められていません。

　もっとも、「医療・介護関係事業者における個人情報の適切な取扱いのためのガイダンス」では、「患者が医療機関の受付等で、問診票に患者自身の身体状況や病状などを記載し、保険証とともに受診を申し出ることは、患者自身が自己の要配慮個人情報を含めた個人情報を医療

第1章　看護師の法的位置付けと責任　　109

機関等に取得されることを前提としていると考えられるため、医療機関等が要配慮個人情報を書面又は口頭等により本人から適正に直接取得する場合は、患者の当該行為をもって、当該医療機関等が当該情報を取得することについて本人の同意があったものと解される。」とし、第三者提供についても、「院内掲示等により第三者提供をすることを公表して、患者に提供する医療サービスに関する利用目的について患者から明示的に留保の意思表示がなければ、患者の黙示による同意があったものと考えられる」としています。

そのため、利用目的やその範囲等を院内掲示等により公表している医療機関においては、これまでの運用を大きく変更する必要はないものと考えられます。

また、大学その他の学術研究を目的とする機関もしくは団体またはそれらに属する者が学術研究の用に供する目的で利用する場合にも個人情報保護法の適用除外とされています（個人保護76①三）。こちらについては、臨床研究法や人を対象とする医学系研究に関する倫理指針に従った対応が求められます。

Q48　個人情報保護法と看護師の守秘義務との関係は

A 　個人情報保護法施行以前から、医師その他の医療従事者には、患者に対する「守秘義務」がありました。看護師等の医療従事者が、正当な理由がなく、その業務上知り得た人の秘密を漏らすことは禁止されています（保助看42の2・44の4、刑134等参照）。

個人情報保護法23条は、①法令に基づく場合、②生命等の保護の必要性があり、本人の同意を得ることが困難であるとき、③公衆衛生の向上、児童の健全な育成の推進のために特に必要があり、本人の同意を得ることが困難であるとき、④国等が法令の定める事務を遂行する

110　　　第1章　看護師の法的位置付けと責任

ことに協力する必要があり、本人の同意を得ることにより当該業務に
支障を来すおそれがあるとき、を除いて、あらかじめ本人の同意を得
ないで個人情報を第三者に提供することを禁止しています。

　個人情報保護法は、医師・看護師が負う「守秘義務」の内容を具体
化したものと評価できます。そのため、守秘義務を正確に理解してい
るのであれば、個人情報保護法施行後も同様の取扱いで問題は生じま
せん。また、守秘義務の内容についての理解に不安があれば、個人情
報保護法、ガイドラインやガイダンスに目を通すことで、守秘義務に
ついての理解が得られるでしょう。

Q49　診療情報開示請求の内容とは

A　改正個人情報保護法28条では「①本人は、個人情報取扱事
業者に対し、当該本人が識別される保有個人データの開示を
請求することができる。」と規定し、患者本人に診療情報開示請求権を
認めました。

　また、同法34条は「本人は、第28条第1項……の規定による請求に係
る訴えを提起しようとするときは、その訴えの被告となるべき者に対
し、あらかじめ、当該請求を行い、かつ、その到達した日から2週間を
経過した後でなければ、その訴えを提起することができない。ただし、
当該訴えの被告となるべき者がその請求を拒んだときは、この限りで
ない。」と定め、訴訟手続を通じての権利実現の道を拓きました。

　現在は、多くの医療機関において診療情報開示手続を整備しており、
患者側からの申請があった場合は、患者側に開示することが不適切と
考えられる一定の例外を除いて、診療情報を開示する運用が定着して
いると思われますが、開示するか否かを決定する際の期間として、法
の定める2週間が参考になるでしょう。

第 1 章　看護師の法的位置付けと責任　　111

Q 50　公的機関等からの照会等に対する対応は

A　個人情報保護法23条1項は、法令に基づく場合には、患者本人の同意なく第三者提供が可能としています。もっとも、医療機関の扱う個人情報は「要配慮個人情報」であること、医療従事者には、患者に対する守秘義務があり、押収拒絶権、証言拒絶権（刑訴105・149、民訴197①二・220四ハ）など、特別の権利が認められていることから、第三者からの照会に対しての回答には、慎重さが求められます。

　裁判所からの文書送付嘱託（民訴226）や調査嘱託（民訴186）では、公正な裁判の実現という公的要請があり、患者本人も同意していることが多いので、これに応じたとしても問題となることは、まずないでしょう。また、警察や検察からの照会（刑訴197②）についても、捜査の必要性という公的目的がありますので、患者の同意なしに回答したとしても違法ではありません。もっとも、将来的なトラブルも予想されますので、回答内容によっては、捜査事項照会書など公的書類を求めることが望ましいと考えます。

　特に注意しなければならないのは、弁護士法23条の2に基づく弁護士会照会です。患者本人の代理人からの照会であれば守秘義務が問題となることはありませんが、交通事故の加害者など患者本人と対立関係（利害関係）に立つ場合には、特に注意が必要です。弁護士会照会も法令の定める例外であり、個人情報保護法の第三者提供の例外には該当しますが、患者本人の利益と対立することも予想されますので、患者本人の同意を得るという原則的な対応も検討する必要があるでしょう。

第2章

事例にみる看護師の注意義務と責任

114

第２章　事例にみる看護師の注意義務と責任　　　115

【概　説】

看護師の法的責任

　法的責任に関し、看護師等の医療従事者は医師の指示に基づいて各種業務を行うことから、かつては、指示をした医師のみが法的責任を負担するという考え方も存在した。しかし、専門的知識・技術を有するとして国家資格を付与された医療従事者が自らの行為に責任を負わないことは、その専門性を否定することにもなりかねない。また、医療の分業化・高度化が進み、チーム医療が求められる現在においては、それぞれの医療従事者が、その行為に見合った法的責任を負担するのは、当然といえよう。

　看護師は、①民事責任、②刑事責任、③行政責任という3つの「法的責任」を負う。この他に道義的責任、社会的責任と呼ばれるものもあるが、これらは個人あるいは社会の倫理観・道徳観等に基づく責任で、法的に強制されることはない。この点で、法的責任とは明確に区別される。

1　民事責任

　民事責任とは、患者側が受けた被害（損害）を金銭的に評価・算定し、それを患者あるいはその家族（死亡事故の場合には、相続人）などに対して賠償しなければならないという法的責任をいう。いわゆる「損害賠償（責任）」といわれるもので、加害者に対し、被害者が被った被害の弁償を強制することで、被害者救済を図ることを目的としたものである。

2　刑事責任

　刑事責任とは、加害者の自由・財産等に一定の害悪を与えることにより、応報を科すとともに、犯罪の予防、再犯防止を図るなど、公益的見地からの責任である。医療事故においては、業務上過失致死傷の

罪（刑211）が問われることになる。また、安楽死・尊厳死の場面では、殺人（刑199）や同意殺人（刑202）の罪が問題になる。

3　行政責任

行政責任とは、保助看法14条に基づく①戒告、②3年以内の業務の停止、③免許の取消し等の処分をいう。次に掲げる保助看法9条の相対的欠格事由に該当した場合のほか、看護師としての品位を損するような行為があった場合に行政処分の対象となる。

＜保助看法9条に定める相対的欠格事由＞

①　罰金以上の刑に処せられた者

②　①に該当する者を除くほか、保健師、助産師、看護師または准看護師の業務に関し犯罪または不正の行為があった者

③　心身の障害により保健師、助産師、看護師または准看護師の業務を適正に行うことができない者として厚生労働省令で定めるもの

④　麻薬、大麻またはあへんの中毒者

4　法的責任の関係

これらの責任は、独立した責任であり、1つの責任を果たしたからといって、当然に他の責任を免れるものではない。もっとも、これらの法的責任は密接な関連性もある。

民事責任と刑事責任の発生要件には、①故意・過失、②悪しき結果（死亡・傷害の結果）、③因果関係など共通する内容も多い。また、刑事責任が問われ罰金以上の刑となった場合には、行政責任の対象となる。そのため、医療事故が発生した場合には、民事責任、刑事責任、行政責任が問われ得る。ただし、民事上、適正な賠償がなされたことは、刑事責任の量刑（執行猶予の有無）だけでなく、刑事訴追の必要性を検討する際の大きな事情となる。早期に適正な被害弁償をすることにより、捜査段階で不起訴処分（起訴猶予）として、刑事手続から解放され、その結果、行政責任を免れることもある。

第2章　事例にみる看護師の注意義務と責任　　117

【事例解説】

1　看護師の刑事責任

〔1〕　看護師が医師の補助として行った採血に際して、電気吸引
　　　器の操作を誤り、また、医師もこのミスを見過ごしたため、
　　　供血者を死亡させたことにつき、電気吸引器の点検確認の注
　　　意義務を尽くさなかったことに過失があるとして看護師に
　　　罰金刑が言い渡された事例—いわゆる「千葉大採血ミス事
　　　件」—

事　例　昭和43年11月末頃、国立千葉大学医学部付属病院では、
　　　　　吸引作用を利用しての喀痰等の吸引と、排気作用を利用
しての薬物の噴霧（ネブライザー）を一般的用途とする電気吸引器を
転用して、輸血用の採血をするのが常態となっていた。

　昭和44年4月27日、多発性骨髄腫患者Aに対する輸血治療のために、
供血者X（当時32歳）から輸血用血液を採取することとなった。医師
Y_1に、採血の準備を指示された看護師Y_2は、誤ってタコ管を電気吸
引器の陽圧パイプに接続し、タコ管の先端の空気針をACD瓶の口に
挿し、電気吸引器のスイッチを入れた。その際、看護師Y_2は、タコ管
の先端に手のひら、綿球を当てる等して吸引に作用しているかの確認
措置もとらなかった。

　医師Y_1は、採血針を供血者Xの左正中静脈に刺入し、血液の逆流を
確認の上、看護師Y_2にACD瓶への接続を指示した。ACD瓶内は、電
気吸引器の誤接続により高圧状態となっていたため、静脈内に多量の

118　　第2章　事例にみる看護師の注意義務と責任

空気が注入されてしまった。その結果、供血者Xは、空気塞栓症による脳軟化症の傷害を負い、同年6月7日死亡した。

（千葉地判昭47・12・22刑月4・12・2001）
（検察官控訴　　　　　　　　　　　　　　　）

裁判所はどう判断したか

　採血時の空気注入というごく単純な初歩的ミスで供血者Xが死亡したことなどから、民事的に損害賠償がなされたとしても、厳粛な法的責任を負担しなければならないとしながらも、本電気吸引器は同一の器械で排気と吸引の両機能を併有しており、作用を取り違える可能性を多分にはらんでいたものであって、効用の経済性・能率性のみを優先させ、安全性の面で甚だ疑問のある医療器具であったこと、厳重なダブルチェックの方法が確立されていない甚だ不備な体制のもとで、補助者としてミスを犯した看護師Y₂のみに厳しい追及を行うことは、いわば一種のスケープ・ゴートとすることにも似て公平ではないとして禁錮刑ではなく罰金刑（当時の最高額）を選択した。

　なお、医師Y₁についても、採血の際、補助に当たった看護師が電気吸引器の操作を誤ったことを看過し、その点検確認の注意義務を尽くさなかったことに過失があるとして罰金刑（最高額）が選択された（千葉地判昭47・9・18判時681・22）が、控訴審判決では、本件事故が極めて単純かつ初歩的な過誤であったこと、結果の重大性、社会に対する影響を重視し、禁錮10か月（執行猶予付）とした（東京高判昭48・5・30判時713・133）。

（結　果）

　看護師Y₂　罰金5万円（当時の最高額）

第2章　事例にみる看護師の注意義務と責任　　119

$$\boxed{\text{コ　メ　ン　ト}}$$

1　単純な過誤

　「採血」や「医療機器の操作」は「診療の補助」として看護師が行うことが許されています。「診療の補助」として行った行為において、誤接続という単純な過誤があった場合に、当該看護師が刑事責任を問われることは当然です。本件では、当該看護師は、他の看護師が実施していたタコ管の先端に手のひら、綿球を当てる等して吸引に作用しているかの確認措置も行っておらず、その責任は重いといわねばなりません（「看護水準」を満たしていません。）。

2　事故の原因

　本件事故は、看護師Y_2が電気吸引器の接続を誤ったために発生したものです。また、看護師Y_2が、他の看護師が実施している吸引作用の確認を実施していれば、回避できたと考えられます。初歩的なミスを怠った看護師Y_2が刑事責任を負担するのはやむを得ません。

　もっとも、本件事故の背景には、①吸引・噴霧用の電気吸引器を採血に転用したこと、②同器具は外形上、陰圧パイプと陽圧パイプとの区別が可能であるものの、経済性・能率性から両機能を併有させており、過誤の生じる可能性を内在しているものであったこと、③電気吸引器による採血についての検討が十分になされていないこと、④同使用に関し、医師・看護師の責任範囲が明確とされていないこと等、様々な要因がありました。これらの背景的事情は、判決でも量刑を考慮する際の資料とされていますが、医療安全の見地から捉えた場合には、この背景事情にこそ着目する必要があります。

　医療行為が、身体に対する侵襲を伴うものであることからすれば、わずかな注意力の欠如により重大な結果を引き起こす可能性を常に内

在しています。軽率な医療従事者を処罰するだけでは、安全な医療とはなりません。不注意があっても、重大事故には至らないよう二重、三重の安全弁を設けることが医療安全における重要な視点といえます。

本判決は非常に古いものですが、様々な事情により、現在でも医療機器を本来の使用方法とは異なる利用をしていることがあります。本判決に指摘された背景事情を踏まえ、より安全な医療の提供に努めるという重要性に変わりはありません。

コラム

医師の責任と看護師の責任

本件に関与した医師に対する控訴審判決は、「診療の補助」として看護師がこれを実施する場合であっても、医師の監督責任を非常に重く評価しています。一方「北大電気メス器誤接続事件」（事例〔2〕参照）では、いわゆる「信頼の原則」を適用して、看護師のみに刑事責任を認め、医師の刑事責任は否定しています。

一般論として、チーム医療における診療に関する最終的責任が医師にあるとしても、第一次責任を負うのは実際に診療の補助を行う看護師です。看護師の知識・技術が向上することにより、看護師が診療の補助として行える業務範囲は広がりますが、同時に看護師が負担する法的責任も重くなります。看護師が行う診療の補助に関する事例では、医師の責任は「監督責任」が中心となり、医師が十分な指導・監督をしていた場合や、専門職である看護師の行為を信頼するのが当然と考えられる場面において、その責任は否定されることになります。

本件では、①医師が現場に存在していたこと、②接続状況についてはパイプの色、長さにより外形上区別が可能であったこと、③看護師

第2章　事例にみる看護師の注意義務と責任　　121

の経験が浅いこと、④医師が緊急性のない輸血用血液の採取という限られた医療行為のみを担当していたこと、⑤採血に際し、陽圧パイプに接続した場合には空気塞栓に至ることについて予見可能であったこと等から、医師に指導・監督責任を認めることは比較的容易であったといえます。これに対し、「北大電気メス器誤接続事件」は、手術場面についてのものです。手術において医師は執刀に集中する必要があり、チーム医療の中で専門職である看護師の行為を信頼せず電気メスの誤接続の有無までを確認する義務を課したのでは、円滑に手術を遂行することはできないという特殊事情が存在しています。

　以上の裁判例を整理しますと、チーム医療において「診療の補助」について、①第一次責任は、実施者である看護師が負うものであること、②医師は監督責任を負担するにとどまること、③状況によって、医師の責任は「信頼の原則」により免責される余地があること、となります。

　適切な役割分担により業務能率を高めることは、治療を受ける患者の利益になるのですが、「信頼の原則」の安易な拡大は人命軽視にもつながる危険をはらんでいます。医療行為は、身体に対する侵襲を伴うという性質上、ダブルチェックなど繰り返しの確認が要求されますので「信頼の原則」が適用される範囲は限られています。

　これらを踏まえ、医師と看護師の責任の関係を理解し、適切な役割分担がなされることが望まれます。

122　　第2章　事例にみる看護師の注意義務と責任

〔2〕　外科手術の際に電気メス器へのケーブルの接続を担当し
　　　た看護師が、誤って交互誤接続をしたために患児の右足に高
　　　度の熱傷を生じさせたという事案につき、看護師の刑事責任
　　　のみを認め、執刀医の責任を否定した事例—いわゆる「北大
　　　電気メス器誤接続事件」—

事　例　　昭和45年7月17日、北海道大学医学部付属病院で、動脈
　　　　　　管開存症の患児X（当時2歳）に対し、外科手術を施行し
た。同手術は、大動脈の分岐点で動脈を切断し、肺動脈への血液の流
れを断つことを目的とするものであるが、動脈直近にメスを当てるた
め大動脈に損傷を与えて大量出血を招くおそれや神経損傷等の危険を
伴い高度の技術を要する手術であった。

　看護師 Y_1 は、執刀医 Y_2 の上記手術の実施に際し、間接介助者とし
て、電気メス器への接続、ダイヤルの調整を行った。電気メス器は、
付属のケーブルの使用では交互接続は起こり得ない構造となっていた
が、付属品ではない子供用対局板付ケーブルを使用したために、各ケ
ーブルと各端子を交互に誤接続してしまった。

　誤接続のみでは、メスの利きに異常は生じないが、本件では電気メ
ス器のほかに心電計を使用していたため、高周波電流に特殊な回路を
生じ、患児Xの右足に高度の熱傷を与え、下肢切断となった。

$$\left(\begin{array}{l}札幌地判昭49・6・29判時750・29\\札幌高判昭51・3・18判時820・36＜確定＞\end{array}\right)$$

第2章　事例にみる看護師の注意義務と責任　　123

$$\boxed{\text{裁判所はどう判断したか}}$$

1　過失犯における予見可能性

　過失犯が成立するためには、結果の発生が予見可能であることを要する。結果発生の予見とは、一般的・抽象的危惧感ないし不安感を抱くだけでは足りず、特定の構成要件的結果およびその結果の発生に至る因果関係の基本的部分の予見を意味する。

　本件での予見の内容としては、ケーブルの誤接続をしたまま電気メス器を作動させるときは電気メス器の作用に変調を生じ、本件ケーブルを経て患者の身体に流入する電気の状態に異常を来し、その結果患者の身体に電流の作用による傷害を被らせるおそれについて予見できれば足りる。

　発生するかもしれない傷害の種類、態様および理化学的原因について予見可能の範囲外であったが、通常人にとって身体に流入する電流の状態に異常を生じ、その作用により傷害を被るおそれがあることを知れば、その傷害の種類・態様までは予見できなくても、日常の知識・経験に照らして危険の性質・程度を把握し、それに対処すべき措置を決定するのに支障がない以上、責任主義の要請に反するものでない。

2　医師の指導・監督責任

　本件病院においてはケーブルの接続作業は看護師の担当するものであったこと、術者から視認できない位置関係にあったこと、執刀医の関心事は、アースが完全にされていることおよび患者が金具と接触していないことにあるとの状況下においては、本件執刀医Y_2にとって、ケーブルの誤接続に起因する傷害事故の発生を予見しうる可能性は必ずしも高度のものではない。

　本件手術の性質、患者の容態および執刀直前の執刀医の役割、心理

状態等に照らせば、本件のような危険性の高い重大な手術の執刀医としては、手術遂行に万全を期する以上、手術自体以外の分野に注意を向ける精神的余裕は乏しい。執刀直前には、執刀中に準じて手術そのものに精神を集中する態勢をとることが望まれ、執刀医が注意を他に分散して精神の集中を妨げられる結果を来すことは手術遂行に及ぼす影響も懸念される。

　ケーブルの接続は診療の補助行為であるけれども、極めて単純容易な作業に属し、その方法については医師の指示を要するものではないこと、間接介助者看護師Y_1はベテラン看護師であることから、これを信頼し接続の正否を点検しなかったことは無理からぬものがあった。

　医師は、診療に伴う危険を防止するため高度の注意義務を負うとしても合理的な限界がある。本件では、具体的な状況の下、当該専門医として通常要求される注意義務の違反があったとはいえない。

（結　果）

看護師Y_1：罰金5万円　執刀医Y_2：無罪

1　事故の原因

　本件では、①ケーブルの交互誤接続から熱傷の結果が生じるであろうことが事故当時に予見可能であったか、②執刀医であるY_2には、ケーブルの接続を看護師に任せることなく、自らもケーブルの接続の正否を点検すべき業務上の注意義務が認められるかが問われました。

(1)　①について

　　　電気メスの危険性は本件事故まで全く認識されておらず、事故後の電気工学的検討により本件事故がケーブル交互誤接続に起因することが判明しました。単なる抽象的な危惧感や不安感を前提

第2章　事例にみる看護師の注意義務と責任　　125

に結果を回避する義務を課すと、結果の重大性のみに目を奪われて高度な結果回避措置を認めることになりかねません。結果が生じた後にレトロスペクティブに考察すれば、これを防ぐ回避措置は容易に見い出せるものです。

　そもそも、医療行為は身体に対する侵襲を伴うものですので、診療の全過程において悪しき結果の発生する何らかの危惧感・不安感は常に存在しています。したがって、危惧感や不安感があることのみで刑罰を科すことは不適切です。そこで、本件でも、事故当時にケーブルの交互誤接続から熱傷の結果が生じるであろうことを予見できたかが問題とされました。

　判決では、誤接続が原因となって患者の身体に流入する電流の状態に異常を生じること、その作用により傷害を被るおそれがあることを予見することが可能であったとされました。その傷害の種類・態様までは予見できなくとも、基本的部分の予見が可能ですので、これを回避する措置を求められたとしても、医療従事者に過度な注意義務を課すものとはいえません。電気メスの性質上、誤接続により傷害を発生するおそれを予見できれば、その具体的機序までを認識していなくとも結果を回避するための義務を課すことは可能であり、刑事責任を問う上で、障害となる事情ではありません。

(2)　②について

　看護師の診療の補助のミスにより医療事故が発生した場合には、直接行為者である看護師のみでなく、指導・監督的地位にある医師の過失責任が問われるのが一般的です。医師は、自らが実施可能な診療の一部を診療の補助として看護師に行わせるのですから、患者との関係で診療に関する最終責任者的立場に立つ医師が指導監督責任を負うのは当然といえます。医療行為が身体に侵襲を伴

うものであること、常に健康被害を生じる危険を内在していることから、他者の医療行為を無条件に信頼することはできません。しかし、他者の行為を全く信頼できないとすれば、チーム医療自体が成り立ち得ません。

「北大電気メス器誤接続事件」判決は、看護師の補助行為に対する医師の指導監督の具体的内容について、補助行為の性質、当該医療行為の性質、作業の状況、医師の立場等を具体的状況に照らして判断し、医師の責任を否定しました。

①危険の大きい手術で、手術に集中し事故防止に努める状況下にあったこと、②医師から接続状況が視認できない状況にあったこと、③看護師に充分な経験があったこと、④本件執刀医がチーム医療に対する統率者の立場になかったことなどを総合しますと、執刀医が看護師を信頼することには、相応の理由がある場面であったと考えられます。

本判決は、いわゆる「信頼の原則」を医療行為全般に妥当するとしているものではありません。ダブルチェックなど繰り返しの確認が求められる場面において、複数の医療従事者による慎重な確認が求められるのは当然です。

2 予防の方法

本件事故は、看護師 Y_1 が電気メスの接続を誤ったために発生したものです。このような誤接続があったとしても、メスの利きに著しい異常は生じないため、視認によるほか、確認の方法はありません。

本件では、事後的検証において、電気メス器のほかに心電計を使用していたために、高周波電流に特殊な回路を生じ、熱傷を発生した機序が判明しました。

成人の場合には付属のケーブルを利用することで誤接続できない構

第2章　事例にみる看護師の注意義務と責任　　127

造となっており、本事故を未然に防ぐことができたといえます。

　小児科領域においては、現在においても、小児用の医療器具が存在せずに成人用のものを転用する場面が少なくありません。医療従事者は、初歩的な過誤が発生し得ることを充分に認識することが求められます。

　しかし、安全管理の見地からは、人の不注意があっても重大事故には至らないよう二重、三重の安全弁を設けることが大切です。小児科領域の安全性を高めるには、医療従事者個人の努力のみでは足りず、病院、メーカー、さらには行政指導による安全対策が求められます。

〔3〕　ヘパリンナトリウム生理食塩水を準備する際に他の患者
　　　に対する消毒液を同時に準備したことから薬剤の取違えを
　　　生じ、誤って消毒液を投与して入院患者を死亡させた事案に
　　　ついて、看護師らの刑事責任が認められた事例―いわゆる
　　　「都立広尾病院消毒剤誤注入事件」―

事　例　患者Xは、慢性関節リウマチ治療のため左中指滑膜切
除術を受けた50代の女性である。

　看護師Y_1は、平成11年2月11日午前8時15分頃、同病院病棟処置室に
おいて、患者Xおよびその他の患者らに投与する薬剤を準備した。看
護師Y_1は、患者Xの抗生剤投与後に血液の凝固を防止するために注
入するヘパリンナトリウム生理食塩水を準備するに当たり、注射筒部
分に黒色マジックで「ヘパ生」と記載された10mℓ入り無色透明の注射
器1本を取り出して処置台の上に置いた。続いて、患者Aに対して使
用する消毒液ヒビテングルコネート液10mℓを吸い取り、この注射器を
ヘパリンナトリウム生理食塩水入りの注射器と並べて処置台に置い
た。その後、黒色マジックで書かれた「ヘパ生」という記載を確認す
ることなく、消毒液ヒビテングルコネート入りの注射器と誤信して、
黒マジックで「6　A様　洗浄用ヒビグル」と手書きしたメモを貼り付
け、もう一方の消毒液ヒビテングルコネート入りの注射器を抗生剤と
ともに患者Xの病室に持参した。午前8時30分頃から、抗生剤の点滴
を開始するとともに、消毒液ヒビテングルコネート入り注射器を床頭
台の上に置いた。

　看護師Y_2は、午前9時頃、抗生剤の点滴が終了したとの合図を受け、
同患者の床頭台に置かれていた注射器をヘパリンナトリウム生理食塩
水が入っているものと軽信して、消毒薬ヒビテングルコネート液を患

第2章　事例にみる看護師の注意義務と責任　129

者Xに投与した。

　結果、患者Xはこれによる急性肺塞栓症による右室不全により死亡
した。

（東京地判平12・12・27判時1771・168＜確定＞）

裁判所はどう判断したか

1　看護師Y₁について

　血液凝固防止剤入り注射器には黒マジックで「ヘパ生」と書かれて
いるので特定の必要はなく、消毒剤入りの注射器には何も書かれてい
ないので特定する必要があったにもかかわらず、血液凝固防止剤入り
の注射器の方に消毒液である旨のメモを貼り付け、特定する必要のあ
る注射器を何の特定もしないまま被害者の床頭台に置いて準備した過
失がある。

2　看護師Y₂について

　床頭台の上に置かれていた薬剤入りの注射器を確認すれば、本来あ
るべき「ヘパ生」の記載がないので、血液凝固防止剤でないことに気
付くのに、その何であるかを確認しないまま患者Xに投与した過失が
ある。

3　量刑に関して

　同病院では死亡事故に至らない誤薬事故が年間30から40件程度繰り
返されてきたのに病院としての対策が不十分であり、本件が病院とし
ての業務遂行についての体制の不備に起因するものであって、個人的
な「単純ミス」で片付けてよいものではないが、医師から投与を指示

130　　第2章　事例にみる看護師の注意義務と責任

された薬剤を取り違えないことは、いかなる場合においても、看護師
の患者に対する基本的な義務であり、怠ることの許されない義務であ
るといわなければならない。

　しかし、Y₁は直ちに取違えに気付き、勇気を出して蘇生中の医師等
に申告していること、Y₂も警察の取調べでは「ヘパ生」を確認したと
いうのは勘違いであり、実際にはよく確認していなかったと正直に供
述するなど深い反省が見られること、数年間にわたり誠実に看護業務
を遂行してきたこと、院内で停職処分や戒告処分を受けていること等
を有利な情状として斟酌できる。

（結　果）

看護師Y₁：禁錮1年（執行猶予3年）

看護師Y₂：禁錮8か月（執行猶予3年）

コ　メ　ン　ト

　本判決は、「診療の補助」行為を、医師の指示内容に従って正確に実
施することは看護師の基本的義務であるとしています。

　看護師は、「診療の補助」として薬剤の静脈注射を行うことが認めら
れていますが、薬剤の血管注入による身体への影響が大きいことから、
薬剤・投与量・投与方法は正確になされなければならないのは当然で
す。しかし、同時に多数の患者を受け持つ場合、1つ1つの手順が省略
されたり、確認がおろそかになりがちです。判決でも指摘されるよう
に、本件病院でも誤薬事例が年間30～40件程度繰り返されているとの
ことであれば、これは医療安全の見地より、組織的な取組みがなされ
るべき問題ともいえます。もっとも、そのような危険を内在している
とはいえ、専門職としての基本的注意義務を怠った看護師の法的責任
を免れることはできません。

　具体的刑事責任の内容は、注射液を準備した看護師Y₁が重くなっ

第2章　事例にみる看護師の注意義務と責任　　131

ています。看護師Y₁が、①ヘパリンナトリウム生理食塩水入りの注
射器と消毒液ヒビテングルコネート入りの注射器とを誤って準備した
こと、②患者の床頭台に置いておいたことから、本事故の主たる原因
を作ったと評価されます。一方、看護師Y₂は、「ヘパ生」との記載が
ないにもかかわらず、ヘパリンナトリウム生理食塩水が入っているも
のと軽信したことは非難されるものの、医師の指示内容に照らし、当
該患者の床頭台においてある注射器が「ヘパリンナトリウム生理食塩
水入り」のものであると信じたことには一定の理由があります。これ
らの違いが、量刑にも反映されたものと考えられます。

　看護業務は、複数の看護師が分担しますので、前者の行為を信頼し
なければ業務は停滞します。本件具体的状況下において、看護師Y₂
はY₁の準備行為を信頼したものといえますが、静脈注射が健康被害
を生じる危険を内在していることから、ダブルチェックが求められる
ところであり、このような場面において無条件の信頼を保護すること
はできません。本件病院では、ヘパリンナトリウム生理食塩水入りの
注射器には「ヘパ生」との記載がなされていたのですから、当然、こ
の記載の有無は確認しなければならないといえるでしょう。

　なお、判決では直ちにミスを申告したことを有利な情状として評価
しています。ミスを犯した場合、動揺して保身に走りがちですが、専
門職として分別ある行動が求められます。

> ## コラム
>
> ### 異状死体等の届出義務
>
> 　本件では、病院長が医師法21条の異状死体等の届出義務違反の罪お
> よび虚偽有印私文書作成・同行使罪で有罪判決を受け、懲役1年および
> 罰金2万円の刑が確定しています。異状死体等の届出を巡っては「検

案」の意味、憲法38条1項の黙秘権が問題とされましたが、最高裁判所は、平成16年4月13日、「検案」とは、「医師が、死亡した者が診療中の患者であったか否かを問わず、死因を判定するためにその死体の外表を検査することをいう」とした東京高裁平成15年5月19日判決（判タ1153・99）を前提に「死体を検案して異状を認めた医師は、自己がその死因等につき診療行為における業務上過失致死等の罪責を問われるおそれがある場合にも、医師法21条の届出義務を負うとすることは、憲法38条1項に違反しない。」との見解を示しました（最判平16・4・13判時1861・140）。

　本件は当該医師の診療そのものに関する事故ではなく、厳密には憲法38条が問題となる事案ではありませんので、医師法21条の届出義務を課すことが憲法38条1項に違反しないとの結論を導きやすい事案であったといえます。しかし、上記最高裁判所の判旨に照らしますと、自らの医療事故に関する事案であっても届出を怠ると医師法21条違反に問われる可能性が高いと考えます。

　最近では、医療関係者の一部から、検案が「外表を検査すること」から「異状」性についても外表のみで判断すべきとの見解（外表異状説）が示され、一定の支持を得ています。しかし、異状性は外表のみで判断することはできません。異状性については「死体自体から認識できる何らかの異状な症状乃至痕跡が存する場合だけでなく、死体が発見されるに至ったいきさつ、死体発見場所、状況、身許、性別等諸般の事情を考慮して死体に関し異状を認めた場合を含む。」というのが一般的な理解です（東京地八王子支判昭44・3・27刑月1・3・313）。実際に、検案を行う際にも臨床情報が必要であり、臨床情報を離れて異状性を評価することはできません。外表異状説は、医師法21条の届出義務の範囲を制限することを目的としたものですが、術後死亡した場合には常に外表に異状が存在することになります。この点、外表異状説は「手術をしたのだから外表の異状はない」と考えるようですが、手術をしたという前提自体が外表以外の要素を含んでいることになります。外表

第2章　事例にみる看護師の注意義務と責任　　133

異状説は、平成16年最高裁判決の形式的文言解釈を根拠としていますが、最高裁判決は「異状性」についての判断基準を示したものではありませんので、これを根拠とすることはできません。「検案」と「異状」の要件とは、区別して理解する必要があります。

　また、平成27年10月1日より、医療事故調査制度がスタートしました。医療事故を医療安全の見地から評価し、医療従事者による自律的解決を期待したものですが、同制度の報告を行ったとしても、医師法21条の届出義務を免れることはできません。医師法21条の届出義務には24時間以内という制限もありますので、注意が必要です。

コ ラ ム

薬剤の取違え

　通常注射をする際は、指示箋を確認の上、患者氏名、薬剤名、用量、目的、投与経路、時間（いわゆる6R）を確認の上実施しますが、本件では確認すべきこれらの事項の確認を怠っています。

　調剤を行った際には、速やかに注射器の外筒にシリンジの内容が分かるよう注射ラベルを貼り、患者氏名と内容物を記載するべきでしょう。

　また、事故の起こりにくい環境を整えることが重要です。本件では、ヘパリン生食とヒビテン消毒液とを同じ注射器に準備していたことは問題視される事項です。

　現在は各メーカーから出されている色付きシリンジが広く活用されています。患者に直接注射する薬剤と、消毒薬のような外用薬、吸入薬等、他の薬剤と違うものが入っていることが分かるように色分けをしている施設が多くあります。シリンジの色を変え、注意喚起されることで、重大事故を回避できる可能性が高くなります。各病院・施設

によって規定した場合、そのカラーシリンジの使用基準を施設内で周知し遵守することが重要です。

　日本医療機能評価機構医療事故情報収集等事業においても第47回報告書で「薬剤の取り違え」を取り上げています。薬剤の名称が類似していることによる取違えが多く報告されており、名称類似薬品、外観類似薬品には要注意です。どのような類似薬剤があり、何に注意が必要なのかを理解しておくことも重要です。類似薬剤について一覧にまとめました（「類似薬品一覧」）。

　薬剤の取違え対策としては、ラベリングが本件のようなメモ書き程度ではなく、薬品名・患者氏名を正しく記載したラベルを貼付していること、確認時は6Rを指さし呼称を用いて確認すること、間違いやすい類似薬剤等を理解しておくこと、さらにはカラーシリンジ使用などの施設ごとのルールの徹底が望まれます。

＜類似薬品一覧＞

【名称類似医薬品一覧】	
商品名（薬効）	商品名（薬効）
アレロック（抗アレルギー薬）	アテレック（降圧薬）
ザイティガ（抗悪性腫瘍薬）	ザルティア（排尿障害治療薬）
セロクラール（脳代謝賦活薬）	セロクエル（抗精神病薬）
テグレトール（抗てんかん薬）	テオドール（喘息治療薬）
ノルバデックス（抗悪性腫瘍薬）	ノルバスク（降圧薬）
フェアストン（抗悪性腫瘍薬）	デュファストン（黄体ホルモン）
マイスリー（睡眠導入薬）	マイスタン（抗てんかん薬）

第2章　事例にみる看護師の注意義務と責任　135

ミコンビ（降圧薬）	ミカムロ（降圧薬）
ユリーフ（排尿障害治療薬）	ユリノーム（尿酸排泄促進薬）
リクシアナ（抗凝固薬）	リフキシマ（肝不全治療薬）

【外観類似医薬品一覧】			
種類	形態	薬品名	薬品名
注射薬	褐色ガラスアンプル	セレネース注5mg	サイレース静注2mg
		ラシックス注20mg	プリンペラン注射液10mg
		プリンペラン注射液10mg	ペルジピン注射液2mg
		セレネース注5mg	ジゴシン注
	無色ガラスアンプル	ドルミカム注射液10mg	ミオブロック注射液
		エフェドリン「ナガヰ」注射液40mg	ネオシネジンコーワ注5mg
内服薬	PTP包装	ワーファリン錠1mg	ラシックス錠40mg
		重曹錠500mg「マイラン」	炭カル錠500mg「旭化成」
		タリオン錠10mg	ドンペリドン錠10mg「サワイ」
		ロキソプロフェンNa錠60mg「サワイ」	バイアスピリン錠100mg

136 第2章 事例にみる看護師の注意義務と責任

〔4〕 手術室への患者搬入の際に、患者の同一性の確認を怠った
ために、本来心臓手術を予定された患者に肺手術が、肺手術
を予定されていた患者に心臓手術が実施された事案につき、
看護師、麻酔医、執刀医の刑事責任が認められた事例—いわ
ゆる「横浜市立大学患者取違え事件」—

事　例　患者X_1（74歳）は、重度の僧帽弁閉鎖不全症により、
平成11年1月11日午前9時に3番手術室で僧帽弁形成また
は置換の手術（心臓手術）が予定されていた患者である。同人は耳が
遠く、意識的に話しかけないと反応がないことがあり、また、何にで
も「はい」と答え、本当に分かっているのか不安に感じるようなとこ
ろがあった。同人には、手術の準備として長さ10cm、幅8cmのフランド
ルテープ（冠血管拡張薬）が背中（右肩胛骨下部付近）に貼付されて
いた。

患者X_2（84歳）は、右肺上葉S2の部位に肺癌の十分な疑いがあり、
縦隔リンパ節および右肺下葉S6の部位に転移が疑われたことから、
平成11年1月11日午前9時に12番手術室で、開胸生検・右肺上葉切除・
リンパ節郭清の手術（肺手術）が予定されていた患者である。同人は、
年齢の割にはしっかりしていた。

病棟看護師Y_1は、同日午前8時20分頃、1人で患者X_1・X_2の乗せら
れた2台のストレッチャーを押し、当該ストレッチャーのアンダーバ
スケットに入れられた申し送り書類であるカルテとともに、手術室交
換ホールに運び込んだ。手術室看護師Y_2は、これを受け入れた。看
護師Y_1は、「イチゲ（第1外科の通称）の、X_1さん、X_2さんです。」と
同時に両名の姓を告げ、患者X_1・X_2を脱衣させて全裸にし、頭に白色

第2章　事例にみる看護師の注意義務と責任　　　137

半透明帽子を被せた後、看護師Y₂に引き渡した。看護師Y₂は、患者を区別することができなかったため、名前を確認するつもりで「X₁さん……。」と、質問か確認か判然としないような調子で、看護師Y₁に声をかけた。「X₁さんと……。」と聞き取った看護師Y₁は、看護師Y₂が先に引き入れる患者がX₁であると分かっていて、次に引き渡す患者の名前を聞いたものと思い、次に引き渡す患者の名前を伝えるつもりで「X₂さん。」と答えた。その結果、患者の取違えが発生した。

　なお、本件では手術室に運ぶ途中、他の看護師らにより、X₁に対し「X₂さん、寒くないですか。」、X₂に対し「X₁さん、寒くないですか。」等と声をかけたが、患者X₁・X₂はいずれも自己の名前が間違えられているのに気付かず、返事をしたり、頷く等したため、心臓手術が予定されていた患者X₁に対し肺手術が、肺手術が予定されていた患者X₂に対し心臓手術が実施された。

横浜地判平13・9・20判タ1087・296
東京高判平15・3・25東高刑報54・1〜12・15＜麻酔医を除き確定＞
最判平19・3・26刑集61・2・131＜麻酔医確定＞

裁判所はどう判断したか

　第1審では、病棟看護師Y₁につき罰金30万円、手術室看護師Y₂につき禁錮1年（執行猶予3年）を選択している。この量刑は、Y₂の公判廷における「間違って手術室に搬送しても誰かが気付くだろう」との不用意な供述の一部をそのまま受け入れて、Y₂に重大な過失を認定し、同人の責任が突出したものとなっている。

　しかし、看護師Y₁とY₂とは、各患者名とそのカルテ等を患者毎に同時的に授受しなかった過失により、患者X₁・X₂を取り違えて手術

138 第2章 事例にみる看護師の注意義務と責任

室に搬送させ、本件医療事故の基盤を作ったものであるから、両者の過失の程度は同等というべきである。

（結　果）

　控訴審判決：看護師Y₁、Y₂共に罰金50万円（確定）

　（執刀医両名、麻酔科医1名：罰金50万円（確定）、術中に同一性に疑念を抱き、確認を求めた麻酔医1名：罰金25万円（上告棄却により確定））

コ　メ　ン　ト

　本件では、病棟看護師が手術室看護師に患者2名を同時に引き渡したこと自体を過失とすることはできないものの、同時搬送の場合には、1名の患者を引き渡す場合と異なり、患者の混同が生じる危険性が高いことから、患者の氏名を確認するとともに、カルテをその都度引き継ぐ等して、患者の取違えを防止する注意義務があるとしました。

　チーム医療は、高度専門分化と医療の円滑かつ効率的な実施を実現するものですが、チーム医療の構成員による役割分担が、各人の責任感の希薄化をもたらす可能性を内包しているといえます。

　本件では、弁護人より、執刀医につき「信頼の原則」が適用されるべきであるとの主張が展開されましたが、麻酔導入前に自ら入室せず、執刀助手らに入室を指示することもせず、患者確認の措置を講じなかった過失がある上、同人が経験したことがないほど顕著な検査結果ないし所見の違いが存在しているのであるから、さらに患者の同一性について確認することなく手術を開始・続行した点に過失があるとされています。

　また、術中に疑念を抱いた麻酔科医の上告審において、最高裁は「医療行為において、対象となる患者の同一性を確認することは、当該医

第2章　事例にみる看護師の注意義務と責任　　139

療行為を正当化する大前提であり、医療関係者の初歩的、基本的な注
意義務であって、病院全体が組織的なシステムを構築し、医療を担当
する医師や看護婦の間でも役割分担を取り決め、周知徹底し、患者の
同一性確認を徹底することが望ましいところ、これらの状況を欠いて
いた本件の事実関係を前提にすると、手術に関与する医師、看護師等
の関係者は、他の関係者が上記確認（患者の姓だけを呼び、更には姓
にあいさつ等を加えて呼ぶなどの方法）を行っていると信頼し、自ら
上記確認をする必要がないと判断することは許されず、各人の職責や
持ち場に応じ、重畳的に、それぞれが責任を持って患者の同一性を確
認する義務があり、この確認は、遅くとも患者の身体への侵襲である
麻酔の導入前に行われなければならないものというべきであるし、ま
た、麻酔導入後であっても、患者の同一性について疑念を生じさせる
事情が生じたときは、手術を中止し又は中断することが困難な段階に
至っている場合でない限り、手術の進行を止め、関係者それぞれが改
めてその同一性を確認する義務があるというべきである。」との判断
を示しています。その上で、麻酔導入後に一応の努力をしたことを評
価しながらも、「患者の同一性という最も基本的な事項に関して相当
の根拠をもって疑いが生じた以上、確実な確認措置を採らなかった点
において過失がある」としました。

　本件後、多くの医療機関においてバーコードによる患者確認などの、
組織的に確実なシステムの構築が進んでいます。

┌─ コ　ラ　ム ─────────────────────

患者の取違えの防止

　最高裁が、患者の同一性は当該医療行為を正当化する大前提であり、
医療関係者の初歩的、基本的な注意義務と指摘するとおり、患者の取

違えはあってはならないことです。

　しかし、重大事故には至らないものの、日常診療においては少なからず発生しています。特に、同姓の場合や似た名前の場合に患者の取違えが多いようです。平成16年2月3日新聞報道（朝日新聞）では、同室に輸血予定のあった血液型A型患者と、輸血予定のないO型患者が入院しており、両名は同姓であったことから、注意していたにもかかわらず、輸血予定のないO型患者にA型の血液を輸血したという事故が報告されました。

　同姓の場合はもちろん、「中田さん、思いこんだら、田中さん。」というように、似た名前の患者が存在する場合には注意が必要です。

　高齢者等の場合には、耳が遠く、全ての質問に「はい」と答える患者さんも多く存在します。このような患者さんに「○○さんですか。」と質問したとしても、確認作業としては不十分です。患者の取違えを防止するためには、患者の協力を求めることも重要です。「お名前は？」と尋ねることで、取違えを防止できる場面もあります。また、誤投薬についても、患者およびその家族が薬剤についての情報を持っていることも少なくありません。「今日、輸血をすると言われていますか。」「この薬剤で間違いありませんか？」「いつもの薬と違いはありませんか？」と尋ねることで、未然にこれを防止できる場合もあります。

　患者は「治療の客体」との考えを捨て、患者をも含めた安全管理システムの構築が求められます。

第 2 章　事例にみる看護師の注意義務と責任　　　141

〔5〕　人工呼吸器の加温加湿器チャンバー内に滅菌精製水を補
　　　充するに際し、滅菌精製水入りポリタンクと誤って消毒用エ
　　　タノール5ℓ入りポリタンクを準備し、気化した消毒用エタ
　　　ノールを吸引させたことにより患者を死亡させた事例

事　　例　　患者X（当時17歳女性）は、リー脳症（ミトコンドリ
　　　　　　ア脳筋症）および肺炎治療のため同病院小児科に入院し
ていた。

　看護師Y（1年目）は、平成12年2月28日午後5時30分頃、患者Xに装
着された人工呼吸器の加温加湿器チャンバー内に滅菌精製水を補充す
るに際し、消毒用エタノール5ℓ入りポリタンクを滅菌精製水入りポ
リタンクであると誤信して同小児科の調乳室から病室に持参して準備
した。

　その後、同月29日午前7時頃までの間、チャンバー内に滅菌精製水を
補充しようとした都度、準備した上記ポリタンク内から消毒用エタノ
ール合計約300㎖を取り出して上記チャンバー内に注入して補充した。
さらに患者Xの看護を担当した小児科看護師4名をして、同月28日午
後9時頃から同年3月1日午後11時頃までの間、上記ポリタンク内から
消毒用エタノール合計約870㎖を取り出して上記チャンバー内に注入
して補充させ、気化した消毒用エタノールを約53時間にわたって患者
Xに吸引させた。

　その結果、患者Xは、同月2日午後7時54分頃、急性エタノール中毒
および原疾患であるミトコンドリア脳筋症の増悪により死亡した。

（京都地判平15・11・10（平14（わ）1287）
　→関連事件（民事）　京都地判平18・11・1（平13（ワ）2820））

裁判所はどう判断したか

　患者の生命を預かる看護師として、薬剤等の取扱いに際しては細心の注意を払うべき立場にあったにもかかわらず、ポリタンクに記載された薬剤名のラベルすら確認しないまま、ポリタンクの形状等から消毒用エタノール入りポリタンクを滅菌精製水入りポリタンクと軽信し、被害者の病室に運び込んで準備した上、当番日の看護を終了するまでの間に、約10回にわたって、上記ポリタンク内から取り出した消毒用エタノール合計約300mℓをチャンバーに注入しており、薬剤等の種類および内容を確認しなければならないという、看護師としていかなる場合にも負わなければならない最も基本的な注意義務を、運び込みと注入という2つの場面において怠ったもので、初歩的な過誤といわざるを得ず、本件過失は重大である。

　看護師Yが消毒用エタノールのポリタンクを病室に準備したことにより、引き続き患者Xの看護を担当した看護師4名が誤注入を行っており、同看護師らの誤注入を看護師Yの過失とすることはできないものの、看護師Yの過失が同看護師らの誤注入を誘発したことは明らかであることなどを考慮すると、その犯情は悪い。

　生じた結果は、貴重な生命が奪われるという重大かつ深刻なものである。そして、遺族から看護師Yらに対する民事訴訟が係属中であり、示談は成立していない。

　過失の背景として、看護師の多忙な勤務状況、1年目の新人看護師に対する指導教育等の病院の管理監督体制に問題があったとしても、基本的な注意義務を怠った事案であることを考慮すれば、病院の管理監督体制の問題の有無にかかわらない。

　消毒用エタノール入りのポリタンクと滅菌精製水入りのそれは、大きさ、形、色等の点で酷似しており、取り間違いを犯しやすいもので

第2章　事例にみる看護師の注意義務と責任　　　143

あったこと、容器の取違えや誤注入に気付いた後、看護師長に自ら申告し、そのことが本件を解明する契機となったこと、本件後、医療事故の再発防止に向けた活動に積極的に取り組む姿勢を見せていることなど、看護師Yのために有利に斟酌すべき事情を十分に考慮し、かつ、禁錮以上の刑に処されれば国家公務員法上の欠格事由に該当することになり、失職することを踏まえても禁錮刑を選択し、その執行を猶予することが相当である。

（結　果）
　禁錮10か月（執行猶予3年）

コ　メ　ン　ト

1　誘因を作った看護師の責任
　看護師Yは、ポリタンクに記載された薬剤名のラベルすら確認しないまま、ポリタンクの形状等から消毒用エタノール入りポリタンクを滅菌精製水入りポリタンクと軽信して病室に持ち込み、自らチャンバーに誤注入しただけでなく、他の看護師の誤注入の誘因を作っていますので、その責任は重いといわざるを得ません。
　「確認作業」は看護業務の基本ともいえます。本件では病院の管理監督体制に問題があったとしても、そのことをもって、刑事責任を免れることはできず、量刑に関する一事情として評価されるにすぎません。また、判決では、禁錮以上の刑に処されれば国家公務員法上の欠格事由に該当することになり失職することも考慮しています。社会的制裁がなされることも量刑において酌むべき事情の1つとなります。この点では、罰金以上の刑に該当すれば行政処分の対象となる（保助看14・9）ことも挙げられるでしょう。

2 不起訴処分（起訴便宜主義）

本件では、看護師Y以外にも消毒用エタノールをチャンバーに注入した看護師が4名存在し、指導監督責任を負う看護師について業務上過失致死（刑211）の疑い、さらには死亡診断書を作成した担当医師については虚偽有印公文書作成・同行使（刑156・158）の疑いがあるなどとして、多数の本件病院の関係者らが書類送検されましたが、京都地検は看護師Yのみを起訴しました。チーム医療が問題となった他の刑事事件では、関与した医療従事者全員が起訴される事例も少なくありませんが、今回の事例では結果に最も大きな影響を与えた看護師Yのみが起訴されて、有罪判決を受けることとなりました。

検察官は「犯人の性格、年齢及び境遇、犯罪の軽重及び情状並びに犯罪後の情況により訴追を必要としないときは、公訴を提起しないことができる。」とされています（刑訴248起訴便宜主義）。判決において、看護師Yについて「運び込みと注入という2つの場面」で過失があるとし、「他の看護師の誤注入を誘発したこと」について指摘があることからしますと、他の看護師についても業務上過失致死に該当し得る事案であったといえます。

しかし、滅菌精製水のチャンバー注入は、静脈注射のように薬剤を直接体内に注入する場面ではないため、毎回の注入ごとに厳重な確認体制はとられていないという背景が窺われます。確かに、滅菌精製水が他の医薬品と取り違えられる可能性はありますが、医療現場という特殊性があるとはいえ、このような抽象的可能性までを刑事事件における予見義務の対象としますと、およそ他者の行為を信頼することはできないこととなり、医療従事者に過大な負担を強いることとなりかねません。また、患者の生命の危険という観点から、身体へ影響を及ぼすおそれのある以上、毎回の確認が必要であるとの理解に立ったとしても、実際にエタノールを準備し自ら注入しただけでなく、他の看

第2章　事例にみる看護師の注意義務と責任　　145

護師の誤注入を誘発した看護師Yとそれ以外の看護師とは犯情は大きく異なるといえ、看護師Y以外を不起訴とした検察官の対応は、合理的裁量の範囲内と考えられます。

　また、担当医師が病死の死亡診断書を作成したことについて「虚偽有印公文書作成・同行使の疑い」も捜査対象となったようですが、関連民事裁判（京都地判平18・11・1（平13（ワ）2820））で明らかにされた事実関係からは、担当医師は、当時、診療経過からエタノール誤注入が病状に影響を与えた可能性は低く敗血症ショックと評価していたことが窺われます。加えて、病院が翌日3日にはエタノール誤注入の事実を家族に説明し、病理解剖を進めるとともに、所轄警察に連絡するなどの対応をしていることからも、いわゆる「事故隠し（隠蔽）」など悪質な行為はなかったとの点も不起訴の判断に影響を与えたものと推測されます。

コラム

1年目の看護師

　看護師国家試験に合格し看護師免許を取得しているとはいえ、未熟な点も多く、単独で診療の補助や療養上の世話を行えるだけの知識や技術を有しているとはいえません。そのため、多くの場合にはプリセプターと呼ばれる先輩看護師がついて指導・教育、サポートに努めています。

　各医療機関に提出されるインシデントレポート、アクシデントレポートにおいても、1年目の看護師の数は少なくないようです。このような未熟な看護師に対して、法的責任を求めることについて、医療従事者から批判的な意見を耳にすることがあります。

　確かに医療安全の面からは、間違いを生じにくい医療環境の構築、

整備、さらには職員教育や指導こそが重要といえます。しかし、専門職として看護業務に当たる以上、その未熟性を理由に法的責任を免れることはできません。患者の生命を預かる看護師として、薬剤等の取扱いに際しては細心の注意を払うべき立場にあることは、1年目であろうと全く異なるものではありません。本件では、消毒用エタノール入りのポリタンクと滅菌精製水入りのそれは、大きさ、形、色等の点で酷似しており、取り間違いを犯しやすいものであるとしても、だからこそ、基本的な確認が重要となります。これを怠れば、法的責任が問われるのは当然です。そのため、1年目であるか否かは犯罪の成否には影響を及ぼさず、量刑を考える上での一事情にすぎません。

　患者の生命を預かる医療従事者としては、その責任の重さを自覚し基本的確認事項の確認を怠らないこと、さらに自己の知識・技術に不安を覚えた場合には、他の医療従事者に質問をしたり、指導を求めたりするなどの対応が求められます。

第2章　事例にみる看護師の注意義務と責任　　147

〔6〕　医師から塩化カルシウムを静脈注射するよう指示を受け
　　　た准看護師が、薬液を塩化カリウム液であるコンクライト一
　　　Kに取り違え、本来希釈点滴して使用すべき同液をそのまま
　　　女児に静脈注射したことにより、同児を心肺停止状態に陥ら
　　　せた結果、女児に回復の見込みのない両上下肢機能全廃等の
　　　重度後遺障害が残存することとなった事例

事　例　平成13年1月15日、小児科を標榜していないA産婦人
　　　　科病院にて出生した女児（当時6歳）Xが、身体に赤い発
疹ができ、かゆみを訴えて受診。担当医師は蕁麻疹と診断し、女児X
に対し、塩化カルシウム液20mℓを静脈注射することとし、准看護師Y
に静脈注射を指示した。
　准看護師Yは、上記指示を受けたのに、薬液を塩化カリウム液であ
るコンクライト一Kに取り違えた上、本来希釈点滴して使用すべき同
液をそのまま同児に静脈注射したため、同児を心肺停止状態に陥らせ、
その結果、同児に回復の見込みのない両上下肢機能全廃等の重い障害
を残した。

大阪高判平17・10・13（平17（う）717）＜破棄自判＞
→関連事件（医師）　京都地判平17・6・13（平16（わ）832）＜控訴＞
→関連事件（民事）　京都地判平17・7・12判時1907・112＜確定＞

裁判所はどう判断したか

　准看護師Yが医療に従事する者としての基本的な注意義務を怠った
ことによるもので、過失の程度が小さくないこと、被害者はわずか6歳

にしてその人生を奪われたに等しい重篤な障害を負わされたもので、本人の無念さや家族の心情を思うと、犯行の結果は誠に重大である。それにもかかわらず、准看護師Yは、本件事故直後から原判決に至るまでの約4年の間、自己の非を素直に認めなかったばかりか、責任逃れのためとしか考えられないような不合理な弁解に終始していたもので、真摯な反省の情がうかがえなかったこと、原審当時、准看護師Yからは特段の被害弁償や慰謝の措置が講じられていなかったこと、加えて、女児Xの家族らは、本件事故の悲惨な結果だけでなく、その後の准看護師Yらの不誠実な態度によって二重三重の苦しみを味わっており、当然のことながら、その処罰感情には厳しいものがある。

　担当医師が適切な処置をとらなかったことにも大きな原因があること、准看護師Yがこれまで前科前歴を有しないこと、本件事故後、精神状態が不安定となり、治療を要する身となったことなどの酌むべき事情が存するにしても、原判決言渡しの時点を基準とする限り、被告人を禁錮10か月の実刑に処したその量刑が重すぎて不当であるとはいえない。

　その上で、原判決後、准看護師Yが罪の成立を争わない姿勢に転じたこと、被害者らと准看護師Y、病院および担当医師との間の民事訴訟において、准看護師Yらに対し合計約2億4,000万円の支払を命じる判決が言い渡され、これが確定したこと、そのうちの2億円が保険金によって既に支払済みであること、また、保険金とは別に、准看護師Yが親族らの協力の下に100万円を支払ったことなど酌むべき事情がある。刑の執行を猶予することまでは相当でないにしても、原判決の前記量刑は多少重きに失する。

（結　　果）
　原審（禁錮10か月）を破棄、禁錮8か月（実刑）

第2章　事例にみる看護師の注意義務と責任　149

コメント

　本件では、静脈注射を指示した医師も「適切な救急蘇生措置を行わなかった過失により、加療期間不明の低酸素脳症後遺症による両上下肢機能全廃、躯幹麻痺及び咽喉機能不全等の傷害を負わせた。」として、業務上過失傷害（原審禁錮1年→控訴審10か月（実刑））の罪に問われています。

　また、後掲の関連民事事件〔事例10〕では2億円を超える高額な賠償責任が認容されました。

　そもそも、塩化カルシウムは、昭和61年以降、蕁麻疹の治療または改善に適応とされていないこともあり、これを指示した医師の責任にも相応のものがありますが、希釈した塩化カルシウムが静脈注射されていれば、本件結果が生じることはなく、薬剤を誤っただけでなく、その使用方法を誤った准看護師Yの責任は重いものがあります。

　看護師・准看護師には、診療の補助として静脈注射を実施する以上、薬剤についての基本的知識の修得が求められます。看護師といえども、薬剤の種類、量、投与方法等を十分確認の上投与することは当然として、仮に医師の指示内容に不明な点や疑問点等があれば、医師や薬剤師に再度確認する等して、薬剤の誤投与、誤注射を防ぐべき注意義務を負っていると考えられます。

　なお、コンクライト－Kの箱およびアンプルのラベルには、「希釈・点滴」との文字が印刷されているのであるから、コンクライト－Kが希釈の上点滴投与されるべき薬剤であることは容易に認識し得たもので、これを確認しながら希釈せずに同薬剤を使用したのであれば基本的知識が極めて欠落していたものといわざるをえず、この記載に気付かなかったとすれば、やはり医療従事者としての薬剤使用における基本的確認がなされていないことになります。

150 第2章 事例にみる看護師の注意義務と責任

　医療事故の場合には、犯情等に鑑み起訴猶予や略式起訴（罰金）となるケースも少なくありません。公判請求をされるような事例でも、執行猶予判決となるのが一般です。本件において禁錮刑とはいえ実刑が選択されたことは異例ともいえます。

　このような厳しい判断がなされた背景には、看護師ＹがコンクライトーＫの静脈注射をしながら、当初塩化カルシウム液であるコンクライトーCaの空アンプルを提出するなどして責任回避を図ろうとしたことや十分な被害弁償がなされていないなどの事情が考えられます。本判決までの間に、民事裁判が確定し賠償保険を通じて2億円の損害填補がなされてはいますが、民事裁判が認容した全額の賠償がなされているわけではなく、被害弁償としては、なお不十分なものといえます。

コラム

医師の指示と看護師の責任

　看護師は、医師の指示に基づかねば、静脈注射等の診療の補助行為を行うことはできません。看護師には、医師の指示を正確に理解した上で、指示どおりに医療行為を実施する義務があります。仮に、医師の指示内容に不明な点や疑問な点があれば再確認するのは当然であり、これをせずに、自己判断で対応することは許されません。

　この点、薬剤師法24条は「薬剤師は、処方せん中に疑わしい点があるときは、その処方せんを交付した医師、歯科医師又は獣医師に問い合わせて、その疑わしい点を確かめた後でなければ、これによつて調剤してはならない。」と処方せん中の疑義照会を義務付けています。

　保助看法上、同様の規定はありませんが、患者の生命を預かる看護師として当然の義務といえるでしょう。また、医師の指示に従うとい

第2章　事例にみる看護師の注意義務と責任　　151

っても、医師の指示が誤っていた場合にこれに従う義務はありません。最終実施者として医師の指示に誤りがあることを発見した場合には、これを問い合わせ、医師に再考を促すことも看護師としての重要な役割といえます。

　特に、看護師の業務範囲が拡大し、静脈注射が診療の補助の範疇とされた今日において、看護師には薬理作用、静脈注射に関する知識・技術、感染・安全対策についての基本的知識・技術が求められているといえます。

　誤注射等の医療事故が発生した場合、看護師からは、①医師の指示が不正確であった、②医師の指示に従っただけ、あるいは③看護師には医療内容の適否を判断する能力はない、などの弁解がなされることも少なくありません。しかし、このような発言は看護師としての専門性を自ら否定し、医師の手足となることを選ぶものともいえます。

　専門職の責任を自覚し患者の安全を守るために、看護師として基本的な知識・技術の修得に努めることが大切と考えます。看護師の役割の重要性が高まれば、それに応じて法的責任も重くなります。刑事事件の量刑の判断においても、被害弁償がなされたか否かは、最も重要な量刑事情となります。万が一に備え、損害賠償保険への加入も検討するとよいでしょう。

コラム

口頭指示と書面による指示

　薬剤に関する知識があれば防げることもありますが、医薬品には類似の名称のものも多く、口頭指示では誤解を生じることがあります。

　また、投与方法や投与量を誤解することも少なくありません。例え

ば「薬剤を〇〇ミリ」と口頭指示した場合、医師が「〇〇mg」の指示のつもりであっても、看護師は「〇〇mℓ（cc）」と誤解し、過剰投与となる可能性があります。また正確に単位を伝えたとしても思い込みによる誤解を生じることもあります。

　口頭指示では、常に薬剤名、投与方法、投与量の誤りを生じる危険があります。そこで、医師は書面による指示を行うこと（看護師は、書面による指示を求めること）を原則とし、その記載内容においても、誤解のないよう正確な記載をすることが求められます。やむを得ず口頭指示による場合には、これを受けた看護師は、必ず復唱しメモをとるようにする等の徹底を図る必要があります。

第2章　事例にみる看護師の注意義務と責任　　153

〔7〕　医師から腹部超音波検査の依頼を受けた男性臨床検査技師が、単独で実施した超音波検査（会陰走査）が、これに名を借りたわいせつ行為に該当するとして、逮捕・起訴された事例

事　例　女性患者X（当時39歳）は、平成17年7月29日、数日前から胃、右背部、右下腹部にかなりの痛みなどの主訴にて、本件病院を受診。問診、触診等の診察を実施したが、同女は、痛みを覚える部位が必ずしもはっきりとせず、担当医師は、上腹部または下腹部の疾患を想定し、初期検査として、血液検査、尿検査、腹部超音波検査を指示。

　臨床検査技師Y（男性）は、上記依頼に基づき、腹部超音波検査を実施、下腹部エコーにて、直腸壁に5、6mmの壁肥厚等を認めたことから、臨床検査技師の判断にて会陰走査を実施した。

　当日の検査において、わいせつ目的を推認させる事情として問題となった主な行為は以下のとおりである。

①　検査着のひもを2か所とも解いたこと
②　露出した患者Xの胸部および臀部にタオルを掛けなかったこと
③　本件腹壁走査から本件措置に移行する際に、会陰走査の必要性等の説明を十分に行わなかったこと
④　女性患者Xに対して男性技師1人で超音波検査を実施している中で、さらに陰部を露出することになる本件措置を実施したこと
⑤　その際、下着を下げるのを女性患者Xがためらったとはいえ、臨床検査技師Y自身が強引に同女の下着を下げたこと
⑥　検査後、女性患者Xの着替え中に声を掛けることなくカーテンを

154　第２章　事例にみる看護師の注意義務と責任

開け、上半身裸でブラジャーを胸に当てがった状態で片足跳びを指
示したこと

(京都地判平18・12・18（平18(わ)201）)

裁判所はどう判断したか

　臨床検査技師Ｙは、女性患者Ｘに対し正当な会陰走査の外観を呈す
る検査を行ったものである上、そのような措置をとる必要性がなかっ
たとは認められないのみならず、臨床検査技師Ｙがその必要性を認識
しないまま本件措置を行ったとはいえず、さらに、本件措置時やその
前後の女性患者Ｘに対する配慮に欠ける、あるいは不十分な行為、そ
して、本件に関する臨床検査技師Ｙの供述内容、経過等、本件措置時
において、わいせつ目的を有していたことの徴表とみる余地のある事
情も存するが、それらを総合しても、臨床検査技師Ｙがわいせつ行為
に及んだとの確信を抱くには足りず、合理的疑いが残るといわざるを
得ない。

　本件は、臨床検査技師Ｙが、腹壁走査を受けに来た女性患者Ｘに対
し、会陰走査というそれ自体患者を羞恥させる検査をさらに追加して
行うに際し、十分な説明をせず、さらに、乳房や陰部を露わにさせた
まま検査をするなど、検査やその前後を通じて配慮を欠く、あるいは
配慮の足りない行動をとり、しかも、臨床検査技師Ｙが本件措置を実
施している最中に臨床検査技師Ｙの同僚技師が検査室に入室し、その
際に同人の発した言葉等を患者が誤解して聞いたことなどの偶発的な
事情も重なって、女性患者Ｘに、本件措置が正当な検査ではないわい
せつ行為であるとの疑いを抱かせたことに端を発する事案であり、臨
床検査技師Ｙの責めに帰すべき事情も多々あるけれども、証拠を総合

第2章　事例にみる看護師の注意義務と責任　　155

的に考察しても、本件措置がわいせつ行為であったと合理的な疑いなく認定することはできなかった。

（結　　果）
　無　　罪

コメント

　強制わいせつは、本件のように異性間の場合に問題となることが多いのですが、同性同士でも強制わいせつは成立します。医療行為の中には患者に羞恥心を抱かせるものも少なくありません。本件で問題となった会陰走査も実施される患者にとっては強い羞恥心を伴うものです。検査の目的や方法について患者の理解が得られないまま、これを実施するとわいせつ行為と誤解されるおそれがあります。

　本件でも、会陰走査に際しては「気になるところがある」「直腸をみさせてくれる。」などの声かけはなされていますが、このような説明で会陰走査の目的や方法について患者に十分な理解を得ることは困難です。

　医療従事者にとって日常の検査であるとしても、患者にとってはあまり経験のない検査ということもあります。患者側の視点に立って、説明が足りているか、十分な配慮がなされているのかという検討は極めて重要といえます。

　本件では、検査着に着替えるよう指示する際に、上（上着）をとるように指示したところ、患者Ｘはブラジャーを外すよう指示されたものと捉えたところから、既に両者間でボタンの掛け違いが始まっています。

　①検査着のひもを2か所とも解いたことは、より腹部を露出させ、検査をしやすくするとしても、必要な限度を超えた行為と評価されかねません。②患者に配慮してその身体にタオルを掛けることは多くの医

療従事者が実践しています。ⅲ会陰走査後の片足跳びは炎症の波及の有無を確認するために実施したようですが、患者が着替え終わるのを待つことなく直ちに実施する必要があったのかも問題です。ⅳ下着を下げるのを患者Xがためらったとはいえ、被告人自身が強引に同女の下着を下げたことなど、本件で指摘された 事例 記載の①〜⑥の事実は、いずれも患者の羞恥心に配慮した適切な対応がなされていたとは言い難いものです。

また、会陰走査の途中で入室した、別の臨床検査技師が「これって消化器のエコーですよね。」といい、会陰走査の間、検査補助として立ち会っていますが、この発言も患者Xには「本当に超音波検査ですよね」と検査自体に疑念を抱いているように受け止められたようです。

さらに、会陰走査を実施したことを記録に残さなかったことも誤解を招く要因となりました。検察官は、臨床検査技師Yとして必要と考えて実施したのであれば、所見要旨に記録を残し情報の共有を図ることが当然と考えたようです。この点に関し、裁判所は、本件では直後より女性患者Xが医療者に対して不満を述べており、同僚臨床検査技師にも会陰走査の状況を目撃されていることなどから、わいせつ目的を隠そうとするのであれば、むしろ報告するのが自然であると臨床検査技師Yに有利に解釈しています。

当該臨床検査技師は、普段から同僚からもデリカシーがない、無神経という印象を持たれていたようで、判決では、検査上の便宜や時間の短縮等を優先し、配慮を欠いた行動をとった余地も否定できないとして、結論において「わいせつ目的」を否定し、無罪としました。

今回の事例は、臨床検査技師の業務に関するものですが、同様のことは看護業務の中でも起こり得ることです。特に男性看護師が増える中で、女性患者とのトラブルも増えています。本件判決に現れた具体的事情は、患者側の視点を意識する上で示唆に富むものと考えます。

第2章　事例にみる看護師の注意義務と責任　　157

コラム

患者の羞恥心・性差について

　本件を患者の視点で考えてみたいと思います。患者は病院にかかる時点で何らかの医療処置が必要かもしれない、重い病気かもしれないという恐怖や不安を抱きます。また、医師の診察の後の検査においても、初めての検査であれば処置に伴う痛みや苦痛の程度に対する恐怖、検査結果により自身の今後の人生が変わるかもしれないという不安を抱いています。その上、衣服を脱いで肌をさらして行う検査となると羞恥心も生じます。特に陰部や胸部など日常的に他人に見せることのない部位をさらすことは、親兄弟はもちろんのことパートナーであっても躊躇することですので、陰部の検査や処置を受ける患者は不安・恐怖・羞恥心により非常に緊張感の高い状況にあると考えられます。このような状況でのプライバシーの確保や気遣いの不足はその人の尊厳を傷つけることにつながります。

　患者が病院を受診するのは医師に診察を受けて適切な医療処置を施してもらうことが目的です。医師は患者の診断・治療を行いますが、治療や処置には痛みなどの苦痛や副作用が生じる可能性もありますので、患者には十分な説明と同意をとりながら診療を進めることが必要となります。

　また、看護師は、患者の日常生活援助として、身体の清潔や排泄が自力で行えない患者には必要な援助を行います。全身の観察の場面や清潔のケアを行う際に患者の露出された身体への接触や時には浣腸や導尿・摘便など身体内への接触もあり、他の医療従事者に比べると患者の尊厳や羞恥心と向き合う機会の多い職業といえます。

　看護職の中に助産師があり、現在助産師は女性にしか取得できない免許ですが、日本国憲法の法制上の男女平等と男女共同参画社会に向

けて男性助産師が検討された時期がありました。その検討過程におい
て、助産師は、性による教育の平等や権利に基づくジェンダーフリー
の社会を目指す一方、男女の性差は生物学的な性差によるものであり、
男女には同化することのできない性差が存在するということや、男性
には女性の羞恥心や緊張感を理解することや受け入れることが困難で
あるという意見や女性の心理的な受入れが十分でないことが示されて
います。日本では、古くから子どもを産んで育てることや病人を看病
するのは女性の役割であり、看護においても女性の職業であるという
社会的・文化的に形成された性別（ジェンダー）があります。増加傾向
にはあるものの男性看護師の占める割合は1割にも満たないのが現状
です。男性助産師が誕生しない理由は、現時点ではこのように助産に
関する教育や仕事の機会における平等と、女性の患者・妊婦のニーズ
とのミスマッチが背景にあります。このように看護師や助産師の領域
においても性差による羞恥心に関連する問題は繊細な問題をはらんで
いるといえます。

　本件のような女性患者と男性検査技師との間には、元々性差による
壁があり、検査とはいえども羞恥心を伴う状況は、ひとりの人間とし
ての尊厳にかかわる問題で心理的に非常に繊細な配慮が必要であるこ
とはいうまでもありません。

　医療は医療従事者と患者の信頼の上に成り立っているものですが、
患者にとってみれば、信頼はしていても異性の医療従事者を受け入れ
られないということもあるかもしれません。具体的な対策として産婦
人科であっても女性の医師を選択することを可能にしたり、男性医師
が内診を行う場合は女性の医療従事者が付き添って行っている医療施
設などもあります。

　チーム医療を推進するには単に患者情報の共有や明確な役割分担だ
けではなく、医療従事者が日常の業務の中の気付きをオープンに話せ
る関係性や互いが専門職種として尊重し合う風土が必要です。また、

第2章　事例にみる看護師の注意義務と責任　　159

差恥心や人間としての尊厳にかかわる問題は、若い女性であるからというように年齢で分けられるものではありません。ますます増加が予測される高齢者施設や介護施設における高齢者においても充分考慮されるべき事柄であると考えます。

　今後、外国人をはじめさまざまな文化や価値観を背景にした患者が医療を受ける可能性があります。このように多様な社会に変化する中では、医療従事者と患者が一緒になって患者の医療と人生を考える姿勢が望まれます。

160　　第2章　事例にみる看護師の注意義務と責任

〔8〕　看護師が入院患者2名の足の爪を剥離させた事案について、傷害の故意がないことや正当業務行為として違法性が阻却されることを理由として、傷害の罪を認定した第1審判決を破棄して無罪が言い渡された事例

事　例　　本件で傷害の罪に問われたのは、看護師Yの患者2名に対する爪のケア行為である。

①　平成19年6月11日午前10時15分頃、本件病院病室内において、脳梗塞症等の治療のため入院中のX₁（当時89歳）に対し、その右第1趾爪が肥厚して黒ずみ、人差し指方向に曲がって伸びていたことから、爪切り用ニッパーを用いて徐々に切り進み、指先よりも深く爪の3分の2ないし4分の3を切除したところ、爪床部分から軽度出血を生じさせる傷害を負わせた（加療約10日間）。

②　平成19年6月15日午前7時45分頃、本件病院病室内において、クモ膜下出血後遺症等の治療のため入院中のX₂（当時70歳）に対して、その右第3趾の剥がれかかり根元部分のみが生着していた爪を、同爪を覆うように貼られていた絆創膏ごとつまんで取り去り、同指に軽度出血を生じさせるとともに、右足第1趾の肥厚した爪を、爪切り用ニッパーを用いて指先よりも深く爪の8割方を切除し、同指の爪の根元付近に内出血を、爪床部分に軽度出血を生じさせる傷害を負わせた（全治約10日）。その具体的対応は以下のとおりである。

ア　右第3趾の爪について

爪を覆うように縦横に絆創膏が貼られてあったが、看護師Yは、横方向に貼られた絆創膏を剥がした上、縦方向に貼られた絆創膏の粘着部分を剥がし、看護師Yの右手人差し指と親指で絆創膏ごと爪をつま

第2章　事例にみる看護師の注意義務と責任　　　161

むようにして、爪を取り去ったところ、爪の根元の両脇部分に、ティッシュペーパー等を当てればこれに付着する程度に点状に出血した。

　イ　右第1趾の爪について

　全体的に白く変色し、中央付近から先側が何層にも重なったように著しく肥厚していたことから、爪切り用ニッパーを用いて徐々に切り進み、指先よりも深く8割方を切除したところ、爪の根元付近に幅約1ないし2mm、長さ約1cm足らずの線状の内出血が生じたことから、爪切りを終了したが、その際、残っている爪付近から、ティッシュペーパー等を当てればこれに付着する程度に血がにじんだ。

$$\begin{pmatrix} \text{福岡地小倉支判平21・3・30（平19（わ）500）} \\ \text{福岡高判平22・9・16判タ1348・246＜確定＞} \end{pmatrix}$$

裁判所はどう判断したか

　（看護師Yは捜査段階では、爪床と生着している爪甲を無理に取り去ったことを意味する「剥離」や「剥いだ」と繰り返し供述しているが）看護師Yの捜査段階の供述調書を信用することはできず、患者X₂の右足第3趾の爪を剥離させたという点は、看護師Yが、経過観察のために、浮いていた爪を覆うように縦横に貼られていた絆創膏を剥がした際、爪が取れてしまったものであり、爪床と若干生着ないし接着していた爪甲が取れて爪床を露出させている以上、傷害行為には当たるが、看護師Yには傷害（または暴行）の故意が認められないから、傷害罪の構成要件に該当しない。

　また、患者X₁およびX₂の各右足第1趾の爪を剥離させたという点は、看護師Yが、爪切り用ニッパーで指先よりも深く爪を切除し、本来、爪によって保護されている爪床部分を露出させて皮膚の一部であ

162 第2章 事例にみる看護師の注意義務と責任

る爪床を無防備な状態にさらしたものであるから、傷害行為に当たり、傷害の故意もあるので、傷害罪の構成要件には該当するが、看護目的でなされ、看護行為として必要性があり、手段、方法も相当といえる範囲を逸脱するものとはいえないから、いずれも正当業務行為として違法性が阻却される。したがって、本件各傷害罪の成立を認定した第1審判決には、明らかな事実誤認があるというべきである。

（結　果）

懲役6か月（執行猶予3年）とした第1審を破棄し、無罪

コ　メ　ン　ト

　爪そのものに異常がなく、かつ疾患に伴う専門的な管理が必要でない場合に爪を爪切りで切ることおよび爪ヤスリでやすりがけをすることは、原則として医行為には当たりません（平17・7・26医政発0726005厚生労働省医政局長通知参照）。しかし、本件では入院管理が必要な傷病者の爪床から浮いた爪を爪切り用ニッパーで切除するというものですから、看護師の行う「療養上の世話（あるいは診療の補助）」の範疇に位置付けられます。

　第1審では、当該看護師の捜査段階の供述等に基づいて、フットケア（療養上の世話）として実施したものではなく、正当業務には該当しないとされました。これに対し、控訴審では、捜査段階での供述等の信用性を否定し、医学的意見等も参考にして、当該各行為が①看護の目的でなされ、②看護行為として必要であり、③手段、方法においても相当な行為であるとして、違法性を阻却しました。結論として無罪が確定しましたが、第1審・控訴審の判断が分かれたように非常に難しい事案でした。

　近年、医療機関や介護施設等における虐待が社会的関心となってい

第2章　事例にみる看護師の注意義務と責任　　163

ます。看護師の行う適切な業務であっても、事情を知らない患者家族が虐待を疑うことも少なくありません。そこで、医療従事者間での情報共有は極めて重要です。控訴審の判断においても、本件では爪白癬などの疾患の関与も疑われることから、医師に相談し、その判断を踏まえて爪切りの可否や程度を検討することがより適切であったとの指摘もなされています。

　まず、虐待と誤解されることがないよう患者本人や家族へ、あらかじめ爪の状態や爪ケアの必要性について具体的説明を行い、その理解を得ることが大切です。

　さらに医学的理由（治療目的）により爪切りを行うことは、療養上の世話ではなく診療の補助の範疇と解釈されることもありますので、患者情報を正確に医師に報告し、その判断・指示に基づいて爪切りを行うなどの配慮も必要となります。

164　　第2章　事例にみる看護師の注意義務と責任

2　採血・注射・点滴・与薬の事故

〔9〕　看護師が、献血に先立って献血者の左前腕部から試験採血
　　　を行った際に、献血者に前腕皮神経損傷が発生した事案で、
　　　前腕皮神経の走行を予見することは不可能であるとして、上
　　　記試験採血を行った看護師の過失が否定された事例

事　例　　献血者Xは、平成6年3月6日、日赤大阪府赤十字血液セ
　　　ンターの献血募集に応じて、400mℓの献血を申し出た。
看護師Yは、献血者Xの左前腕部から2ccの試験採血を行うため、注射
針（直径0.4㎜）で穿刺した。注射針を穿刺した瞬間、献血者Xは、喉
から絞りあげるような声で「痛い。痛い。」と言い、左腕の付け根から
親指の先端まで、激しく疼痛および痺れ感を感じた。

　その後、献血者Xは、右腕から400ccの本採血に応じているが、試験
採血をした左腕の疼痛を訴えていた。

　献血者Xは、同月22日、A病院にて、向後2週間（延長もあり得る）
の通院加療を要する左前腕皮神経損傷との診断を受けた。

（大阪地判平8・6・28判時1595・106＜確定＞）

■献血者側の主張

　試験採血を行う看護師は、医師の指示に従って、献血者の身体に異
常が発生しないように、採血の部位や注射器に加える力等十分に注意
して注射器を穿刺すべき注意義務がある。看護師Yは、注射してはな
らない部位を穿刺したか、注射器に加える力が強過ぎたため、左内側

第2章　事例にみる看護師の注意義務と責任　　165

前腕皮神経を損傷させた。

■病院側の主張

①　看護師Ｙは、採血の手順どおり、左右の腕の血管を見分した上、
　駆血帯をかけ、穿刺予定部位を消毒する等して試験採血している。
　　掌側尺側（内側）にある内側前腕皮神経は、皮膚から比較的浅い
　皮下脂肪層を通過し、静脈周辺を通過する部分もあるが、静脈穿刺
　をする際、静脈周辺の神経走行部位は確かめようがないので、仮に
　皮神経に触れたとしても、不可抗力である。
②　皮神経は知覚神経であるので、それにより運動障害を起こすこと
　はない。仮に、皮神経損傷が生じたとしても2週間程度で完治する
　のが通常である。献血者Ｘには、左右握力差が顕著に出ているにも
　かかわらず、手指や手関節に拘縮が認められず、筋力低下もわずか
　であり、その経過は不自然である。

裁判所はどう判断したか

　穿刺予定部位は前腕部尺側（内側）であること、前腕皮神経は、そ
れよりも太い神経線維の束（太さ1mm程度）からなり、尺側には内側前
腕皮神経が皮膚から比較的浅い皮下脂肪層を通過し、静脈周辺を通過
する部分もあるところ、注射器の使用による神経の損傷は、橈骨神経、
尺骨神経および正中神経に関しては、その部位を予見することによっ
て神経損傷を回避することができるが、前腕皮神経に関しては、静脈
のごく近傍を通過している前腕皮神経の線維網を予見して、その部位
を回避し、注射針による穿刺によって損傷しないようにすることは、
現在の医療水準に照らしおよそ不可能である。

　採血行為から本件傷害が生じたことは認めることができるとして

166　　第2章　事例にみる看護師の注意義務と責任

も、皮神経を損傷しない部位を注射針の穿刺箇所として、選択することを要求することは、現在の医療水準では不可能であり、その他、採血行為に前記注意義務を怠ったことを認めることはできない。

コ　メ　ン　ト

1　訴訟提起の経緯

　本件では、病院（日赤）側が債務不存在の確認を求めたものです。医療訴訟では、患者側が提訴するのが大部分ですが、患者の詐病等が強く示唆される場合や、患者側の損害賠償請求額が不当に高額であるような場合に、病院側から債務不存在の確認（「債務が存在しない」あるいは「一定額を超えて存在しない」ことの確認）を求めることがあります。

　本件では、握力に左右差があるにもかかわらず、これに合致する他覚的所見（関節拘縮や筋力低下）が存在しないことから、債務不存在の確認の訴訟を提起したものと推測されます。

2　判決内容と今後の予防策

　判決では、神経の解剖学的走行について慎重に検討して「前腕皮神経に関しては、静脈のごく近傍を通過している前腕皮神経の線維網を予見して、その部位を回避し、注射針による穿刺によって損傷しないようにすることは不可能である」とされています。

　採血や静脈注射は神経の走行を直視して行う手技ではありません（いわゆる「ブラインド」手技）ので、神経損傷を完全に避けることはできません。医療従事者の中には、医療訴訟では結果責任が問われるものと誤解し、萎縮医療の危険を叫ぶ人達もいます。しかし、本判決からも明らかなように、医療裁判では結果責任が問われているので

第2章　事例にみる看護師の注意義務と責任　　　167

はありません。

　診療契約は「手段債務」とされており、（良好な）結果を請け負うものではありません。また、不法行為における過失の内容も「悪しき結果を発生」させないこと、それ自体が注意義務の内容とはなりません。医療訴訟では、悪しき結果を回避するために「具体的にどのような注意を払えばよいか」が問われているのです。

　ところで、採血における穿刺を行う際には、部位の選択や針の刺入角度等、十分な配慮が求められるのは当然です。本判決では、前腕皮神経の走行を予見することは不可能であるとの判断に加え、その他採血行為に注意義務違反を認める証拠はないという判断も示されています。明らかに通常の手技と異なる不適切な穿刺手技があった場合には、神経の走行を予見できないとはいえ、過失が認定されることもあり得るでしょう（ただし、「因果関係の評価」は別途必要となります。）。

　本判決では、橈骨神経、尺骨神経および正中神経等では、その部位を予見することによって神経損傷を回避することができるとされています。例えば正中神経の場合、解剖学的に、肘窩付近では動脈に近い深いところを走行しているとされています。そこで、浅い角度で適切な手技を実施すれば、その損傷は回避できるのではないかといえそうです。この点は浅いところを走行している前腕皮神経とは異なります。もっとも、神経の走行には個体差が大きいため、この走行を完全に予測することは困難です。したがって、正中神経が損傷したことのみをもって、不適切な穿刺があったと評価することには異論もあるでしょう。ただし、正中神経を損傷したということは針先を深く進めたとして事実上過失を推認する一事情となりますので、医療機関側で、やむを得ない偶発症であったこと（適切な穿刺がなされたこと、神経の走行が通常と異なっていたこと）等を説得的に証明することが求められるでしょう（過失の「証明責任」は患者側にありますが、事実上

の推定が働く結果、医療側に求められる「反証」の程度は高度なものになります。)。

コラム

献血の特殊性

献血における採血は、治療の必要の全くない健常者に対して実施されます。しかし、献血においても、採血の際に要求される注意義務の内容は診療の場合と異なりません。採血には神経損傷、迷走神経反射等による失神・転倒等の合併症・偶発症が発生する危険性を内在していますが、採血手技に不適切な点がなければ、いかに重大な結果が生じようとも法的責任はありません。

ところで、日本赤十字社の血液事業は、健常ボランティアの存在なしには成り立ちません。しかし、民間の医療者損害賠償保険等は「法的責任」を前提とするものであるため、補償という観点からは必ずしも十分とはいえませんでした。そこで、平成18年9月に新たな救済制度を整備するために関連省令の一部改正を行い、「献血者等の健康被害の補償に関するガイドライン」(平18・9・20薬食発0920001) が策定されました。これにより、献血によって健康被害を負った方に対して一定額の補償が可能となりました。この献血者健康被害救済制度により、公平性、透明性および迅速性に配慮した救済を図り、献血者がより安心して献血に参加できる環境が整備されました。

献血の際に健康被害が生じた場合には、「医療費」「医療手当」「障害給付」「死亡給付」「葬祭料」の給付を受けることができます。献血者健康被害救済制度の詳細は、日本赤十字社のホームページ (http://www.jrc.or.jp/) を参照ください。

第2章　事例にみる看護師の注意義務と責任　　169

〔10〕　患者（女児）の蕁麻疹治療のため、医師が看護師に対して
　　塩化カルシウム注射液を静脈注射するように指示し、これを
　　受けた准看護師が塩化カリウム（コンクライト－K）を原液
　　のまま静脈注射したことにより、患者（女児）に身体障害1級
　　の後遺障害が生じたことにつき、医療機関、医師および准看
　　護師への損害賠償が認容された事例（認容額：約2億5,000万
　　円）

　事　　例　　患児X（6歳）は、全身に発疹・掻痒感を訴え、平成13
　　　　　　　年1月15日Y病院を受診した。診察した医師Y₁は、蕁麻
疹と診断し、塩化カルシウム2%注射液（製品名：大塚塩カル注2%）
が効果があると考え、診療録に塩化カルシウム20mℓを静脈注射するよ
う指示を記載し、看護師Aに5分かけてゆっくり注射するように指示
した。看護師Aは、診療録に「5分かけてゆっくり」と記載した上、注
意を促すためにさらに文字の下部に赤色で波線を引いて、准看護師
Y₂に対し、5分かけてゆっくり注射するよう申し送った。

　准看護師Y₂は、Y病院の薬局へ行き、薬剤師Bに対し、「塩化カリ
ウムって何ですか？」と尋ねた。薬剤師Bが准看護師Y₂に対し、「カ
リウムですか？カルシウムですか？」と聞き返したところ、准看護師
Y₂は、「塩化カリウムです。」と答えた。薬剤師Bは、「塩化カリウム
であればコンクライト－Kですけども。」と教えた。これを受けて、准
看護師Y₂は、「あぁ、コンクライトか。」と納得して、外来処置室へ戻
った。

　准看護師Y₂は、外来処置室で、患児Xに対し、コンクライト－K 20mℓ
を原液のまま、左手の甲に静脈注射した。注射を始めて少し経ったこ
ろ、患児Xは左手を口元にあてて「うっ」とえづいたが、准看護師Y₂

170　　第2章　事例にみる看護師の注意義務と責任

はそのまま注射を続け、その後2分程度のうちに、患児Xは「痛いから
やめて。」と悲鳴を上げ、さらにその2、3秒後にはぐったりした状態と
なった。患児Xは救急処置室へ運ばれ、医師Y₁が患児Xの腹部あた
りを押し上げる措置をとっていたが、さらにチアノーゼが強い状態に
なったため、看護師Aは、医師Cに応援を頼み、同医師らによって人
工呼吸、心臓マッサージ等の心肺蘇生措置がとられた。

　心肺蘇生措置を経た後、患児Xは、他院に搬送され、以後、同病院
において入院治療を受けたものの、急性心停止による低酸素脳症を発
症し、両上肢機能全廃、両下肢機能全廃、体幹機能障害の後遺障害が
残り、身体障害1級の認定を受けた。

（京都地判平17・7・12判時1907・112＜確定＞）

■患者側の主張（看護師の責任に関して）

1　コンクライト－Kを誤投与した過失

　准看護師Y₂は、塩化カルシウム注射液20mℓを注射するよう指示さ
れたのに、塩化カルシウムと塩化カリウムを混同して薬剤師Bに尋ね
た。また、仮に准看護師Y₂が塩化カルシウムの指示が出ていたと認
識していたとしても、コンクライト－Kのアンプルおよび外箱には「塩
化カリウム液」と記載されていること、「K」はカリウムの元素記号で
あることから、コンクライト－Kが塩化カルシウム注射液ではないこ
とに容易に気付くことができた。

　准看護師Y₂は、薬剤を十分に確認せずに投与した過失がある。

2　コンクライト－Kを原液のまま急速投与した過失

　コンクライト－Kは添付文書上、「本剤は電解質の補正用製剤であ

第2章　事例にみる看護師の注意義務と責任　　　171

るため、必ず希釈して使用すること」と明記してあり、また、コンク
ライト－Kのアンプルおよびアンプルが入っている外箱にも、「希釈・
点滴」と表示してあるように、必ず希釈して点滴の方法で使用すべき
薬剤であり、原液のまま注射してはならない。

■病院側（准看護師Y₂）の主張

① 　准看護師Y₂が塩化カルシウム注射液を静脈注射するようにとの
　指示を受けながら、塩化カリウム液であるコンクライト－Kを原液
　のまま静脈注射したことは認める。
② 　准看護師Y₂には、医師Y₁が既に用法や量について判断済みであ
　る投薬指示に対し、それを再検討する権限および義務はない。本件
　では、医師Y₁から希釈の指示が出ていない以上、アンプルに「希釈・
　点滴」等の文言が記載されているからといって、准看護師Y₂が原液
　のまま注射したことを過失ということはできない。

裁判所はどう判断したか

　准看護師が医師の指示に基づいて静脈注射を行う場合、准看護師は、
薬剤の種類、量、投与方法等を十分確認の上投与するべきである。ま
た、医師の指示内容に不明な点や疑問点等があれば、医師や薬剤師に
再度確認する等して、薬剤の誤投与、誤注射を防ぐべき注意義務を負
っている。

　本件の場合、コンクライト－Kの箱およびアンプルのラベルには、
「希釈・点滴」との文字が印刷されているのであるから、コンクライ
ト－Kが希釈の上点滴投与されるべき薬剤であることは容易に認識し
得たはずである上、准看護師Y₂自身、本件注射以前にも、コンクライ
ト－Caやコンクライト－Kを原液のまま静脈注射したことはなかっ

たことから、原液のまま静脈注射するようにとの指示について、医師Y₁に対して、その適否、希釈の必要があるのであればその程度、投与量、速度等について確認すべき注意義務があったといえる。

しかるに、准看護師Y₂は、医師Y₁に対して何らの確認をしないまま、コンクライト－Kを原液のまま静脈注射したから、上記注意義務に違反したといえ、過失がある。

コメント

1　事案の概要

本件は、塩化カルシウムを静脈注射する指示が出されていたものの、准看護師が誤って塩化カリウムを静脈注射したため心肺停止に至り、重篤な後遺障害が発生したものです。この事件では、実際に誤って塩化カリウムを静脈注射した准看護師Y₂のほかに、指示をした医師Y₁についても、塩化カルシウムの静脈注射に際して准看護師Y₂に単独で行わせるのではなく、自ら注射を実施するか、あるいは少なくとも注射をする場に立ち合い、注射事故の発生を防ぐべき注意義務に違反したとして、損害賠償責任が問われています。

なお、医師Y₁および准看護師Y₂は、ともに刑事訴追され、業務上過失傷害で有罪（実刑）判決を受けています（本章事例〔6〕参照）。

2　看護師が行う静脈注射

コンクライト－Kは、塩化カリウム製剤のひとつで、電解質補液の電解質補正のため、電解質補液に添加して点滴静脈注射するものです。また、添付文書上、重要な基本的注意事項として必ず希釈して使用するとの記載があります。塩化カリウムを希釈せずに静脈注射すると、高カリウム血症となり致死的不整脈から死に至ることがあります。

第2章 事例にみる看護師の注意義務と責任 173

　本件では、本来ゆっくりと静脈注射を行う予定であった製剤は塩化カルシウムであり、これを誤って塩化カリウムを静脈注射したことは非常に初歩的な確認義務違反でしょう。看護師が診療の補助として静脈注射を行うことができるかという点については、長い間議論がありましたが、平成14年9月30日付け厚生労働省医政局長通知（医政発0930002号）により「看護師等が行う静脈注射は診療の補助行為の範疇として取り扱う」と行政解釈が変更され、現在では看護師が静脈注射を行うことができると解釈されています。しかし、同時に、看護師による静脈注射が安全に実施できるよう、「医療機関においては、看護師等を対象にした研修を実施するとともに、静脈注射の実施等に関して、施設内基準や看護手順の作成・見直しを行い、また個々の看護師等の能力を踏まえた適切な業務分担を行うこと」「看護師等学校養成所においては、薬理作用、静脈注射に関する知識・技術、感染・安全対策などの教育を見直し、必要に応じて強化すること」が求められており、無条件で静脈注射を許容したものではありません。

　そもそも、概要すら知らない薬剤を患者に投与することは直感的にも「怖い」のではないでしょうか。ところが、「慣れ」や「多忙」、「まぁ大丈夫」といった気の緩みから、こうした「怖さ」が薄れていることがあります。専門職である看護師として薬理作用についての理解を深めることは当然ですが、もし、薬剤についての知識を欠いているのであれば、薬剤の怖さに思いを至らせ、少なくとも医師に確認する必要があるでしょう。

3　医師の責任について

　本件では、准看護師Y_2のほか、医師Y_1も損害賠償責任を負いました（さらに、Y病院も損害賠償責任を負いました。）。

　その理由として、判決では「大塚塩カル注2％を投与する意図で塩化

174 第2章 事例にみる看護師の注意義務と責任

カルシウム注射液の静脈注射を指示したが、医師が看護師等に対して
静脈注射等の行為を指示する場合、医師は、その注射すべき薬剤の種
類、注射量、注射方法、速度等について、指示に誤解が生じないよう、
的確に指示することはもちろん、薬剤の種類や危険性によっては医師
自ら注射したり、あるいは少なくとも注射の場に立ち合うなどして、
誤注射等の事故発生を防ぐべき注意義務を負っているから、大塚塩カ
ル注2％の用法からすれば、准看護師Y_2に単独で行わせるのではなく、
自ら注射を実施するか、あるいは少なくとも注射をする場に立ち合い、
注射事故の発生を防ぐべき注意義務を負っていた」にもかかわらず、
「医師Y_1は、本件注射に立ち合うことすらしなかったから、上記注意
義務に違反した過失がある。」としています。つまり、静脈注射に立ち
会わなかった点を過失と評価しています。本件は、前記の平成14年9
月30日付け厚生労働省医政局長通知が出される以前の事案で、本件当
時において看護師による静脈注射自体が許容できるか否かが不明瞭で
あったことも、この判断の背景にあったものと推測されます。しかし、
現在においては静脈注射も診療の補助の範疇と考えられますので、静
脈注射に医師の立会いが義務であるという結論をそのまま維持するこ
とは困難です。

　もっとも、本件の場合には医師Y_1の指示自体が極めて不十分であっ
たことにも注意が必要です。「塩化カルシウム20ml　5分かけてゆっく
り」という指示では、塩化カルシウムの濃度が不明です。実際、医師
Y_1は「大塚塩カル注2％　20ml」と考えていたようなのですが、指示
書からは読み取れません。しかも、Y病院では大塚塩カル注2％では
なく、塩化カルシウム注射薬はコンクライト－Caを採用していまし
た。このコンクライト－Caは、1アンプル20ml中に塩化カルシウム
1.11ｇを含有する塩化カルシウム製剤でしたので約5.5％の濃度でし
た。濃度の異なる薬剤が存在するのですから、医師が塩化カルシウム

第2章　事例にみる看護師の注意義務と責任　　175

の静脈注射を指示しようとする場合には、明確に濃度および希釈方法を含めて指示を行うべきであり、こうした点からも医師Y₁の落ち度は否定できないでしょう。

4　紛らわしい薬品名

　なお、本件は直接、薬剤名を取り違えたものではありませんが、コンクライト－K、コンクライト－Caといった名称は紛らわしいことから、現在では、名称が変更されており、コンクライト－Caは塩化Ca補正液1mEq/mL、コンクライト－Kは、KCL補正液1mEq/mLとなっています。

コ ラ ム

看護師・医師・医療機関の責任の関係：被害の救済と損害の公平な分担

　本件では、医療機関、医師、准看護師が、いずれも患者（および家族）に対して損害賠償責任を負いました。このような場合、医療機関、医師、准看護師の責任の関係はどのようになるのでしょうか。

　この問題を考えるときには、①患者との関係、②医療機関内での関係、の2つに分けて考えることが必要です。

　まず、①患者との関係では、患者Xは医療機関、医師、准看護師のいずれに対しても「損害全額」を請求することができます。このような関係を（不真正）連帯債務といいます。関係者全員に全額の請求を可能とすることで、被害救済を図るというのが法の趣旨です。

　もちろん、二重取り、三重取りをすることはできませんので、患者側で「損害全額」の支払を受けた場合には、それ以上の請求はできません。本件で、医療機関が2億5,000万円全額を患者に支払えば、患者はそれ以上の請求を医師、准看護師に行うことはできません。逆にいえ

ば、患者は准看護師だけに2億5,000万円の支払を求めることも可能です。

他方で、上記の例で医療機関が患者に対して2億5,000万円を支払った場合、医師、准看護師が一切支払う必要がないということではありません。誰か1人でも全額の支払をすると、一切の支払義務がなくなるとすれば、医療機関、医師、准看護師は「他の誰かが支払ってくれるまで損害賠償をしない。」という選択をしてしまうこともあり得ます。また、被害者に対する関係では連帯債務とすることで手厚い保護を図る必要があるとしても、加害者とされる者の間での公平を図ることも大切です。

そこで、②医療機関内での関係では、医療機関が患者に対して全額の損害賠償をした場合には、本来は医師や准看護師が支払うべき損害賠償を肩代わりした面もあると考えて、これを医師、准看護師に対して請求（求償）することができます。請求（求償）できる金額については、様々な事情を考慮して負担割合（責任割合）に応じた限度での請求が可能です。

ただし、現実的には多くの医療機関は、医療過誤により損害賠償を支払ったとしても、従業員に対して求償を行うことはあまりないようです。これは、①医療はチームで行っており、1人の医療従事者の責任とすべきものではないことが多いこと、②損害保険に加入していることが多く、損害保険で対応が可能であること、③医療従事者確保の観点からも求償は控えるべきであること（政策的理由）、などが理由と推測されます。

なお、本件では、刑事事件における判決（事例〔6〕参照）をみると、医療機関が保険を用いて2億円を支払い、これとは別に准看護師が100万円を支払ったようです（残りの損害賠償金を、誰がどのように支払ったのかは不明です。）。

第2章　事例にみる看護師の注意義務と責任　　177

コ　ラ　ム

看護師の静脈注射

　平成14年9月30日厚生労働省医政局長通知（医政発0930002号）により、従来の行政解釈が改められ、看護師が静脈注射を行うことが許されるようになりました。この通知により、看護師が医師の指示に基づいて静脈注射を行うことが違法ではない（医師法違反とはならない）ことが確認されたことになります。

　しかし、静脈注射を看護師が行えるということは、看護師に静脈注射を行うべき義務を課したものではありません。静脈注射を看護師が実施するか否かは、個々の看護師の知識、経験、技術を十分に検討した上で判断する必要があります。十分な能力を有しない看護師に静脈注射を実施させたこと自体が民事、刑事上の「過失」と評価されることもありますので、注意が必要です。

　そこで、静脈注射の実施範囲や内容を決定するに当たっては、施設の特性、職員数、職員の能力、業務内容、患者の状態、薬剤の種類、投与方法等を考慮した上で、静脈注射を安全に実施するためのルールを取り決めておくことが望まれます。

（公社）日本看護協会は、平成15年4月に「静脈注射の実施に関する指針」を公表していますので、各施設におけるルール作成の際の参考にするとよいでしょう。

＜参考＞

・静脈注射の実施に関する指針（公益社団法人　日本看護協会）

　「4-1　看護師による静脈注射の実施範囲に関する基本的考え方」

　レベル1：臨時応急の手当てとして看護師が実施することができる

　　医療行為の実施には保健師助産師看護師法第37条に基づき医師の指示が必要であるが、以下の行為は、患者のリスクを回避し、安全・安楽を確保するよう、臨時応急の手当として看護師の判断によって行う。

　　○緊急時の末梢からの血管確保

○異常時の中止、注射針（末梢静脈）の抜去

レベル2：医師の指示に基づき、看護師が実施することができる

以下の行為は、医師の指示に基づき、看護師が実施することができるものとする。

○水分・電解質製剤の静脈注射、短時間持続注入の点滴静脈注射

○糖質・アミノ酸・脂肪製剤の静脈注射、短時間持続注入の点滴静脈注射

○抗生物質の静脈注射、短時間持続注入の点滴静脈注射（過敏症テストによって安全が確認された薬剤）

○輸液ボトルの交換・輸液ラインの管理

○上述薬剤投与時のヘパリンロック、生食ロック（生理食塩水の注入）

○中心静脈カテーテル挿入中の患者の輸液バッグ交換、輸液ラインの管理

○中心静脈カテーテルラインからの上述薬剤の混注

レベル3：医師の指示に基づき、一定以上の臨床経験を有し、かつ、専門の教育を受けた看護師のみが実施することができる

以下の行為は、一定以上の臨床経験を有し、かつ、一定の教育を受けた看護師のみが実施できるものとする。例えば、認定看護師、専門看護師の他、将来的には輸液療法看護師等の育成が必要である。

○末梢静脈留置針（カテーテル）の挿入

○抗がん剤等、細胞毒性の強い薬物の静脈注射、点滴静脈注射

○循環動態への影響が大きい薬物の静脈注射、点滴静脈注射

○麻薬の静脈注射、点滴静脈注射

レベル4：看護師は実施しない

看護師は以下の行為を実施しない。

○切開、縫合を伴う血管確保、及びそのカテーテル抜去

○中心静脈カテーテルの挿入、抜去

○薬剤過敏症テスト（皮内反応を含む）

○麻酔薬の投与

第2章　事例にみる看護師の注意義務と責任　　179

〔11〕　看護師が、蓄尿検査を行う際に防腐剤として使用するアジ
　　　化ナトリウムを、誤って患者に内服させたことにより、患者
　　　が白質脳症となり、身の回りの動作に全面的な介護を要する
　　　状態となったことにつき、患者とその家族が、医療機関に対
　　　し、損害賠償を請求した事例（認容額：約9,800万円、既払金
　　　約5,000万円を除く）

事　　例　　患者X（昭和26年6月9日生）は、平成16年7月12日、イ
　　　　　　ンスリンの投与による血糖コントロールおよび食事療法
の指導等の目的でY病院に入院した。

　同月29日患者Xの蓄尿検査の指示が出されたため、看護師Y₁は、同
日午後4時10分、蓄尿検査の際に防腐剤として使用するアジ化ナトリ
ウムを検査科に取りに行き、午後4時25分頃、看護師Y₂に対し、患者
Xの蓄尿検査を行うよう指示して、アジ化ナトリウムが入った薬包紙
を看護師Y₂に渡した。看護師Y₂は、その薬包紙の中身を内服薬であ
ると思い込み、これを患者Xに渡して内服するように指示した。

　看護師Y₂より薬包紙を渡されて内服するよう指示された患者Xは、
アジ化ナトリウム中毒を発症し、白質脳症となった。

　なお、蓄尿検査においては、尿の腐敗を防ぎ、成分を安定させてお
くためにアジ化ナトリウムを蓄尿するつぼに入れることとされている
が、看護師Y₂は、蓄尿検査の際にアジ化ナトリウムが必要とされるこ
とは認識していたものの、防腐剤として用いられることを認識してい
なかった。

（東京地判平20・2・18判タ1273・270＜確定＞）

180　　第2章　事例にみる看護師の注意義務と責任

■患者側の主張（看護師の責任に関して）

①　看護師Y₂は、蓄尿検査の際にアジ化ナトリウムが必要とされることは認識していたものの、防腐剤として用いられることを認識しておらず、誤って患者Xにアジ化ナトリウムの薬包紙を与え、これを内服させた。

　看護師Y₂が、患者の病態を十分把握した上で適切な看護を行うべき注意義務に違反したことは明らかである。

②　また、Y病院には、看護師に必要な知識を習得させるための態勢を整え、アジ化ナトリウムが毒物であり、取扱いに注意しなければならないことを徹底し、このような毒物の管理に万全を期する注意義務を怠った過失がある。

■病院側の主張

　Y病院の看護師Y₂が、蓄尿検査に防腐剤として使用するアジ化ナトリウムを誤って患者Xに投与し、これにより患者Xがアジ化ナトリウム中毒による白質脳症を発症したことは認める。

裁判所はどう判断したか

　Y病院に勤務する看護師Y₂は、蓄尿検査に防腐剤として使用するアジ化ナトリウムを誤って入院患者である患者Xに投与し、これにより患者Xがアジ化ナトリウム中毒による白質脳症を発症したものであるから、Y病院は、民法715条に基づき、看護師Y₂がアジ化ナトリウムを誤って患者Xに投与したことによって生じた損害を賠償すべき責任を負う。

第２章　事例にみる看護師の注意義務と責任　　181

$$\boxed{\text{コ　メ　ン　ト}}$$

1　看護師の責任について

　アジ化ナトリウムは、防腐剤、農薬原料などに用いられ、毒物及び劇物取締法において毒物に指定されている薬品です。アジ化ナトリウムを経口摂取することは非常に危険で、アジ化物イオンは細胞の呼吸を阻害する働きがあり、一酸化炭素と同様に、ヘモグロビンに対して不可逆的な結合を形成し、これにより細胞が死に至り、アジ化ナトリウムを大量に摂取した場合には、痙攣、血圧降下、意識不明、呼吸不全等を引き起こし死に至るとされています。

　本件は、本来は蓄尿検査の際に防腐剤として使用するアジ化ナトリウムを、患者に内服させた事例であり、あってはならない事故です。看護師 Y_2 はアジ化ナトリウムの使用方法を知らなかったにもかかわらず、患者に対して内服指示をしたことに、法的責任が認められるという結論自体には異論がないでしょう。本判決では、看護師 Y_2 の責任を認めた上で、Y病院には使用者責任として、損害賠償責任を認めました。

　では、看護師 Y_2 は、なぜ、患者に対してアジ化ナトリウムを内服するように指示してしまったのでしょうか。この点については、①そもそも、蓄尿検査の際にアジ化ナトリウムをどのように用いるのか知らなかった、②アジ化ナトリウムは薬包紙に包まれていたため内服薬だろうと思った、③ Y_1 から薬包紙を受け取った際に用途を聞かなかった、などの背景的事情が挙げられます。

　看護師は、チームで行う医療行為の最終の行為者となることも多く、自身が患者に行う様々な行為の意味を分からないままにしておくと、重大な結果を招くことがあることは常に自覚をする必要があります。運転免許を取得する際に教習所で戒めとしていわれる運転に「だろう

運転」があります。道路交通では、歩行者や自転車、自動車が混在していますが、自動車の運転の際に、楽観的な予測（〜だろう）に基づいて行動した場合には、事故につながります。医療行為も同様であり、本件でも「薬包紙に包まれているので内服薬『だろう』」、という認識が事故につながったものと推測されます。事故を防ぐためには、こうした「〜だろう」という認識は改め、自分が行う看護行為の意味を十分に認識しながら行う必要があります。本件では、看護師Y_1から、アジ化ナトリウムを渡される際に、何に用いるのか分からないのであれば、きちんと聞く必要がありました。

　ただし、他の人に分からないことを聞くことは、言うは易し行うは難しの典型です。時間がない、先輩（上司）が怖い、同僚や後輩からこんなことも知らないのとばかにされたくない、何となく聞くのは恥ずかしい等の様々な理由から、分からないことを聞くことはためらわれます。意識をしていかなければ、決してできません。聞くは一時の恥、聞かぬは一生の恥どころか、患者さんの生命にも関わる職業なのが看護師です。

　本件は、こうした看護師の基本的な心構えを再認識させられる事例でしょう。

2　医療機関の責務

　本件は、看護師Y_2による過失が明らかな事例ですので、医療機関の責任は深くは議論されませんでした。患者側からは、上記のとおり、「看護師に必要な知識を習得させるための態勢を整え、アジ化ナトリウムが毒物であり、取扱いに注意しなければならないことを徹底し、このような毒物の管理に万全を期する注意義務を怠った過失がある。」という主張がなされたのですが、裁判所はＹ病院の固有の責任については、特に判断はしていません（判断をしなくても結論が出せるため

第2章　事例にみる看護師の注意義務と責任　　183

です。）。

　しかし、看護師個人の注意や心がけに頼ることでは、医療事故を防ぐことは不可能です。看護師の教育のほかにも、看護システムを検討して、改善していく必要があります。

　本件の場合でも、内服してはならないアジ化ナトリウムを薬包紙に包むという習慣は、誤解を招くものですので改善の余地はあるでしょう。また、看護師Y_2は忙しすぎるために看護師Y_1に聞けなかったのかもしれませんし、人間関係から何となく聞きにくかったのかもしれません。医療機関には、こうした背景的な点も含めて、医療事故が生じにくくする対応を検討していくことが望まれます。

3　訴訟に至った経緯

　本件は、看護師Y_2およびY病院の責任が明らかな事案です。本裁判でも過失（注意義務違反）は争点とはなっていません。このような事案が訴訟に至る前の話合いで解決できなかったことを奇異に感じるかもしれません。

　確かに医療裁判の大部分は過失（注意義務違反）の有無が中心的な争点となりますが、中には損害額の評価のみが争点となるものも散見されます。本件もこのような事例です。患者側は、訴訟前の交渉段階では損害額は合計4億円以上であると主張していました（裁判での請求額は1億3,000万円（既払金を除く））。患者側の被害意識が強い場合などでは、客観的損害額を大きく上回る高額な賠償を求められることがあります。しかし、病院側としても根拠のない支出はできませんので、損害額が不当に高額な場合には、これを争わねばならないこともあります。本件で訴訟上の和解もできなかったことに鑑みますと、それだけ被害意識の強い事案であったといえるでしょう。

コラム

医療訴訟と医療安全について

　医療訴訟（民事訴訟）において、損害賠償（民709）が認められるには、誰のどのような行為に過失（注意義務違反）があったのかを明らかにする必要があります。使用者責任（民715）も、個人の損害賠償責任（不法行為責任）が成立していることが前提となります。

　医療裁判（民事裁判）の目的は、法的責任の有無を明確にし、適正な賠償をすることにあります。そのためには、損害請求において法の定める要件を満たすか否かが重要となります。そこで、医療裁判においては、専ら個人の過失（注意義務違反）の有無に焦点が当てられ、事故が発生した背景的要因まで掘り下げて検討されることはありません（特に、過失（注意義務違反）を積極的に争わないような事案では、その傾向が強くなります。）。

　一方、医療安全の観点からは、看護師の個人的責任追及ではなく、その背景に光を当てて、事故が起こりにくい環境を構築することが大切とされています。

　このように、医療訴訟と医療安全とは全く目的を異にしていますので、医療裁判の結果が直ちに医療安全に資するものではありません。医療安全については、裁判とは切り離し、医療従事者の視点で、検討していく課題といえるでしょう。

第2章　事例にみる看護師の注意義務と責任　　185

〔12〕　介護老人保健施設においてグリセリン浣腸を受けた後、高
　　　　熱や腹痛等を訴え、敗血症により死亡した80歳の入所者につ
　　　　いて、看護師に浣腸時の体位の選択に関する注意義務違反が
　　　　あり、そのため直腸壁が損傷し敗血症を発症したとして、死
　　　　亡慰謝料の請求が認容された事例（認容額：800万円）

事　例　　患者Xは、平成21年10月22日から同月27日までの予定
　　　　　で、Y介護老人保健施設に短期入所していたが、同月24
日から26日まで排便がない状態であった。26日にアローゼン（緩下剤）
を投与されたもののなお排便がなかったことから、看護師Y₁は、同月
27日午前10時35分にテレミンソフト坐薬を挿肛した。しかし、降りて
きている便が肛門から少し見えるのみで、肛門周辺に硬い便が固まっ
て蓋をしているため、なかなか排便できないでいた。
　看護師Y₁は、浣腸を行うこととして、患者Xに対し浣腸をする旨伝
えたが、患者Xはトイレから出ようとしなかった。そこで、看護師Y₁
は、トイレで浣腸をすることとし、患者Xを中腰の姿勢で立たせた上
で自分はその後ろに立ち、ディスポーザブルグリセリン浣腸剤60mℓ入
りLタイプの浣腸器具（スライド式ストッパー付）を暖めた。挿入深
度の限界位置としてストッパーをレクタルチューブの先端から約7cm
～8cmの目盛りに合わせ、挿入部の先端にオイルをつけ、空気を抜いた
上で、レクタルチューブのうちストッパーより先の部分を指で持って、
患者Xの肛門から、肛門内に降りてきている便の隙間の円滑に入る場
所を探して、レクタルチューブの先端から約5cm程度の部分（ストッパ
ーの手前の部分で、側臥位で浣腸を行うときよりは浅めの位置）まで
ゆっくり挿入した後、浣腸液をゆっくり直腸内に注入した。浣腸液は、
肛門内の便に跳ね返されるなどして、60mℓ全部は入らず、流出してい

たが、その後、3分ないし5分ほどして、硬便ないし普通便が出始め、総量が中等量以上になるまで出た。この間、患者Xは、痛みを訴えることはなく、出血も見られなかった。

その後、患者Xは、昼食を全量摂取するなどしたが、午後3時頃におやつを半量摂取直後に嘔吐し、腹痛を訴え下痢便を排出した。その後も患者Xは状態が改善しないため、午後7時15分にY施設が設置している病院に入院したが、翌28日にCT所見（直腸右壁から漿膜下にairが広がる直腸壁内気腫）から、直腸穿孔疑いによる敗血症が疑われ、同月29日に死亡した。

(大阪地判平24・3・27判時2161・77＜控訴＞)

■患者側の主張（看護師の責任に関して）
① 看護師Y₁は、本件浣腸を行う際、浣腸器具を挿入する角度や力の入れ方を誤った。
② 浣腸は、通常は左側臥位で実施するものであり、立位による浣腸の危険性が指摘され、一般的に認識されていた当時の状況から、看護師Y₁は、立位ではなく左側臥位で実施すべき注意義務を負っていた。

■施設側の主張
① 看護師Y₁の本件浣腸の手技に何ら注意義務違反はない。
② 浣腸時の体位については、側臥位が推奨されているが、介護の実際の現場では、トイレでの浣腸（立位による浣腸）の実施がやむを得ない場合が多い。

本件では、便秘解消のための座薬を挿肛したが、患者Xはトイレ

第2章　事例にみる看護師の注意義務と責任　　187

に入ったきり排便ができずに苦しんでいた。看護師Y₁は、患者X
に、一度トイレから出て休憩するように促し、また浣腸を実施する
ことを伝えたが、患者Xが応じなかったため、トイレ内で患者Xを
中腰にさせ、本件浣腸を実施した。このような経過に照らせば、看
護師Y₁が立位を選択したことに注意義務違反はない。

裁判所はどう判断したか

1　浣腸の手技について

　看護師Y₁が行った本件浣腸の手技自体に不適切な点があったとは
認められない。

2　介護老人保健施設における看護水準について

　Y介護老人保健施設は、介護保険で「要支援」または「要介護1～5」
と認定された者を短期入所等の対象者とし、看護師が常駐して、下剤
の投与や座薬の挿肛、浣腸の実施等、一定の医療行為を行っているこ
とから、Y介護老人保健施設で医療行為に従事する看護師に求められ
る注意義務の水準は、特に安全確保の面に関していえば、一般の医療
機関における看護師が医療行為を行う際に求められる注意義務の水準
と比較して、同程度のものと解するのが相当である。

3　浣腸時の体位について

　平成17年頃から、医療安全情報として立位による浣腸の危険性が指
摘され、浣腸は左側臥位を基本として慎重に実施すべきことが一般の
医療施設に徐々に普及し、平成19年以降遅くとも平成21年10月当時に
は、看護師を含めた医療従事者にとって一般的に認識されていた。そ
のため、看護師Y₁には、本件施設において患者Xに浣腸を実施する際

には、特段の事情がない限り、立位ではなく左側臥位で実施すべき注意義務があった。

　他方で、一連の医療安全情報の中には、上記のような安全情報が医療従事者の裁量を制限したり、医療従事者に義務や責任を課したりするものではないとか、患者の希望ないし要望等によっては、現場では基本どおりにできないこともあるとか、臨床の現場において、トイレなど左側臥位で施行できない場合も多いといった指摘も見受けられる。

　しかしながら、看護師にとって、直腸の穿孔ないし損傷の危険性を減少させ、患者の安全を確保することは最優先の責務である。これに対して、通常は、浣腸の時期の選択、看護師の対応の仕方、さらには施設の環境整備等を工夫ないし改善することによって、浣腸を少なからず立位で行う慣行を改善することが可能であるものと考えられる。そうすると、浣腸時の体位については、原則的には左側臥位にすることが法的な注意義務の内容となるものと解した上で、浣腸実施の必要性に加えて、高度の緊急性もあり、かつ左側臥位をとることが当該患者にとって著しく困難であるといった特段の事情がある場合に限って、浣腸を立位で実施することが看護師の裁量として許されるものと解するのが合理的である。

　本件では、その場で即座に浣腸をしなければならない程の高度の緊急性があったとまではいえず、本人の様子観察を継続し、それでもなお排便できなければ、再度休憩を促したり、立位による浣腸の危険性を丁寧に説明したりすることによってベッドのある居室へ誘導するなど、左側臥位で浣腸を実施できる時機を待つことも可能であった。したがって、前記特段の事情があるとは認められず、体位の選択の点で不適切であって、注意義務違反があるといわざるを得ない。

第2章　事例にみる看護師の注意義務と責任　　189

コ　メ　ン　ト

1　グリセリン浣腸と体位

　本件は、立位でグリセリン浣腸を行った結果、直腸損傷を来し、最終的に死亡したとして、グリセリン浣腸を行った看護師の責任を認めたものです。

　グリセリン浣腸を立位で行う場合の危険性については、本件当時から度々指摘がなされていました。本件で用いられたと推測される「ディスポーザブルグリセリン浣腸剤60mℓ入りLタイプの浣腸器具（スライド式ストッパー付）」でも、2009年9月（平成21年9月）の添付文書で「立位の状態での浣腸は危険ですので行わないこと」と明記されていたこともあり、立位での浣腸を行ったことについて責任を問われました。

　浣腸は、比較的よく行われる医療行為の1つですが、こうした業務であってもやはり侵襲を伴うものであり、看護手順を1つ1つ正しく理解すると同時に、最新の情報を把握しておくことが必要です。

　本判決では「特段の事情がない限り、立位ではなく左側臥位で実施すべき注意義務があ（る）」と指摘しており、「特段の事情」があれば立位でグリセリン浣腸を行うことも許容しています。しかし、この「特段の事情」の具体的な内容をみますと、浣腸実施の必要性は当然のことながら、「高度の緊急性もあり、かつ左側臥位をとることが当該患者にとって著しく困難である」ことまでを求めています。そして、現実の浣腸実施の際に、このような場面を想定することは、困難です。本判決の理解を前提とするかぎり、立位での浣腸が許容される余地は、まずないと考えてよいでしょう。

190　　　第2章　事例にみる看護師の注意義務と責任

2　医療水準と医療慣行

　上記のように、本判決では、「臨床の現場において、トイレなど左側臥位で施行できない場合も多い」といった指摘などを踏まえた上で、なお、「特段の事情がない限り、立位ではなく左側臥位で実施すべき注意義務があった」としています。

　実際の臨床の現場で行われていることは、あくまでも医療慣行であり、注意義務の基準となる医療水準とは異なるという理解です。この点についての詳細は、第1章Q41、本章事例〔44〕・〔45〕を参照ください。

　ところで、本件は医療機関での事故ではなく、介護老人保健施設での事故です。医療水準は、「当該医療施設の性格」も、その判断要素となりますが、本判決では、介護老人保健施設であっても、医療機関と同様の医療行為がなされる場合、一般の医療機関における看護師が医療行為を行う際に求められる注意義務と同程度の水準を要求している点も注目されます。

3　浣腸と死亡との因果関係

　本件では、浣腸と死亡との間の因果関係も争われました。医療機関に搬送後のCT所見では、「直腸右壁から漿膜下にairが広がる直腸壁内気腫」を認めました。このことから直腸が損傷された可能性はあるのですが、これが立位による浣腸によって生じたといえるかは非常に難しい判断です。立位による浣腸では、一般に腹圧によって直腸前壁の角度が鋭角になるため、直腸前壁を損傷しやすいことから危険性が高いとされています（他に、肛門内の様子が見にくいということも指摘されています。）。ところが、本件の損傷箇所は直腸右壁ですので、立位であったことがどの程度影響したのかは不明です。実際に、多量の便があり、長時間にわたって怒責を続けたことによって腸管内圧が上昇していたと考えられることなどから、果たして「左側臥位」で浣腸

第2章　事例にみる看護師の注意義務と責任　　　191

を行っていたら、結果が避けられたのかは疑問です。

　判決では、最終的にはこの因果関係を肯定し、800万円の死亡慰謝料を認容しました。慰謝料の算定が裁判所の裁量によるものとはいえ、死亡事例での死亡慰謝料額は、一般に2,000万円を超えることからすると、上記認容額は極めて低額なものといえます。数百万円の慰謝料は、因果関係が否定され「相当程度の可能性」がある場合の慰謝料額です（事例〔46〕参照）。本件は、因果関係について高度の蓋然性があるといえるかは非常に微妙な事案であったといえるでしょう。

コ ラ ム

死亡慰謝料－「赤い本」と「青本」－

　損害賠償における慰謝料額には「相場」があります。慰謝料は、精神的な苦痛を金銭で評価するもので、死亡慰謝料は「死んでしまうほどの苦痛」を、様々な事情（年齢や立場、原疾患の有無や内容、侵害行為の態様や死亡に至るまでの経緯など多岐にわたります。）を総合して評価します。これらの事情をどの程度斟酌するのかは裁判所の裁量に委ねられています。

　しかし、Aさんの死亡慰謝料は100万円だけれども、Bさんの死亡慰謝料は1億円、という判断がなされた場合、どのように感じるでしょうか。なんだか、AさんはBさんよりも著しく「価値が低い人」のように思えてしまいます。人間は本来、個人としての価値は誰しも等しいというのが法の価値観です。たとえ様々な事情があったとしても、死亡慰謝料に大きな差が出てしまうことは避ける必要があると（裁判官は）考え、こうして各個人の「苦痛」の評価である死亡慰謝料にも、ある種の「相場」が生まれます。

さて、冒頭の「赤い本」「青本」とは、法律家の間では、いずれも交通事故における損害賠償の基準が記載されている本のことであり、人身事故に関わる法律家であれば、必携といわれている本です。「赤い本」は、公益財団法人日弁連交通事故相談センター東京支部が、「青本」は、公益財団法人日弁連交通事故相談センター本部が編集・発行しており、人身事故の損害額についてどのように評価をするかという基準が記載されており、実際の裁判においても、参考とされている基準です。他にも名古屋には「黄色い本」、大阪には「緑本」（緑のしおり）などがあり、これらも参考となっています。

細かい基準は省きますが、死亡慰謝料については、「赤い本」では2,000万円〜2,800万円、「青本」では2,000万円〜3,100万円となっています（死亡慰謝料以外の各損害項目の計算方法などについても記載があります。）。

本件での死亡慰謝料は800万円であり、この基準からは極めて低額です。この金額から、裁判所は、死亡との間の因果関係を認めて死亡慰謝料を認定したものの、実際には「本当に因果関係があるのかは難しいなぁ」と考えていたのではないかと推測されます。

第2章　事例にみる看護師の注意義務と責任　　193

〔13〕　点滴ルート確保のために左腕に末梢静脈留置針を穿刺する際、看護師が十分な注意を払わずに穿刺行為を行うなどの過失により、複合性局所疼痛症候群（CRPS）を発症したとして損害賠償を求めた事例（第1審認容額：約6,100万円／控訴審認容額：約5,700万円／上告受理申立不受理決定）

事　例　　Y病院の看護師Y₁は、平成22年12月20日に、患者Xに対して手術前の点滴ルートを確保した。

　その際、看護師Y₁は利き腕とは逆の左前腕に穿刺することとし、左上腕に駆血帯を装着し血管を探したところ、橈側皮静脈および手背の静脈が怒張した。しかし、患者Xより手背は避けてほしいと言われ、駆血帯を一度外して右腕の血管を同様に探した。右腕の血管のうち手背と前腕正中皮静脈が怒張したが、後者は細く弾力が弱かったことから、看護師Y₁は左腕の橈側皮静脈に穿刺することとし、患者Xの左手関節から4ないし5cm付近の部位に留置針を穿刺した。患者Xは、穿刺された瞬間に、「痛い。」と声を上げたが、痺れはないとのことであったので、看護師Y₁は、そのままさらに1ないし2mm進め、留置針を留置した。この穿刺部位には、血液の漏出が見られ、小さく膨らんだ内出血の痕ができた。看護師Y₁は、点滴が落ちていなかったことから、留置針が穿刺された状態のまま上記内出血の周辺を軽く叩くなどしたが、点滴の落下等に変化がなかったため、留置針を抜いた。本件穿刺部位には、皮下に3mm程度の大きさの瘤ができたところ、看護師Y₁は、ガーゼを当てて瘤を強く圧迫した。

　次に、看護師Y₁は、右前腕の正中皮静脈に穿刺することとし、留置

194 第2章 事例にみる看護師の注意義務と責任

針を穿刺して点滴ルートを確保したが、この穿刺部位には、雪だるまのような形の内出血の痕ができた。看護師Y₁は、退室する際、患者Xの様子を確認したが、特段の申出はなく、その後ナースコールもなかった。

　手術室に入室後、医師Aは、右前腕の穿刺部位を確認したところ、点滴落下が良好ではなかったため、左手背に留置針を穿刺し直し点滴ルートを確保した。その際、患者Xは、医師Aに対し、本件穿刺行為により左手が痛みで思うように動かせず全体的におかしいなどと訴えた。

　その後、左手の痛み等に関して各種検査を実施。頸椎MRI検査では異常所見は認められなかった。神経伝導速度検査では、正中神経のF波の計測、尺骨神経の運動神経伝達速度、橈骨神経の感覚神経はいずれも正常。針筋電図検査では、第一背側骨間筋、橈側筋手根屈筋、固有示指伸筋で、干渉波の減少が認められた。サーモグラフィー検査では左前腕の皮膚温低下が認められた。

　その後、患者Xは他院で左橈骨神経浅枝損傷と診断され、平成23年3月25日には左橈骨神経損傷によるCRPSⅡ型、左上肢の機能はほぼ全廃であるとの診断を受けた。

$$\begin{pmatrix} 静岡地判平28・3・24判時2319・86 \\ 東京高判平29・3・23（平28（ネ）2387） \\ 最決平29・10・26（平29（受）1332） \end{pmatrix}$$

■患者側の主張（採血行為に関連する点）

1　過失について

　（1）　避けなければならない部位に穿刺した過失

　手関節から中枢に向かって12cmまでの橈側皮静脈は、橈骨神経浅枝

の損傷の可能性が高い部位であるため、静脈穿刺を避けなければならない義務があった。

（2）　十分な注意を払わずに穿刺した過失等

①　公益社団法人日本看護協会が作成した「静脈注射の実施に関する指針」によれば、留置針の穿刺は、「医師の指示に基づき、一定以上の臨床経験を有し、かつ、専門の教育を受けた看護師のみが実施できるもの」とされている。しかし、看護師Y₁は、技量が著しく劣っていた。

②　福岡地裁小倉支部平成14年7月9日判決によれば、採血の際、できるだけ肘部で太い静脈を見つけ、それがない場合には、前腕の加温、把握運動、下垂により静脈を怒張させ、肘部での採血に努める義務があるところ、これらが行われていない。

③　看護師Y₁は、患者Xの左前腕に留置針を何度も穿刺したり、深く穿刺したりした結果、患者Xの橈骨神経浅枝を損傷した。

（3）　報告義務を怠った過失等

電撃痛は神経損傷を示すものであるから、穿刺に際し、患者がこれを感じた場合には、穿刺を直ちに中止し、医師に報告し、その指示を仰ぐ義務があったにもかかわらず、看護師Y₁は医師に報告せず、看護記録にも一切記録を残さなかった。

2　後遺障害の有無および程度について

患者XはCRPSⅡ型との診断を受け、客観的な検査によって、関節可動域の低下、患側の骨密度の減少、皮膚温低下が確認されている。そして、左上肢はCRPSによって機能が全廃となっており、後遺障害等級5級6号に相当する。

196　　　第2章　事例にみる看護師の注意義務と責任

■病院側の主張（採血行為に関連する点）

1　過失について

（1）　避けなければならない部位に穿刺した過失について

手関節付近の橈側皮静脈は、点滴ルート確保の際に用いられてきており、本件穿刺行為の時点において、手関節部から中枢に向けて12cm以内の部位に留置針の穿刺をしてはならないという医学的知見が確立していたとはいえない。

（2）　十分な注意を払わずに穿刺した過失等について

①　上記「静脈注射の実施に関する指針」は、それを遵守しなかったからといって義務違反があったことにはならない。また、看護師Y₁が技量を持った者でなかったということはできない。

②　患者側主張の福岡地裁小倉支部判決の事案は、採血時の事案であり、穿刺部位も手関節から2cm余であった。点滴のための穿刺では留置針がずれるリスクがあり、肘部に穿刺はしない。なお、駆血して血管の怒張が確認できたときに、加温や把握運動等の全てを行う必要はない。

③　看護師Y₁の患者Xの左前腕への穿刺は1回のみで、何度も穿刺したり深く穿刺したりしておらず、橈骨神経浅枝を損傷していない。

（3）　報告義務を怠った過失等について

痺れや強い痛みの訴えがあるなど特別なことがない限り医師へ報告する義務はない。

2　後遺障害の有無および程度について

患者Xは、針筋電図検査では、基本的に神経損傷がないことが確認されている。また、CRPSについて後遺障害等級7級、9級、12級の認定を行うとされており、5級相当とはいえない。

第2章　事例にみる看護師の注意義務と責任　　197

裁判所はどう判断したか

1　避けなければならない部位に穿刺した過失について

　医療文献の各記載および証言等から、本件穿刺行為当時、手関節部から中枢に向かって12cm以内の部位への穿刺については、神経損傷の可能性があり避けるべきである等との考え方が主流であったものの、同部位への穿刺が禁じられ、穿刺を避けなければならない旨の義務が医療水準として確立していたとまで認めることは困難である。

2　十分な注意を払わずに穿刺した過失等について

　前記「静脈注射の実施に関する指針」によれば、留置針の穿刺は、レベル3で翼状針を用いて行う短時間持続注入の点滴静脈注射等に比べてより高度の技量が要求されている。手関節部から中枢に向かって12cm以内の部位に留置針を穿刺する際には、これを行い得る十分な技量を有する者が、他部位に比べて十分な注意を払って行わなければならない。

　（1）　看護師Y₁が技量を持った者でなかったかについて

　前記「静脈注射の実施に関する指針」では、留置針の穿刺を行うことができる看護師として、認定看護師および専門看護師等（以下「認定看護師等」という。）を挙げているが、それらは例示と解される。看護師Y₁は、留置針を穿刺すること自体が過失を構成するほど臨床経験を有していない、または専門の教育を受けていないとまで認めることはできない。

　（2）　他部位に比して十分な注意を払わなかったかについて

　　ア　肘部での穿刺に努める義務について

　患者側の指摘する福岡地裁小倉支部判決は、採血のための穿刺が問題となった事案である。留置針の穿刺の場合は、穿刺後の固定や患者

198 第2章　事例にみる看護師の注意義務と責任

の活動性等を考慮する必要があり、本件においては、肘部での穿刺に努める義務があったとは認められない。

　　イ　何度も穿刺したり、深く穿刺したりしない義務について

　留置針の穿刺の際、神経損傷を避けるため、何度も穿刺したり、深く穿刺したりしないようにする義務があると認められることには争いはない。

　本件では、患者Xは、「痛い。」と声を上げたが、看護師Y₁は、そのまませらに1ないし2mm進めた上で留置針を留置した。また、血液の漏出が見られ、小さく膨らんだ内出血の痕ができ、看護師Y₁は、点滴が落ちていなかったことから留置針が穿刺された状態のまま内出血の周辺を軽く叩くなどしたこと、本件穿刺部位には皮下が腫れたような少なくとも3mm程度の大きさの瘤ができたこと、本件穿刺行為以降、左上肢の痛みおよび痺れ等を感ずるようになったこと、Y病院の医師が橈骨神経浅枝の傷害を疑ったこと、他院でも本件穿刺行為により左橈骨神経浅枝損傷を発症した旨の診断書が作成されていることなどから、本件穿刺行為によって患者Xの橈骨神経浅枝が傷害されたと認められる。

　以上から、看護師Y₁は、本件穿刺行為において、深く穿刺しないようにする義務を怠ったといえる。

3　報告義務を怠った過失等について

　本件穿刺部位は、橈骨神経損傷の危険性が高い部位で穿刺に通常伴うものでない可能性がある痛みや痺れの訴えがあった場合は、医師へ報告し、その指示を仰ぐべき義務があった。

　看護師Y₁は、患者Xから痛みの訴えがあった際に、痺れの有無を確認したものの、痺れはないとの返答があったこと、また、病室から退室する際に患者Xから特段の申出はなく、その後ナースコールもなか

ったこと、点滴スタンドを左手で押しながら歩いていたことから、患者Xの痛みは穿刺に伴う通常の痛みの範囲内であると判断し、医師に報告しなかったとしても、義務違反があったとまでいうことはできない。

4 後遺障害の有無および程度について
 (1) 後遺障害としてのCRPSの罹患の有無について
 患者Xの左肩、肘、手関節、手指には、継続して拘縮が見られた。また、患者Xには、健側に比べて有意な骨萎縮および皮膚温の低下が見られたこと等から患者Xは、後遺障害としてのCRPSに罹患したものと認められる。
 本件穿刺行為によって患者Xの橈骨神経浅枝が傷害されたことが認められ、本件穿刺行為によってCRPSに罹患したものと認めるのが相当である。
 (2) 患者Xの後遺障害の等級について
 患者Xの左上肢には、肩甲帯以下に感覚過敏と運動麻痺があり、運動は完全麻痺とされている。患者Xの左上肢の三大関節（肩関節、肘関節および手関節）はいずれも自動運動は全く不可能な状態であり、左手指は強直し、伸展は0°である。したがって「一上肢の用を全廃したもの」といえ、後遺障害等級5級6号に該当する。

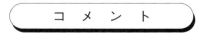

1 穿刺行為と神経損傷
 看護師が、採血、静脈注射、静脈路確保などのために穿刺行為を行うことは珍しいことではありません。穿刺行為は、人体に針を刺すという点で侵襲的な行為であり、適切な手順で行っても、神経が損傷さ

れる危険性はゼロではありません。

このような場合、神経損傷という結果が生じたことをもって、当該穿刺行為が違法と評価される（法的責任が問われる）ものではなく、具体的な手技が医療水準に則したものか否かで、法的責任の有無が判断されます。

本件の場合には、①そもそも手関節部から中枢に向かって12cm以内の部位に穿刺すること自体が医療水準を逸脱している、②そうでなくとも手技自体が逸脱している、ということが主たる争点となりました。

結果として、①の点は否定されましたが、手関節部から中枢に向かって12cm以内の部位はリスクが高いため、手技は慎重に行うべき、とされた上で、②の点で、深く刺した（痛みを訴えられた後に針を進めた）という点をもって医療水準から逸脱していると判断されました。

2　看護記録の重要性

Y病院は本件では何度も深く穿刺したことはないと主張し、看護師 Y₁も同様に証言をしました。しかし、裁判所は「なお、上記認定事実と異なる証言については、患者Xが本件穿刺行為の約3日後にその状況を詳細かつ具体的に記載した日記の内容に照らし、信用することができない。」として、看護師Y₁の証言する事実を認めませんでした。

しかし、仮に直後の看護記録に「痛みを訴えたため手技を中止」「痺れの訴えなし」という記録が残っていた場合には、どのような判断となっていたでしょうか。

一般的には、静脈路の確保の際の具体的な手技内容や、患者が話した内容を逐一記録に残すことはしませんが、トラブルとなった場合には、速やかに記録化することが必要であることを示しています。

コ　ラ　ム

診断の重み

　採血や注射等による神経損傷の裁判で、患者側から提出される「正中神経損傷」「CRPS」などの医学的評価を記載した診断書は、健康被害（損害）立証の重要な証拠となるだけでなく、その機序や過失（注意義務違反）の有無を判断する際の根拠としても利用されることがあります。本件でも診断書の役割は大きく取り上げられており、橈骨神経浅枝の損傷と診断されたことを注意義務違反の根拠の1つとされました。

　客観的所見を前提とした正確な診断であればよいのですが、中には患者側の訴えや希望を尊重して十分な検査を行わないまま診断書が作成されることがあります。不正確な診断書が提出された場合には、本当は正しい手順で行われた手技であるにもかかわらず、医療水準を逸脱したと判断されてしまう危険性があります。

　医療従事者は、患者の訴えが真実であることを前提に治療を行います。しかし、トラブルとなった以降では、患者側に様々な思惑が生じることがあります。特に、客観的所見の乏しいケースにおいてCRPSなどと診断しますと、この診断が一人歩きしてしまう可能性もあります。

　過去には、採血を受けた患者がCRPSに罹患したとして医療機関に損害賠償を求めたところ、判決において詐病と認定されたケースもあります（東京地判平25・7・18（平24(ワ)19193））。こうしたケースは非常にまれと思われますが、トラブルを抱える患者を診察する際には、患者のためによかれと思って行った診断により、かえって迷惑となることもあります。裁判所等に提出する診断書の記載内容に虚偽があると虚偽診断書等作成の罪（刑160）などに問われる可能性もあります。医師の診断には公的な役割があることの重みを理解し、しかるべき検査を実施の上、客観的所見に基づく正確な診断に努めることが求められます。

3 転倒・転落事故・身体拘束

〔14〕 白内障で入院中の患者がベッドから転落し右大腿骨を骨折し、その後右大腿骨骨頭壊死となった事案につき、ナースコールを前提として看護態勢をとれば足りるとして病院側の過失が否定された事例（請求棄却）

事例 　患者X（大正4年生まれ）は、平成9年5月頃、老人性白内障のため、目のかすみが強くなり、同年7月10日、Y病院に入院し、水晶体摘出術を受けることとなった。患者Xの視力は、裸眼で左右共に0.1であった。

患者Xは、同月11日午前中、右目の手術を受けた。Y病院では、患者Xが高齢、難聴であることから移動する際には看護師の誘導介助が必要と判断し、トイレに行くときはナースコールをするように指示していた。ベッドの横の壁にはナースコールが設置されていたが、患者Xは入院後も、ナースコールをせずに一人でトイレに行くことがあった。

患者Xは、ベッド上で安静にしていたが、同日午後10時50分頃、ベッド（高さ50cm）から落ちた。患者のベッド柵は、本件事故の発生前から下がっていた。発見した准看護師Y₁が声を掛けたところ、患者Xは「トイレに行こうとベッドから降りようとして足先がつるっと滑った。」と述べた。

患者Xは、翌日A整形外科に転医し、右大腿骨転子部（頚外側）骨折と診断され、さらに大学病院に転医したが、最終的には大腿骨骨頭壊死症に至った。

第2章　事例にみる看護師の注意義務と責任　203

　なお、患者Xは、平成10年4月9日、左目の手術の際にY病院に入院した際にも、看護師の再三の注意にもかかわらず一人でトイレに行っている。

(東京地判平15・9・25（平14(ワ)11231)）

■患者側の主張
①　患者Xにはトイレ介助が必要であったのであるから、頻繁に夜間に巡視し、患者の排便・排尿間隔等に十分注意し排尿を促す等して適時トイレ介助を行い、または移動しなくても排せつ行為ができる簡易便器を用意すべきであった。
②　患者の状態を前提とすれば、転落防止のために、ベッド柵を常時上げておくべきであった。

■病院側の主張
①　ベッドサイドでの事故は簡易便器を用意したとしても同様に起こり得る。患者は一人でトイレに行こうとして、床に足を下ろした際に足が滑って、そのまま体全体がベッドからずり落ち、尻餅をついたのである。
　　Y病院では、定時の巡視およびナースコールがあることを前提としたトイレ介助義務は尽くしていた。
②　ベッド柵を上げていたとしても、ベッド柵を下げてトイレに行くことは可能であり、本件はトイレに一人で行こうとした際の事故であるから、ベッド柵を上げていなかったことと本件事故との間には因果関係がない。

204 第2章 事例にみる看護師の注意義務と責任

裁判所はどう判断したか

　患者Xは一人でトイレに行こうとして転落したことが認められる。Y病院にはナースコールシステムが存在し、患者がそれを理解できる精神的能力を有し、これを使用することができる身体的能力を有している場合には、それを前提とした看護態勢をとれば足りる。病院がナースコールボタン等について説明しなければ説明義務違反が問題となる余地はあるものの、それ以上に、夜間の巡視、排尿間隔等に注意をして排尿を促し、適時にトイレ介助をする義務まではない。

　ベッド柵は、患者が眠っている間に、ベッドから落ちないようにすることを目的とするものであって、患者が一人でベッドから降りないようにすることを目的とするものではない。仮にベッド柵が上がっていたとしても、これを下げることは容易であるし、ベッド柵と頭側の隙間から降りることも可能であるので、本件事故の発生との間に相当因果関係があるとはいえない。

コ　メ　ン　ト

　本判決では、患者がナースコールシステムを理解できる精神的能力を有し、これを使用することができる身体的能力を有している場合には、それを前提とした看護態勢をとれば足りるとされました。看護においては患者の自主性・自立性を尊重することも大切ですので、必要以上に患者の行動を制限する措置をとることは好ましいものとはいえません。

　病院としては、歩行時の「介助」が必要であると考えていても、患者がこれに従わない場合も少なくありません。このような患者に対しては、繰り返しの説明により理解を得るように努めることが大切です。

第2章　事例にみる看護師の注意義務と責任　　205

　もっとも、夜勤帯における巡視では、病状観察が中心とならざるを得
ず、トイレ介助を行うために常時監視や頻回の観察を行うことは現実
的ではありません。患者がナースコールシステムを理解できるのであ
れば、トイレ介助を希望する場合にナースコールをするよう指導する
ことで、病院としての注意義務は尽くしているといえます。本件では、
患者がナースコールを押さずに一人でトイレに行こうとしたことで転
落事故が発生していますが、この点について病院側に責任を求めるこ
とは困難でしょう。

　さらに患者側からは、安全柵が上がっていれば、転落を回避できた
という主張もなされています。

　しかし、安全柵は、睡眠中など無意識下での転落を防止するもので、
意識のある患者がベッドから降りないよう（ひいては転倒しないよう）
にする目的はありません。確かに、幼児や安全柵を乗り越えることが
できない患者においては意識下での転落や転倒を防止する効果を期待
できることもあるでしょう。しかし、これを乗り越える能力や隙間か
ら降りる能力を有している患者の場合には、安全柵につまずいたり、
寝間着が引っかかったりする等して、かえって転落の可能性を高める
危険をはらんでいます。本件で患者は意識的にトイレに行こうとした
のですから、安全柵が下がっていたことと本件事故の間の因果関係は
否定されます。本判決からは、この点を過失として捉えているのかは
判然としませんが、本件具体的状況下において安全柵を上げる理由は
なく、これを下げていたことが過失（注意義務違反）と評価すること
は難しいと考えます。

第2章　事例にみる看護師の注意義務と責任

> ### コ　ラ　ム
>
> ### 転倒・転落事故防止
>
> 　転倒事故、転落事故を防止しようとすれば患者に過度の身体的、精神的拘束を伴うことになります。事故が発生しますと結果の重大性ばかりが強調されがちですが、入院前の患者の生活状況に鑑み、自尊心を尊重することも大切です。患者は生身の人間ですので、患者の尊厳を傷つけるような防止策は決して好ましいものではありません。
>
> 　近年「身体的拘束など行動を制限する行為」は、人権を侵害するおそれが高いという考えが主流となっています（日本看護倫理学会臨床倫理ガイドライン検討委員会「身体拘束予防ガイドライン」（2015年8月31日）参照）。
>
> 　そもそも、転倒や転落は自宅でも、あるいは外出先でも発生し得るものです。病院としては転落や転倒が発生しにくい環境の整備に努めることは当然ですが、患者に過度の負担を強いることがあってはならないという視点をおろそかにすることは許されません。
>
> 　多くの医療機関では入院に際し、転倒・転落のリスク評価を行い、それに応じた対応に努めています。裁判では、結果の重大性から後方視的な議論がなされるケースも散見されますが、転倒・転落前の患者の状態を前提にして、①適切なリスク評価がなされていたか、②それに応じた防止策が講じられていたかを前方視的に評価するという、本来の視点を見失うことがあってはならないと考えます。

第2章 事例にみる看護師の注意義務と責任　　　207

〔15〕 ベッドからの転落を防止するための措置が不十分であっ
　　たため患者がベッドから転落し、死亡したとして、その相続
　　人らがそれぞれ900万円の損害賠償請求をした事例（請求棄
　　却）

事　例　患者Ｘは、肝臓癌、肝性脳症、Ｃ型肝硬変症、胃静脈
瘤、高血圧症、慢性気管支炎、気管支喘息等の疾患を有
していたが、平成11年8月19日肺炎により、Ｙ病院に入院した。

　同年8月22日、患者Ｘは午後7時30分頃から午後8時頃まで付き添っ
ていた家族と話をしたり、テレビで野球観戦をして過ごしていた。家
族が帰宅した後、午後8時15分頃、看護師は、患者Ｘのおむつ内に尿失
禁を認め、おむつ交換をした。

　午後9時30分頃、ナースコールがあったので、看護師Ｙ₁が訪室する
と、患者Ｘは興奮気味であった。看護師Ｙ₁が声をかけると興奮は落
ち着いた。

　午後9時50分頃、看護師Ｙ₂が患者Ｘの病室を訪室したところ、閉眼
して臥床中であり落ち着いていた。看護師Ｙ₂は、その際、両サイドの
ベッド柵がセットされていることを確認した。

　午後10時15分頃、患者Ｘの同室の患者が、看護師詰所まで来て、患
者Ｘがうるさいので何とかしてほしい旨の苦情を訴えた。そこで、看
護師Ｙ₃が患者Ｘの病室を訪室したところ、患者Ｘがベッド右側にう
つ伏せの状態で倒れ、両手をぴくつき痙攣させているのを発見した。

　午後10時20分頃、当直医が来室したが血圧測定不可能であり、患者
Ｘは、呼吸停止状態で、心電図モニター上、心停止が認められた。そ
の後、蘇生を行ったものの、8月23日午後9時10分、患者Ｘは死亡した。

208 第2章 事例にみる看護師の注意義務と責任

　なお、転倒後の頭部CTでは、頭蓋内に明らかな出血や梗塞を認めず、前頭部に著明な皮下血腫を認めるのみであり、心停止の原因は不明と判断された。

（大阪地判平16・3・10（平15（ワ）4329））

■患者側の主張

1　ベッドからの転落防止義務違反の有無

　Y病院の医師および看護師らは、患者Xに数日前から夜間興奮状態が認められ、8月22日午後9時30分頃も興奮気味であり、不穏な動作をしていたのであるから、ベッド柵を完全にセットすべき注意義務を負っていたにもかかわらず、ベッド柵をセットせず、あるいは不十分なセットの仕方をした。

　仮に患者Xが、自ら理由もなくベッド柵を外した後、意識を失う等して床に転落していたものであったとしても、ベッド柵を紐で縛って固定する、あるいは家族を付き添わせるなど、症状に応じた転落事故防止措置を講ずべき注意義務を負っていたにもかかわらず、これを怠った。

2　因果関係

　本件の事実経過から考える限り、本件転落事故と患者Xの死亡との間に因果関係が認められる。

■病院側の主張

1　ベッドからの転落防止義務違反の有無

　Y病院看護師は患者Xのベッド柵を十分にセットしており、この点の注意義務は十分に尽くしていた。

　患者Xは、肝性昏睡Ⅲ度で、ほとんど眠っているような状態にあっ

第2章　事例にみる看護師の注意義務と責任　　209

たが、そのような患者の容態が急激に悪化し、ベッド外へ転落するということを事前に予測することは困難である。

2　因果関係

頭部打撲後に撮影された頭部CTでは異常所見はなかったこと、単純レントゲンでも胸腔・腹腔内出血などを疑わせる所見がなかったことからすれば、死亡原因はC型肝炎および肝癌の悪化に伴う肝不全である。

裁判所はどう判断したか

1　ベッド柵は挙上されていたか否か

看護師らが患者Xの異常行動を気にかけていながら右側のベッド柵が設置されていないことを看過したとは考え難い。

看護日誌の8月22日午後9時50分の記載（ベッド柵がセットされていることを確認した旨の記載）は、看護師Y_2が患者Xの転落を発見した後に記載したものである。看護日誌は、POS（問題指向型）方式で記録され、問題がある場合に限って記載すべきものであるから、ベッド柵がセットされていたかどうかという、通常は特に問題とならない事項は、確認してもあえて看護日誌に記載しないものであるが、本件においては、本件転落事故が発生して初めて、通常は記載しないベッド柵のセットの確認という事項が記載に値する問題として浮かび上がってきたものであり、本件転落事故後になってベッド柵の設置確認の有無を看護日誌に記載したこと自体は、看護日誌の作成手順に照らして特に不自然ということはなく、看護日誌の記録の趣旨にもかなうものといえる。

看護記録の記載内容の信用性は何ら否定されるものではなく、ベッド柵が立っていたと認められる。また、本件では、ベッド柵のセット

210 第2章 事例にみる看護師の注意義務と責任

の仕方が不十分であったと認めるに足りる的確な証拠もない。

2　ベッド柵以上の転落防止義務について
　本件転落直前の午後9時50分頃に看護師Y₂が患者Xを観察した際には閉眼して臥床中で落ち着いている様子であったことからすれば、患者Xがベッド柵を外すかもしれないことを具体的に予見することは困難であり、ベッド柵を立てるだけでなく、さらに進んでベッド柵を紐で縛って固定したり、家族に付添いを依頼すべき法的義務までは認められない。

コ　メ　ン　ト

1　不穏・せん妄状態の患者の転倒防止義務
　本件のような肝性脳症の患者のみならず、高齢者や術後の患者に不穏・せん妄状態がみられることは珍しいことではありません。医療現場では、転倒・転落アセスメントシートなどを用いて、転倒・転落のリスクを評価した上で、リスクに応じて転倒・転落防止措置をとっていることが多いでしょう。
　本件では、肝性脳症の患者に対して、①ベッド柵を外しておむつ替えをした、②おむつ替え後にベッド柵を立てたというが、そのすぐ後にベッドからの転落が生じたため、本当はベッド柵が立っていなかったのではないか、あるいはベッド柵の立て方が不十分だったのではないか、という事実関係が中心的な争点となりました。
　また、本件患者におけるベッド柵の挙上の必要性は病院側も争っておらず、ベッド柵挙上が必要であることを当然の前提として、加えてベッド柵を紐で縛って固定したり、家族に付添いを依頼したりすべきであったといえるかが争点となりました。こうした措置が現実的に可能かという問題はありますが、裁判所はベッド柵を立てる以上の措置

第2章　事例にみる看護師の注意義務と責任　　　211

については、患者Xの個別具体的な状態を踏まえて、具体的に予見ができるかという視点に立ってその要否を判断しています。そして、患者Xが、自力移動が困難な状態であったこと、午後9時50分頃に看護師Y₂が患者Xを観察した際には閉眼して臥床中で落ち着いている様子であったことからすれば、肝性脳症で意識障害を起こせば何らかの異常行動をとるかもしれないという程度の「抽象的な予見」は可能であったとしても、ベッド柵を外すかもしれないことを具体的に予見することは困難であった、としています。

　このように、転倒・転落についてどの程度の転落防止措置を施すべき法的義務があったかは、患者の具体的状態・状況を踏まえて、その当時の時点で転倒・転落が「具体的に予見」できるかを判断するのが、裁判の原則です。そのため、現在、医療現場で多く行われている、転倒・転落アセスメントを適切に行い対応することは、転倒・転落予防の観点（医療安全）からはもちろんのこと、万が一、事故が生じ裁判となった場合の重要な事情となります。

2　看護記録の追記について

　本件では、午後10時15分の転落事故が起きた後に、午後9時50分にベッド柵がセットされていることを確認した旨の看護記録の記載がなされました。裁判では、この追記の信用性が激しく争われました。

　裁判所は、結論として、事故発生後に記載された看護記録の記載は、「看護日誌の記録の趣旨にもかなう」と判断しました。日常診療において、ベッド柵が挙上されているか否を看護記録に記載することは一般的ではありません。しかし、転落事故が起きた場合には、事故状況だけでなく、そこに至る経過を正確に把握することが重要な意味を持つことになります。看護記録に記載すべき事項は状況によって変化するのは当然といえ、振り返って記載をすることは何ら問題ありません。

　紛争が起きると、事故が起きた後に、事故が起きる以前のことを記

録することは「改ざんに当たるのではないか」という疑問が示されることがあります。しかし、追記は虚偽の事実を記載する改ざんとは性質が全く異なります。あくまでも、振り返って、事故前の客観的状況・状態を記録するのが「追記」です。このような追記は、本判決にも示されたように「看護日誌の記録の趣旨にもかなう」のであり、記録することを躊躇すべきではありません。

　ただし、振り返って事故前のことを記録するときには、あくまでも「追記」となります。そのため、これまでの時系列に「割り込んで」記載することは誤解を招きかねません。そこで、振り返って追記したものであることが分かるように、追記の時刻を記載しておくとよいでしょう。また、電子カルテ導入により修正履歴が残るからと、元の記載を安易に修正するケースもあるようです。しかし、記録の修正と追記とは意味合いを異にします。この場合にも、元の記録は残したままで、追記として別項目を設けるのがよいでしょう。

コラム

追記の方法

　医療事故が起きた場合に、追記により看護記録に事故前の状況・状態等を明らかにすることは医療安全のみならず、裁判における証拠としても重要です。しかし、その体裁によっては、信用性が否定されることもあります。

　食事を誤嚥し窒息した際に、看護師の観察義務違反が問題となった事例（福岡地判平19・6・26判時1988・56）において、看護記録には以下のような趣旨の記載がありました。

18：25　おにぎりを与える。しばらく様子をみてムセや誤嚥がない
　　　　ことを確認
　　　　病室を出た

第2章　事例にみる看護師の注意義務と責任　　213

　18：30　　「おいしー」と云って食べている　病室を出た
　18：35　　ごはんを詰まらせているので、ギャッジアップを下げる
　　　　　　直ちに口に指を入れて食物残渣を除去
　　　　　　当直医師に連絡

　ところが、看護記録上、①夕食提供時刻は、当初「18：05」と記載されていたものが、その後「05」が二重線で抹消されて「25」と訂正されていました。さらに②その次の行は、1行（一枠）の中に、18時30分の記載と同35分の記載があり、しかも30分の記載は、35分の記載（「35　ごはんを詰まらせているので、ギャッジアップを下げる」）がなされた後に、同じ行（枠）に30分の記載（「30　おいしーと云って食べている」）が追加されたものでした。これらの事実関係の下、裁判所は、このように1行（一枠）の中に2行分の記載がされているのは、他の日時の記録にはほとんどみられないことなどを理由の1つに挙げて、この看護記録の記載の信用性を否定しました。

　その結果、当該看護師は、18時05分におにぎりを与えたあと、18時35分まで様子を観察していないとして、看護師の過失（注意義務違反）が認定されました。

　当該事案において、看護記録の信用性が否定されたのは、記載方法だけの問題ではありませんが、看護記録の体裁が不自然であると、記録内容の信用性自体が認められないおそれがあります。仮に18時30分の記載を忘れた場合であっても、既に記載している18時35分の行（枠）に重ねて記載をする方法ではなく、追記として、18時05分からの一連の観察状況を記載していれば信用性について異なる評価の余地もありました。

　事故が発生する前後で、看護記録に記載すべき内容が異なるのですから、元の記録を修正するのではなく、「追記」であることを明確にし、これをいつの時点で記載したのか、実際に追記を行った日時も記載しておくとよいでしょう。

214　　第２章　事例にみる看護師の注意義務と責任

〔16〕　病院に入院中の患者が、必要もないのに看護師によってミトン（抑制具）を使って身体を拘束された上、親族に対する報告や説明がされなかったこと等がいずれも違法であるなどと主張して、不法行為ないし診療契約上の義務の不履行による損害賠償請求に基づき慰謝料600万円の支払を求めた事例（第1審：請求棄却／控訴審認容額：約70万円／上告審：破棄自判、控訴棄却により第1審判決確定）

事　　例　　患者Ｘ（当時80歳）は、平成15年10月7日、変形性脊椎症、腎不全、狭心症等と診断され、Ｙ病院外科に入院した。

　同年10月22日から11月5日にかけて、患者Ｘは夜間になると、大きな声で意味不明なことを言いながらゴミ箱に触って落ち着かない様子をみせ、トイレで急に立てなくなってナースコールをし、汚れたティッシュを便器の中に入れずに自分の目の前に捨てるなどせん妄の症状がみられた。同月4日には、何度もナースコールを繰り返してオムツをしてほしいと要求し、これに対する看護師の説明を理解せず、1人でトイレに行った帰りに車いすを押して歩いて転倒したことがあった。

　患者Ｘは、11月15日午後9時の消灯前に入眠剤リーゼを服用したが、消灯後も頻繁にナースコールを繰り返し、オムツを替えてもらいたいと要求した。看護師らは、オムツを確認して汚れていないときはその旨説明し、オムツに触らせるなどしたが、患者Ｘは納得しなかったため、汚れていなくてもその都度オムツを交換するなどして患者Ｘを落ち着かせようと努めた。

　患者Ｘは、同日午後10時過ぎ頃、車いすを足でこぐようにして詰所を訪れ、病棟内に響く大声で「看護婦さんオムツみて」などと訴えた。

第2章　事例にみる看護師の注意義務と責任　　215

これに対応した看護師は、車いすを押して病室に患者Ⅹを連れ戻し、オムツを交換して入眠するよう促したが、患者Ⅹは、その後も何度も車いすに乗って詰所に向かうことを繰り返し、オムツの汚れを訴えた。看護師らは、その都度、患者Ⅹを病室へ連れ戻し、汚れていなくてもオムツを交換するなどした。

　患者Ⅹは、11月16日午前1時頃にも車いすで詰所を訪れ、車いすから立ち上がろうとし、「おしっこびたびたやでオムツ替えて」「私ぼけとらへんて」などと大声を出した。看護師Ｙ₁は、患者Ⅹを4人部屋である病室へいったん連れ戻したものの、同室者に迷惑がかかると思ったことや、患者Ⅹが再び同様の行動を繰り返す可能性が高く、その際に転倒する危険があると考えたことから、看護師Ｙ₂の助力を得て、患者Ⅹをベッドごと詰所に近い個室である201号室に移動させた。

　患者Ⅹは、201号室でも「オムツ替えて」などと訴えたため、看護師Ｙ₁および看護師Ｙ₂は、声を掛けたりお茶を飲ませたりして患者Ⅹを落ち着かせようとしたが、患者Ⅹの興奮状態は一向に収まらず、なおベッドから起き上がろうとする動作を繰り返した。このため、看護師Ｙ₁らは、抑制具であるミトン（手先の丸まった長い手袋様のもので緊縛用のひもが付いているもの）を使用して、患者Ⅹの右手をベッドの右側の柵に、左手を左側の柵に、それぞれくくりつけた。

　患者Ⅹは、口でミトンのひもをかじり片方を外してしまったが、やがて眠り始めた。看護師Ｙ₁らは、詰所から時折患者Ⅹの様子を伺っていたが、同日午前3時頃、患者Ⅹが入眠したのを確認してもう片方のミトンを外し、明け方に患者Ⅹを元の病室に戻した。患者Ⅹには、ミトンを外そうとした際に生じたと思われる右手首皮下出血および下唇擦過傷が見られた。

$$\left(\begin{array}{l} \text{名古屋地一宮支判平18・9・23民集64・1・266} \\ \text{名古屋高判平20・9・5判時2031・23} \\ \text{最判平22・1・26判時2070・54＜破棄自判＞} \end{array} \right)$$

216　第２章　事例にみる看護師の注意義務と責任

■患者側の主張（抑制に関する点について）

　本件で行われた抑制は、切迫性、非代替性および一時性の要件を満たさない違法な抑制である。

■病院側の主張

　患者が転倒・転落する蓋然性がある場合には、医療機関としてはこれを防止する必要があり、転倒・転落防止の方法として、抑制を行うか否かは、医師等の専門家の合理的な裁量に委ねられている。

裁判所はどう判断したか

　患者Ｘは、せん妄の状態で、消灯後から深夜にかけて頻繁にナースコールを繰り返し、車いすで詰所に行っては看護師にオムツの交換を求め、さらには詰所や病室で大声を出すなどした上、ベッドごと個室に移された後も興奮が収まらず、ベッドに起き上がろうとする行動を繰り返していた。しかも、患者Ｘは、当時80歳という高齢であって、4か月前に他病院で転倒して恥骨を骨折したことがあり、Ｙ病院でも、10日ほど前に、ナースコールを繰り返し、看護師の説明を理解しないまま、車いすを押して歩いて転倒したことがあった。これらのことからすれば、本件抑制行為当時、せん妄の状態で興奮した患者Ｘが、歩行中に転倒したりベッドから転落したりして骨折等の重大な傷害を負う危険性は極めて高かった。

　また、看護師らは、約4時間にもわたって、頻回にオムツの交換を求める患者Ｘに対し、その都度汚れていなくてもオムツを交換し、お茶を飲ませるなどして落ち着かせようと努めたにもかかわらず、患者Ｘの興奮状態は一向に収まらなかった。そのため、看護師がその後さらに付き添うことで患者Ｘの状態が好転したとは考え難い上、当時、当

第2章　事例にみる看護師の注意義務と責任　　217

直の看護師3名で27名の入院患者に対応しており、深夜、長時間にわた
り、看護師のうち1名が患者Xに付きっきりで対応することは困難で
あったと考えられる。そして、患者Xは腎不全の診断を受けており、
薬効の強い向精神薬を服用させることは危険であると判断されてお
り、これらのことからすれば、本件抑制行為当時、他に患者Xの転倒、
転落の危険を防止する適切な代替方法はなかった。

　さらに、本件抑制行為の態様は、ミトンを使用して両上肢をベッド
に固定するというものであり、ミトンの片方は患者Xが口でかんで間
もなく外してしまい、もう片方は患者Xの入眠を確認した看護師が速
やかに外したため、拘束時間は約2時間にすぎなかったというのであ
るから、本件抑制行為は、当時の患者Xの状態等に照らし、その転倒、
転落の危険を防止するため必要最小限度のものであったといえる。

　入院患者の身体を抑制することは、その患者の受傷を防止するなど
のために必要やむを得ないと認められる事情がある場合にのみ許容さ
れるべきものであるが、本件抑制行為は、患者Xの療養看護に当たっ
ていた看護師らが、転倒、転落により患者Xが重大な傷害を負う危険
を避けるため緊急やむを得ず行った行為であって、診療契約上の義務
に違反するものではなく、不法行為法上違法であるということもでき
ない。

　また、こうした事実関係の下においては、看護師らが事前に当直医
の判断を経なかったことをもって違法とする根拠を見い出すことはで
きない。

$$\fbox{コ　メ　ン　ト}$$

1　抑制（身体拘束）の法的性質
　本件では、一般病院で転倒、転落の危険を防止するために行われた

抑制の適法性が問題となりました。第1審では病院側勝訴、控訴審では患者側一部勝訴という経過を経て、最終的には最高裁において、病院側逆転勝訴が確定しました。

いうまでもなく、他人を同意なく（正当事由なく）抑制することは許されず、場合によっては逮捕・監禁罪（刑220）に該当し得ます。しかし、医療機関においては一定の必要性の下、患者を抑制することがあり、こうした患者の抑制がどのような場合に許容されるのかについて、法的にも様々な議論がなされています。

精神保健及び精神障害者福祉に関する法律36条では、「精神科病院の管理者は、入院中の者につき、その医療又は保護に欠くことのできない限度において、その行動について必要な制限を行うことができる。」「第一項の規定による行動の制限のうち、厚生労働大臣があらかじめ社会保障審議会の意見を聴いて定める患者の隔離その他の行動の制限は、指定医が必要と認める場合でなければ行うことができない。」と規定しています（厚生労働省の定める患者の隔離の1つが、「身体拘束」です。）。つまり、精神医療分野における入院患者に対しては、例外的に明文で精神保健指定医の判断により「その医療又は保護に欠くことのできない限度」で必要な拘束を許容しています。

また、介護老人保健施設については厚生労働省の定めた「介護老人保健施設の人員、施設及び設備並びに運営に関する基準」（以下、「介護指定基準」といいます。）13条4項において「介護老人保健施設は、介護保健施設サービスの提供に当たっては、当該入所者又は他の入所者等の生命又は身体を保護するため緊急やむを得ない場合を除き、身体的拘束その他入所者の行動を制限する行為（以下「身体的拘束等」という。）を行ってはならない。」とされていることの反対解釈から、生命または身体を保護するため緊急やむを得ない場合には、例外的に身体拘束が可能と考えられています。

第2章　事例にみる看護師の注意義務と責任　　219

　しかし、一般病院における患者の抑制（身体拘束）について明確に
規定した法律はありません。行動の自由は、人間の尊厳を保つ上でも
中核的なものであることから、無制約に抑制することは許されません。
しかし、現実問題として、患者に自傷他害のおそれがある場合、転倒
転落の可能性がある場合など、患者や第三者の生命・身体の安全を保
護するために抑制が必要な場面があります。

　本件では、最高裁において結論として本件抑制は違法ではないとさ
れており、法律上の明文がなくとも診療契約の一環として必要な場合
には身体抑制ができるとした点で意義があります。

2　抑制（身体拘束）の基準

　抑制が例外的に許容されるものとして、具体的にどのような場合に
許容されるのか、特にその点について激しく争われたのが本件です。

　しかし、最高裁は、抑制が許容される一般的な基準を示さず、抑制
は患者の受傷を防止するなどのために、必要やむを得ないと認められ
る事情がある場合にのみ許容されるべきとした上で、具体的な状況の
もとで、転落の危険を防止するために適切な代替方法はなかったこと、
必要最小限度のものであり、転倒、転落により患者Xが重大な傷害を
負う危険を避けるため緊急やむを得ず行った行為であること、という
個別具体的な事情を理由に違法性を否定しました。

　このように、最高裁は、事案に即して①危険を防止するための必要
最小限度であるか、②他の代替方法の有無、③重大な傷害を負う危険
を避けるため緊急やむを得ず行ったものか、個別に違法性の有無を判
断するとの立場を採ったといえます。

　そのため、一般病院における具体的抑制基準は必ずしも明確とはい
えません。この点、介護指定基準「当該入所者又は他の入所者等の生
命又は身体を保護するため緊急やむを得ない場合」に許容される身体

拘束の要件について、厚生労働省の「身体拘束ゼロへの手引き」（平成13年3月）では、「切迫性」「非代替性」「一時性」の3つの要件を全て満たしていることが求められています。これらの視点も一般病院での抑制を判断する際に参考にはなります。しかし、容態の安定している要介護者を対象とした介護施設における身体抑制と、急性期の傷病者を対象とした一般病院における身体抑制とを同列に扱うことはできません。一般論として行動の自由が最大限尊重されるのが望ましいとはいえ、傷病者の場合には、容態が安定していないために転倒転落・自己抜管が発生した場合の生命に対する危険性が、要介護者の場合とは大きく異なります。このように、一般病院では、その生命・健康を維持するために、一定の行動制限が必要となる場面も想定されますので、少なくとも介護の場合よりは広く抑制（身体拘束）の余地があるといえるでしょう。

3　看護師の業務と抑制の関係

　本件の控訴審判決（名古屋高裁判決）では、「本件抑制は、夜間せん妄に対する処置として行われたものというべきであるところ、せん妄か否かの診断、及びせん妄と判断された場合の治療方法の選択等を要するものであるから、単なる『療養上の世話』ではなく、医師が関与すべき行為であり、看護師が独断で行うことはできないというべきである。」と、抑制に医師の医学的判断に基づく指示が必要であるとの見解が示されていました。

　この点、最高裁は、看護師が行う抑制が、医師の指示が必要な診療の補助、看護師の主体的判断が可能な療養上の世話のいずれに該当するかについて、明確にはしていません。

　医療行為の遂行が主目的であれば、診療の補助と評価する余地もありますが、一般的には抑制は患者の行動看視の一環であり、特に、転

第2章　事例にみる看護師の注意義務と責任　　221

倒・転落の防止という観点からは療養上の世話と考えることが妥当でしょう。本件の場合には、専ら転倒防止の観点から抑制を行っておりますので、医師の指示を要しない療養上の世話と考えてよいと考えます。

4　抑制判断の際の留意点

　本件では、抑制を行ったこと自体の違法性が問われましたが、反対に、抑制を行わなかったことが違法であるとして訴えられたケースもあります（事例〔17〕）。

　抑制して悪しき結果が発生すれば抑制をしたことが、抑制をしなかったことにより悪しき結果が発生すれば抑制しなかったことが問題にされる可能性があります。抑制に際しては、患者や第三者の生命・身体の安全確保と、患者の尊厳の尊重という2つの利益をどのように調整するかが容易ではなく、療養上の世話であり医師の指示を要しないとしても、担当看護師だけで判断するのは危険です。いずれを優先すべきか難しい判断が迫られる場面では、他の看護師、さらには主治医等とも相談をしながら対応をすることを積極的に検討するとよいでしょう。そして、その際の検討状況を記録として残しておくことも大切です。

222   第2章　事例にみる看護師の注意義務と責任

〔17〕　病院に入院中、ベッドから転落して頸髄損傷の傷害を負っ
　　　た患者が、転落防止のための抑制帯使用義務違反等があると
　　　して病院の責任追及をしたところ、患者側の請求が認められ
　　　た事例（第1審：請求棄却／控訴審認容額：約4,500万円）

　事　例　　患者Ｘ（52歳男性）は、平成12年4月1日、玄関先で意
　　　　　　識を消失して倒れ、救急車でＹ病院に搬送された。Ｙ病
院では、頭部CTおよびMRI検査の結果、てんかんが原因であることを
疑い、集中治療室（ICU）で経過観察とした。

　翌4月2日、患者Ｘの意識は回復し、午後4時頃には、家族と面会した
後、「帰る」と言っていた。そして、看護師Ｙ₁が患者Ｘの家族の連絡
先を聞くために患者Ｘから目を離している間、患者Ｘは、ベッド横の
柵を乗り越え、転落したが痛みの訴えはなく、特に変化はなかった（第
1事故）。

　看護師Ｙ₁は、看護師Ｙ₂と相談し、患者Ｘには再度の転落の危険性
があり、ベッド上で立ち上がることは想定できないが、座位の状態か
らベッド横の柵を乗り越えて転落するのを防止する必要があると考え
た。そして、できるだけ患者Ｘに拘束感が生じないようにするため、
抑制帯の使用は避け、監視を強化するとともに、ベッドの右側を壁に
付け、左側に同じ高さのベッドを接着して並行に設置した上、2台のベ
ッドとも左右両脇の柵を立てた。

　同日午後7時30分頃に、患者Ｘは妻と長女に面会し、その後、一緒に
帰ろうとしたり、起座したり、枕の位置を変えたりするなど、落ち着
きを失った。午後7時40分には「アリがおる」とシーツを指して訴えた
り、ベッドの端に寄ったり、ベッドから降りようとしたりした。午後

第2章　事例にみる看護師の注意義務と責任　　223

8時には傾眠中であったが、午後11時には患者Xは看護師Y₂に対し、「これははずれんのん」と訴え、ベッド上でふらついたり、立ち上がったりし、また、帰ろうとしたり、マットに倒れ込んだり、三方活栓をしきりに触ったりするなどしていた。そこで、午後11時10分頃、医師の指示により、セレネース1アンプルを筋肉注射し、これにより患者Xは入眠様となった。

　4月3日午前1時頃、他の患者の対応のため、看護師Y₃が患者Xのもとを離れた1、2分の後、患者Xのベッドの方から「ドスン」という音がしたので、看護師Y₃が患者Xのベッドへ向かうと、患者Xは、ベッドの足側に倒れていた（第2事故）。

　患者Xは、頸椎第4、5および第6、7番の脊柱管が狭窄していたが、この転落により同部位の脊髄が圧迫を受けたことにより、四肢麻痺となった。

$$\left(\begin{array}{l}\text{岡山地判平21・9・29判時2110・60}\\\text{広島高岡山支判平22・12・9判時2110・47<上告>}\end{array}\right)$$

■患者側の主張

① 　患者Xが再度転落することは予見できたことから抑制帯を使用するなどする義務があった。

② 　看護師Y₃が、アラームが鳴り、他の患者の処置に当たるに際し、他の看護師に患者Xの監視を依頼することなく、患者Xのもとを離れるなど、監視義務に違反した。

■　病院側の主張

① 　Y病院の医師および看護師には、患者Xがベッドの足元側から転落することを予見することはできなかった。また、ベッドを2つ並

224 第2章　事例にみる看護師の注意義務と責任

べ、一方を壁に付ける方法で対応しており、ベッドから転落することを防止すべき義務は果たしている。

② 看護師Y_3は、夜間看護体制の下に他患者の陥った緊急事態に対処しなければならなかったこと、常時監視とはいっても、いくらかの時間監視ができなくなるのもやむを得ないこと、同看護師が目を離したのは数分であり、その直前には患者Xは眠っていたことを考慮すれば、診療契約上の義務に違反するということはできない。

裁判所はどう判断したか

1　抑制帯使用義務について

セレネースの患者Xに対する鎮静効果は限定的であり、同日午後11時に患者Xがベッド上に立ち上がってマットに倒れ込んだ時点で、セレネースを筋肉内注射しても、鎮静効果がすぐに期待したほど得られる見込みは薄かった。しかも、ベッド上に立ち上がった行動は、ベッドを壁に付けてかつ2台並べ、両ベッドに柵を立てる措置をとったことを前提としても、転落の危険が非常に大きい行動であり、その他に患者Xはベッドから降りようとしたり、「アリがおる」などと幻覚を有していたのであるから、起き上がって、ベッドから転落する現実的な危険が高度の状態であった。

しかも、本件のベッドは、ICU特有の非常に高いベッドで、柵の上部までは約108cmもあり、およそ人が自力で安全に降りることのできる構造にすらなっておらず、柵を乗り越えて転落した場合、重大な傷害を負う危険が極めて高かったから、そのような事態は極力防止するべきであった。

さらに、控訴人の寝ているベッドについて、より安全な低いベッドに替えるとか、高さを低くするとか、柵を高くするとか、鈴を付ける

第2章　事例にみる看護師の注意義務と責任　　225

などのその危険性を効果的に低下させる方策も取り得なかった。また、看護師等による常時監視もできない体制であった。

　そうすると、控訴人のベッドからの転落を防止するには、抑制帯を用いて控訴人の体幹を抑制する必要性があり、その義務があった。

2　監視義務違反について

　アラームが鳴ったことにより、患者Xが覚醒し、不穏な動きに出る危険性は現実的であったこと、同じフロアの近接した場所にいた他の看護師に、ごく短時間の監視を頼むのは、一声かければ極めて容易であったと考えられることからは、こうした対応がほとんど不可能を強いることにはならない。

　また、ICUの看護師は、他の患者の緊急の対応が終われば、できるだけ速やかに目を離した患者の監視に戻るべきであり、看護師Y₃は、他患者の対応を別の看護師に委ねた後は、いったん患者Xのもとに戻って監視に復帰し、患者Xに変化がないか確かめるべき義務を負っていた。にもかかわらず、看護師Y₃は、他患者の対応が終わった後、患者Xのもとにいったん戻ることなくさらに他の患者のところに行っており、監視義務違反が存在する。

$$\boxed{\text{コ　メ　ン　ト}}$$

1　転倒・転落防止措置の評価

　入院患者の転倒・転落事故は数多くあり、各医療機関において、転倒・転落についてはリスク評価を行った上で、リスクに応じて転倒・転落防止措置をとっていることが多いでしょう。

　本件では、1度転落したことから、Y病院の看護師も、患者Xは転落のリスクが高いと考えた上で、転落防止措置を行っています。具体的

には、ベッドを2つ並べ、一方を壁に付ける方法を採用しました。

　ところが、患者Xは唯一、空いていたベッドの足側から転落してしまいました。転落のリスクを踏まえた上で対応を行っていたにもかかわらず転落を来したことから、第1審と控訴審とで評価が分かれています。第1審では、上記対応を行っていたことを重視し、重ねて抑制等を行う必要はないものと判断しました。ところが、控訴審では、こうした対応を行っていたことをもって、転落リスクが高いことを示す事情として評価されています。

2　抑制を行う義務について

　さらに、この控訴審では抑制を行う義務があるものと判断されました。ところで、事例〔16〕では、入院患者の身体を抑制することは、その患者の受傷を防止するなどのために必要やむを得ないと認められる事情がある場合にのみ「許容されるべき」とされています（最判平22・1・26判時2070・54）。「許容されるべき」を文字通りに解釈すれば、必要やむを得ない事情にあっても、身体的自由の制限につながる「抑制をしなければならない義務」まではないという評価も可能です。しかし、患者の受傷防止のために必要やむを得ない状況にありながら、抑制をしなかったとすれば、そのこと自体が過失（注意義務違反）であると考えることもできます。

　このような場面で医療従事者の専門的判断、裁量をどこまで尊重するかも、裁判所によって評価の分かれるところかもしれません。しかし、患者の生命・身体の安全確保と、患者の尊厳の尊重という二律背反する場面で、悪しき結果を前提とした評価がなされますと、結果責任を問うに等しい状況となりかねません。本来、過失（注意義務違反）の要件である転落防止義務の有無は、行為時において具体的予見可能性があったか否か、それに見合う結果回避措置がとられていたかを慎

第2章　事例にみる看護師の注意義務と責任　　227

重に検討する必要があります。

　医療裁判では、ともすると結果の重大性や被害者救済に目が奪われがちです。本件では患者のリスク評価をした上で、これに応じた一定の結果回避措置を実施しています。控訴審では、患者Xが相当程度動いており危険な状態であったことなどから、具体的予見可能性があると判断したものと推測されます。しかし、不穏な患者は相当数存在しますので、不穏をもって、抑制帯により抑制すべき義務があるとした場合には、本来、抑制が好ましくない場面でも抑制がなされるおそれもあり、これは時代の流れに逆行するものとなりかねません。

228 第2章 事例にみる看護師の注意義務と責任

4 食事介助・誤嚥防止、痰の吸引、療養上の世話に関する事故

〔18〕 永久気管ろうの患者の入浴介助を行う際に、看護師が、患者の永久気管ろうに誤ってサージカルドレープ（通気性がないフィルム）を貼り付けたため呼吸が停止し、無酸素脳症による遷延性意識障害の後遺障害を負わせたことに、看護師の注意義務違反があるとされた事例（認容額：約3,850万円）

事 例　患者Xは、昭和9年1月1日生の女性であり、平成7年秋にオリーブ橋小脳萎縮症（OPCA）を発症した患者であった。

　平成12年6月、患者Xは、誤嚥性肺炎に罹患してY病院に入院し、同年8月4日永久気管ろうを造設され、退院した。平成13年4月には嚥下困難と食思不振が認められたため、再入院し、胃ろうが造設された。

　患者Xは、平成14年3月22日、胃ろうの交換のために同年4月1日までの予定でY病院に入院した。入院中の3月31日午前10時31分頃、看護師Y₁は、患者Xを入浴させるためにその介助に当たったが、その際、患者Xの永久気管ろうにサージカルドレープ（患部およびその周辺に感染防止のために貼り付ける通気性がないプラスチック製のフィルム）を貼り付け、浴室に移動させた。午前10時33分頃、看護師Y₁と共に患者Xの入浴介助に当たっていた看護師Y₂が、患者Xの顔面が蒼白で自発呼吸がないことに気付いた。そこで、同看護師は、午前10時36分頃、上記サージカルドレープを除去し、患者Xを病室へ搬送して、心臓マッサージ、人工呼吸を行うとともに、医師に報告した。

第2章　事例にみる看護師の注意義務と責任　　229

　Y病院の医師らは、救命措置等を施したが、患者Xは、無酸素脳症による意識障害に陥り、遷延性意識障害を負った。

（東京地判平18・4・20判タ1225・286＜控訴＞）

■患者側の主張

1　過失の有無について

　看護師Y₁が、患者Xに造設された永久気管ろうにサージカルドレープを貼り付けたことには過失が認められる。

2　後遺症慰謝料について

　患者Xの負った障害は、後遺障害等級1級に相当する。患者Xは、もともとOPCAに罹患し、手足の不自由、発語不能といった機能障害はあったものの、大脳機能に問題はなく、意識も清明であった。本件事故により、大脳の機能までも失いいわゆる植物状態になってしまったこと、本件事故が極めて初歩的かつ悪質な過失行為に起因するものであること、患者Xは意識清明の状態で無呼吸を強いられ苦しみながら意識を失っていったのでありその際の苦痛は極めて甚大であったことなどから、慰謝料額としては2,900万円を下らない。

3　素因減額について

　患者Xの罹患していたOPCAは本件結果の発生や拡大に寄与していないから、素因減額の対象とならない。

4　損益相殺について

　ホームヘルパーへの報酬の支払を免れたという消極的な利益について損益相殺は適用されない。また、家族Aは、本件事故の結果、自宅

における介護が不可能となり、遠方のY病院に通って介護しなければ
ならなくなったのであり、その負担は重くなっている。

■病院側の主張

1 過失の有無について

看護師Y₁の行為に過失があることは争わない。

2 後遺障害について

「後遺症慰謝料」の算定に当たっては、既存の障害による減額を考
慮すべきである。患者Xは、本件事故前、既に後遺障害等級1級に該当
する障害を負っており、本件事故前後で後遺障害別等級に変化はない
から、理論的には後遺症慰謝料は発生しない。

また、後遺症慰謝料には、苦痛の期間という意味で年齢（余命年数）
を考慮に入れるべきである。患者Xは、平成7年にOPCAを発症して
おり、本件事故当時の患者Xの余命は、6か月ないし1年6か月程度であ
った。

3 素因減額について

患者Xは、OPCAに罹患しており、寝たきりの状態であったのであ
るから、これを素因として素因減額（民法722条2項類推適用）すべき
である。

4 損益相殺について

患者Xは、看護師を住み込みで雇用していたが、本件事故後は看護
師に対する賃金は発生しておらず、この分の金額は利得とみるべきで
ある。また、家族Aは、本件事故後、患者Xの介護から解放されたの
であり、この点も減額の要素となる。

第2章　事例にみる看護師の注意義務と責任　　231

$$\boxed{\text{裁判所はどう判断したか}}$$

1　過失の有無について

　看護師Y₁が患者Xに造設された永久気管ろうにサージカルドレープを貼り付けたことには過失が認められる。

2　「後遺症慰謝料」について

　本件事故は看護師に求められる基本的な注意義務に違反した結果生じたものであり、これにより、患者Xはいわゆる植物状態となった。そして、呼吸のための唯一の空気の通路を閉塞するという本件事故の態様やその結果の重大性をも併せ考慮すると、患者Xが被った精神的苦痛は甚大なものであった。

　患者Xは、平成7年秋ころにはOPCAに罹患していたが、本件事故の結果、従前問題のなかった大脳機能に重大な障害が新たに生じた以上、従前から、これと異質な運動機能に重度の障害を負っていたからといって、そのことから直ちに本件事故により新たに「後遺症慰謝料」が発生することはないとか、当然に大幅に減額すべきであると解することはできない。また、患者Xは、平成18年3月1日現在において存命していることからも、本件においては、OPCAの予後ないし生命予後が悪いことを慰謝料額の算定に当たり過大に評価することはできない。

3　素因減額について

　被害者に対する加害行為と加害行為前から存在した被害者の疾患とが共に原因となって損害が発生した場合において、当該疾患の態様、程度などに照らし、加害者に損害の全部を賠償させるのが公平に失するときは、損害賠償の額を定めるに当たり、民法722条2項を類推適用して、被害者の疾患を斟酌することができるものと解される（いわゆる素因減額）。しかしながら、本件においては、患者Xの疾患である

232   第2章　事例にみる看護師の注意義務と責任

OPCAが本件事故と競合する原因となって、遷延性意識障害という損害が発生したと認めることはできない。

4　損益相殺について

　家族Aは、平成11年頃から主として患者Xの介護のためにホームヘルパーを依頼しており、月に54万円を支払っていた。しかし、家族Aがホームヘルパーへの支出をしなくなったことについて、損害の発生と同一の原因によって利益を受けたものと評価できるか疑問があることに加え、上記各損害とその「利益」との間に同質性があると認めることもできず、その「利益」によって患者Xに生じた損害（精神的損害）を補填されたということもできないから、病院側の主張を採用することはできない。

　また、本件事故により家族Aが介護から解放されたと評価することには疑問があり、減額要素とすることはできない。

＊＊＊＊＊＊＊　コ　メ　ン　ト　＊＊＊＊＊＊＊

1　基本的な知識の確認

　永久気管ろうは、喉頭を摘出した場合などに、呼吸のために気管を前の方に出して首の皮膚と縫いつけて造る空気の通路です。気道が気管切開孔に縫いつけられるため、気管切開とは異なり、呼吸に際しては永久気管ろうが唯一の空気の通路となります。つまり、気管切開孔を塞いでも気管自体は開通してるため、口や鼻から空気を吸うことはできますが、永久気管ろうを塞ぐと空気は一切通らなくなり窒息します。

　両者は、外形からはその違いが分かりにくいこともあり、永久気管ろうを塞いでしまう事故は本件以外にも起きています（公益財団法人日本医療機能評価機構　医療事故情報収集等事業「第46回報告書」で

第2章　事例にみる看護師の注意義務と責任　　233

は、2010年から2016年の間で2件発生しています。)。受け持った患者
の状態を適切に把握するとともに、永久気管ろうと気管切開の違いな
ど、基本的な知識を確認しておくことが必要であることが再確認され
る事例です。

　もっとも、本件において「永久気管ろう」ではなく「気管切開孔」
と誤認していたとしても、(口や鼻からの吸気が可能とはいえ)気管切
開が必要な病態の患者の気管切開孔に、通気性のないサージカルドレ
ープを貼り付けることが妥当といえるかということについても、議論
の対象となり得るでしょう。

2　既存の障害と損害賠償

　本件では、病院側も過失が存在することについては争わず、主に損
害賠償の金額が中心的な争点となりました。特に、患者Xはもともと
OPCAを罹患しており、当時は両上肢機能全廃、背もたれなしで独力
での座位ができず、ほぼ寝たきりの状態となっていたことから、この
ような状態が損害賠償を評価するときにどのような影響を及ぼすのか
(減額要素となるのか)は難しい問題です。

　裁判所は、基礎疾患があっても、患者Xの意識は清明であり、大脳
機能に問題がなかったという点を重視して、結論的には、基礎疾患を
理由とする損害賠償額の減額を認めませんでした。

　現在、高齢化社会に伴い、要介護者の看護をすることも増えていま
す。こうした、もともと疾患を有している患者に対して、不適切な医
療行為がなされたことによって後遺障害を生じさせた場合、常に大幅
な減額が認められることは不当でしょう。

　ただし、本件では、主として運動障害を有していた患者に残されて
いた大脳機能を損傷したという「障害の異質性」に着目している点で
あることにも注意が必要です。もともと動かなかった上肢機能がさら
に障害された場合など、障害が同質と評価し得る場合には、異なった
結論になる可能性もあるでしょう。

第2章　事例にみる看護師の注意義務と責任

コ　ラ　ム

素因減額

　損害賠償の目的は、損害の公平な分担にあります。病院側に落ち度があるとはいえ、事故発生に患者側の落ち度がある場合や、患者側の素因（基礎疾患）が関与している場合に、加害者のみに全額の負担をさせることは公平を欠くことがあります。

　この点、最高裁も「被害者に対する加害行為と被害者の罹患していた疾患とがともに原因となって損害が発生した場合において、当該疾患の態様、程度などに照らし、加害者に損害の全部を賠償させるのが公平を失するときは、裁判所は、損害賠償の額を定めるに当たり、民法722条2項の過失相殺の規定を類推適用して、被害者の当該疾患をしんしゃくすることができるものと解するのが相当である。」との見解を示しています（最判平4・6・25判時1454・93）。これが、いわゆる「素因減額」といわれるものです。

　素因減額の類推適用の基礎となる民法722条2項（過失相殺）は「被害者に過失があったときは、裁判所は、これを考慮して、損害賠償の額を定めることができる。」と規定し、損害の公平な分担を図っています。条文上「できる」と規定されていることからも明らかなとおり、被害者に過失がある場合の「減額」も義務的なものではありません。

　同様に素因減額が認められるのも、あくまでも加害者に損害の全部を賠償させることが「公平を失する」と評価される場合ですので、基礎疾患があれば当然に「減額」となるものではありません。

　また、通常の体質と異なる身体的特徴を有していたとしても、それが疾患に当たらない場合には、特段の事情の存しない限り、損害額の算定において斟酌することはできないとの理解が一般的です（最判平8・10・29判時1593・58（首長事件）参照）。

第2章　事例にみる看護師の注意義務と責任　　235

〔19〕　看護師が床ずれ防止のために入院中の患者の右膝を持ち
　　　上げた際に、右大腿骨骨折を生じ、骨折から16日目に心腎不
　　　全により患者が死亡したことについて、相続人らが病院およ
　　　び看護師に対して損害賠償請求を行った事例（請求棄却）

事　例　　患者X（当時85歳女性）は、平成10年7月に脳梗塞で倒
　　　　　れ、以降、右半身麻痺の障害があり、平成12年5月から、
Y病院に隣接する特別養護老人ホームで生活していた。平成19年3月
28日、マイコプラズマ肺炎の治療のため、Y病院に入院したが、この
当時、患者Xには右膝屈曲拘縮および右股関節内転筋拘縮があった。

　翌3月29日午後4時30分頃、看護師Y_1が患者Xの病室に入室した際、
患者Xは、ベッドの上で、右側臥位または仰臥位に近い右側臥位の姿
勢であった。このとき、患者家族は、病室内のベッドと窓の間に椅子
を置いて座っていた。

　看護師Y_1は、患者Xを仰臥位にしてオムツ交換をし、その後、看護
師Y_1は、患者Xを左側臥位に体位交換した。続いて、看護師Y_1が、床
ずれ防止のために、左側臥位であった患者Xの両膝の間にタオルを挟
もうとして患者Xの右膝を持ち上げたところ、患者Xの右大腿骨骨幹
部に骨折が生じた。

　患者Xは、3月31日に右大腿切断術を受けたものの、4月7日、急性呼
吸不全に陥り、同月11日には心腎不全となって、同月14日、心腎不全
のため死亡した。

　なお、Y病院における看護経過記録の3月29日午後4時30分の欄には、
「fa（家族）面会中。faの介助あり、オムツ交換す。両下肢拘縮。デク
ビ予防の為、両膝の間にクッションはさもうと試みる。右下肢を開い

236　第２章　事例にみる看護師の注意義務と責任

た時にパキッと音あり。Pt（患者）　pain（疼痛）訴える。」との記載
がある。また、看護師Y₁が作成したインシデント・アクシデントレポ
ートにも看護経過記録と同様の記載があり、さらに「考えられる要因」
の欄には、「拘縮が強いにもかかわらず無理に力を加えてしまった。」
と記載されていた。

（東京地判平24・9・6（平22（ワ）11382））

■患者側の主張（看護師の責任に関して）

①　本件看護行為は、床ずれ防止のために、両膝の間にタオルを差し
　挟むというものであったのだから、左側臥位であった患者Xの正面
　から片手にタオルを持ち、他方の手で同人の右膝をタオルが挟める
　分だけ持ち上げて支えた上で、タオルを両膝の間に差し込むべきで
　あった。

②　看護師Y₁は、左側臥位であった患者Xの背中側から、右膝だけを
　持ち、それを背中側に強く引っ張り、または右下肢に無理に力を加
　えて開き、患者Xの右大腿骨骨幹部を骨折させた。

　このことは、本件骨折が外傷性骨折で、骨折線が螺旋骨折である
　ことのほか、①看護経過記録に「右下肢開いた時」と記載されてい
　ること、②インシデント・アクシデントレポートに「拘縮が強いに
　もかかわらず、無理に力を加えてしまった」との記載があること、
　③看護師Y₁は、家族らに対し、泣きながら謝罪したり、自分のミス
　であることを自認したりしており、家族ら主張の事故態様でなけれ
　ば、このような真摯な謝罪をするはずがないこと、④その他のY病
　院関係者も謝罪をしていること、などからも明らかである。

第2章　事例にみる看護師の注意義務と責任　　237

■病院側の主張

①　看護師 Y₁ は、左側臥位であった患者 X の正面から、床ずれ予防措置として、タオルを挟むために、左手でタオルを持ち、右手で患者 X の右膝をわずかに持ち上げて右下肢を開いたところ、ポキッと音がして、患者 X の右大腿骨骨幹部が骨折した。この際、看護師 Y₁ は注意して膝をわずかに持ち上げたにもかかわらず、骨折の結果が生じたのであるから、本件看護行為に注意義務違反はない。

②　本件骨折が骨粗鬆症による脆弱性骨折であること、螺旋骨折であることと病院側の主張の事故態様は矛盾しないこと、梃子の原理や力のモーメントの原理等が働いたことなどから明らかである。また、病院関係者が「申し訳ありませんでした」等の発言をしたことは、看護・医学上の過誤責任を法的に認める趣旨ではない。

╭─────────────────────────╮
　裁判所はどう判断したか
╰─────────────────────────╯

1　事故態様について

以下の点から、家族ら主張の事故態様でなければ、本件骨折は生じ得ないと認めることはできない。

①　本件骨折に至る状況を、関係者の供述等で確定することは困難である。

②　患者 X には骨粗鬆症があった可能性が高く、家族ら主張の事故態様でなければ、本件骨折は生じ得ないと認めることはできず、病院側主張の事故態様であっても、本件骨折が生じる可能性は否定し難い。

③　看護経過記録等の「右下肢を開いた」との記載については、右膝を持ち上げる行為の結果として閉じられていた両膝が開き、そのことを指して、右下肢を開くと表現したとしても不自然とはいえない。また、「拘縮が強いにもかかわらず、無理に力を加えてしまった。」

との記載についても、本件骨折発生直後の状況下で、骨折という結果からすれば過度な力を加えてしまったと考えて記載をしたとしても不自然とはいえない。

④ 「申し訳ありませんでした」等の発言は、自分の看護行為により結果として骨折させてしまったことに対する謝罪として一般的なものであって、看護・医学上の過誤責任を法的に認める趣旨ではない。他に看護師 Y_1 ら病院関係者によって本件看護行為が注意義務に違反するものであったことを自認する趣旨と受け取れるような発言があったことを認めるに足りる証拠はない。

2 責任について

家族らが最も指摘したいことは、たとえ骨粗鬆症に罹患し、体力的に低下していたとしても、これまでオムツ交換や体交等で骨折したことがなかったのに、今回、従前同様の看護行為により本件骨折に至ったことは理解し難く、不当に強い力が加えられたからこそ、本件骨折に至ったと考えるべきであるということに尽きる。

しかし、骨折が生じたという結果から後方視的に見て、不当に強い力が加えられたと即断することは相当ではない。患者Xは、かなり高度の骨粗鬆症に罹患していた可能性が高く、看護行為としての相当性を超えない程度の力の加え方であっても、その力が増幅されて、結果的に予期せぬ形で骨折に至る場合があることは否定できない。また、看護師 Y_1 には、患者Xに対しことさら強い力を加える必要や意図が見当たらない。

したがって、注意義務違反があったものと認めることはできないといわざるを得ない。

第2章　事例にみる看護師の注意義務と責任　　239

コ　メ　ン　ト

1　オムツ交換・体位交換時の骨折

　高齢者医療や介護の分野では、寝たきり患者等に対する療養看護または介護の過程で、結果的に骨折を来してしまうことがあります。中には、明らかな受傷機転がないのにいつの間にか骨折しているという場合もあります。このような患者はもともと骨粗鬆症などによって骨折リスクが高いことや、さらには拘縮などが存在することで、通常であれば問題とはならないわずかな外力でも骨折してしまうことがあるといわれています。

　しかし、オムツ交換や体位交換等は繰り返し行われる行為であることから、患者や家族が「これまで骨折なんて起きなかったのに、今回骨折したということは、きっと無理に力を入れたに違いない」と考えることも、容易に想像されます。このようなトラブルを回避するためには、骨粗鬆症の進んだ寝たきり患者等では、注意していても容易に骨折に至ることがあり得ることについて、事前の情報共有が重要といえるでしょう。

　ところで、体位交換等の際に骨折が生じた場合に、体位交換等を行った看護師に常に法的責任が生じるものではありません。法的責任が認められるのは、過失（注意義務違反）、（悪しき）結果、因果関係の3つの要件を全て満たした場合です。体位交換等での骨折が生じたとしても、看護師が看護水準に従って体位交換を行っていたのであれば過失（注意義務違反）はなく、賠償義務は生じません。

　本件では、オムツ交換の後に左側臥位として、両膝の間にタオルを入れようと右膝を持ち上げたときに骨折が生じました。具体的な右膝の持ち上げ方については、患者家族側と病院側との間で争いがあり、患者家族は「背中側から右膝を持って力を込めて引っ張って開いた」、

240　　第２章　事例にみる看護師の注意義務と責任

病院側は右手で患者Ｘの右膝をわずかに持ち上げただけ、という主張をしています。裁判では、行為態様についての事実関係が争いとなる場合も少なくありません。本件では、骨折時の場面に遭遇した看護師と家族との認識が異なっており、いずれの供述が正しいのか判断できませんでした。このような場合、損害賠償請求における「過失（注意義務違反）」の立証責任は患者側にあります。本件骨折は通常の看護行為の中でも生じ得るため、具体的行為態様が不明で、少なくとも力を込めて引っ張ったということが証明できていないことから、患者側の請求は斥けられることとなりました。

2　看護記録の記載の重要性

　前述のように、療養上の世話であるオムツ交換や体位交換の際に大腿骨骨折を生じた事案において、具体的にどのような態様であったかについて、患者側・病院側で争われることも少なくありません。通常、オムツ交換や体位交換等を行う場合にその具体的内容（手順）を逐一記載することはありません。問題が生じないケースにおいては、「オムツ交換」「体位交換」をしたという事実を記載すれば、看護記録記載の目的は十分に達します。しかし、骨折が生じるなどした場合には、その具体的対応の記録化が極めて重要となります。裁判に至らなくとも、患者家族から具体的な状況についての説明が求められることもありますので、記憶の鮮明なうちに、追記として具体的な態様を看護記録に記載することや、場合によっては、状況を再現し、これを写真やビデオ撮影するなどして、後の検証に備えるなどの工夫も検討されるとよいでしょう。

　なお、本件では、看護記録には「fa面会中。faの介助あり、オムツ交換す。両下肢拘縮。デクビ予防の為、両膝の間にクッションはさもうと試みる。右下肢を開いた時にパキッと音あり。Pt　pain訴える。」と記載されました。この記載のうち「右下肢を開いた時」という部分

第2章　事例にみる看護師の注意義務と責任　　241

が、（実際には膝を持ち上げる程度であったのに）あたかも拘縮している右下肢を無理に「開いた」かのような印象を与える記載であったことから、かえって争いのもととなりました。記録に記載をする際には、こうした言葉遣い一つにも気を付ける必要があります。

3　インシデント・アクシデントレポートの開示

　さらに、本件では、インシデント・アクシデントレポートが患者側から証拠として裁判所に提出されています。これは院内文書で本来患者側が保持するものではありませんので、本件発生後裁判が起きるまでの間に、病院側が患者側に交付したものと推測されます。

　インシデント・アクシデントレポートの性質については、第1章Q26に詳しく記載しています。各医療機関においては、医療安全の観点から、インシデント・アクシデントレポートを速やかに提出する環境を整える必要があります。そこで、情報を匿名化して取り扱い、懲罰的な取扱いをしないなど、報告しやすい環境整備に努めています。こうしたことから、インシデント・アクシデントレポートは、文書提出義務の例外に当たり、患者本人に対しても開示・交付をする義務がないと考えられています。仮に、インシデント・アクシデントレポートが裁判等で責任追及の資料となるのであれば、提出自体が躊躇され、かえって医療安全の目的を達成することが困難となりますので、患者本人であっても、安易な開示や交付は避けるべきです。これは、たとえ医療機関にとって有利な記載がなされていた場合であっても同様であり、記載内容によって取扱いの差異を認めるべきではありません。事故状況等についての患者や家族への説明は、十分な調査・検証を経た正確な情報に基づいて行うべきものですので、その前提となる基礎資料・内部資料については慎重な取扱いが求められます。

　本件において、インシデント・アクシデントレポートが裁判の証拠として用いられたことは、医療安全の見地からは問題があるといえま

242　　第2章　事例にみる看護師の注意義務と責任

す。各医療機関においては、このようなことのないよう、再度、イン
シデント・アクシデントレポートの取扱いについては見直すとよいで
しょう。

4　謝罪と法的責任（第1章Q31参照）

　看護師 Y₁ や病院関係者は、「申し訳ありませんでした」と患者・家
族に謝罪をしています。こうした謝罪を行ったことをもって、法的責
任を認めたのではないかという主張がなされることがあり、本件でも
患者側からはそのような主張がなされました。

　しかし、落ち度の有無は別として、医療行為に伴って患者に悪しき
結果が生じた場合に、「申し訳ない」という気持ちが沸くことは、医療
者としてはむしろ自然なことです。「悪しき結果に対し申し訳ないと
思う気持ち」から発する謝罪は、道義的謝罪といわれるものであり、
「ミス（落ち度）があった」ということを認めるものではありません。

　裁判所においても、「『申し訳ありませんでした』等の発言は、自分
の看護行為により結果として骨折させてしまったことに対する謝罪と
して一般的なものであって、看護・医学上の過誤責任を法的に認める
趣旨ではないとする被告ら（病院側）の主張は相当というほかない。」
として、このような道義的謝罪をもって、法的責任の根拠とはしてい
ません。

　謝罪は、不快感は抑えられないものの、「怒り」の衝動は消せるとい
う報告もあり（Kubo K, Okanoya K, and Kawai N（2012）Apology isn't good
enough：An apology suppresses an approach motivation but not the physiological
and psychological anger. PLoS ONE. 7：e33006.）、むしろ、道義的謝罪は、
悪しき結果が生じ自然な感情を患者やその家族に伝えることにより、
その感情を和らげ紛争を未然に防ぐ効果も期待されます。

　ただし、あくまでも道義的な謝罪ですので、看護・医学上の過誤責
任を法的に認める表現は避ける必要があります。

第2章　事例にみる看護師の注意義務と責任　　243

〔20〕　介護老人保健施設に短期入所していた利用者が、退所日に
　　　担当看護師によるシャワー浴の実施を受けたところ、退所後
　　　同日のうちに自宅で発熱し、重症肺炎、心不全となったこと
　　　に対して、家族の意向を無視したシャワー浴であったなどと
　　　して慰謝料等を求めた事例（請求棄却）

事　例　　利用者X（本件当時96歳、認知症、要介護5）は、度々
　　　　　　Y介護老人保健施設の短期入所を利用しており、平成21
年6月2日から同月9日までの間も短期入所を利用していた。また、家
族Aは、利用者Xの子である。

　6月8日午後4時頃に家族Aが利用者Xを尋ねたところ、看護師Y₁か
ら37.8度の発熱があるので入浴予定を清拭に変更するとの提案があっ
た。これに対して家族Aは、清拭は帰宅後でもできるのでリスクをな
るべく避けるために中止してほしい旨の要請をしたことから、清拭は
されなかった。その後、利用者Xに対しては解熱剤（SG顆粒）が処方
された。

　6月9日午前10月30分頃、利用者Xに対してシャワー浴が実施された。
シャワー浴実施前には複数回の体温、血圧、脈拍、血中酸素濃度およ
び肺音の確認が行われており、その際の体温は35.8度であった。その
後、同日午後0時頃に家族Aが迎えに来た際に、看護師Y₁からシャワ
ー浴を行ったことが伝えられ、午後1時30分頃に利用者Xは家族Aと
ともに退所した。

　その後、同日午後3時30分頃に、利用者Xは自宅で呼吸が乱れ体温が
38.7度に上昇するなどの症状が出たため、主治医の往診を受けた後に、
救急車でB病院に搬送された。B病院では肺炎（重症）、心不全と診断

244　第２章　事例にみる看護師の注意義務と責任

され入院したが、治療により回復し、7月7日にB病院を退院した。

　家族Aは、6月15日および22日にY介護老人保健施設の相談員に対して施設長との面談を要請したが、その後も何も連絡がなかった。そのため、約半年後、家族Aは区の保健福祉部介護保険課相談調整担当に相談したところ、区の仲介で施設長との面談が実施されることとなり、平成22年1月22日、6月16日、同月18日の3回の面談の機会がもたれた。

（東京地判平24・10・11（平24（ワ）13335））

■施設利用者家族側の主張

① 　6月8日に家族Aがリスクをできるだけ避けるために清拭を中止してほしいと要請していたこと、またシャワー浴実施の時点では前日の解熱剤の薬効が残留していたために体温が低くなっていた可能性があり、こうした状況下でシャワー浴を実施したことには過失がある。

② 　二度にわたり施設長との面談を要請したにもかかわらず、Y介護老人保健施設からは何の連絡もなく、Y介護老人保健施設は家族Aの面談要請を意図的に放置あるいは過失によってこれを失念したものである。

■施設側の主張

① 　シャワー浴は、担当看護師により複数回の体温、血圧、脈拍、血中酸素濃度および肺音の確認を行い、異常のないことを確認した後に行っていること、シャワー浴は通常の入浴より身体に負荷が少ないこと、解熱剤は4時間で半減期を過ぎるものであるためシャワー

第2章　事例にみる看護師の注意義務と責任　　245

浴の判断に影響を及ぼさないことから、その対応に過失はない。

②　面談要請については日々の業務の多忙さで失念していたが、このことについては謝罪する文書を家族Aに送付した上で、その後面談に応じており、損害賠償責任は生じない。

裁判所はどう判断したか

1　シャワー浴を実施した過失について

　担当看護師により複数回の体温、血圧、脈拍、血中酸素濃度および肺音の確認を行い、異常のないことを確認した上でシャワー浴を実施したものということができるため、不適切なものであるということはできない。

　解熱剤の薬効成分の残存については、可能性を否定することはできないが、4時間程度で半減期を過ぎ、その効能が大きく低下するため、担当看護師において前日に投与された解熱剤の影響を殊更に考慮して、シャワー浴の実施を中止するべき注意義務があるとはいえない。また、家族Aは6月8日に清拭を断った際に、翌日以降の入浴等も断る意向であることを明言していない。

2　面談要請の放置について

　面談要請を失念していたものの、施設長が直接家族Aと面談するべき法的義務があるとまでいうことはできず、面談が実現するまでの約半年の期間が社会通念上不相当に長い期間であるということもできないのであるから、この対応が法律上の過失を構成するものということはできない。

246 第2章 事例にみる看護師の注意義務と責任

コメント

1 清拭・入浴・シャワー浴の判断

　傷病者またはじょく婦に対する清拭や入浴等は、療養上の世話として看護師が主体的な判断で行うべき業務です。清拭、入浴等に関連する事故としては、入浴時の転倒や、高温のお湯により患者が熱傷を来して死亡した事例（千葉地判平23・10・14（平21(ワ)1651））、などがあります。こうした事例では、多くの場合①介助を行うべきか否か、②患者の看視を適切に行っているか、あるいは③入浴設備についての説明が十分であったかなどが、問題となります。

　それに対し、本件では、シャワー浴を行うか否かの判断（評価）そのものが問題となったことが特徴といえます。

　患者の清潔を保つことは感染や疾病を予防する上で重要である上、患者の精神的にも良い影響を与えるものですが、反面、適切ではない方法で清潔保持をしようとした場合には、上記のような事故が生じることがあるなどのリスクがあります。そこで、清拭、シャワー浴、入浴などの方法のうち、具体的にいかなる方法で清潔保持を行うかは、患者の状態を適切に評価した上で判断する必要があり、こうした判断は療養上の世話として看護師の職責といえます。

　本件で看護師は、前日には、発熱していたため入浴予定を清拭に変更するとの提案をしていますが、本件当日には発熱もなくその他のバイタルサインに異常を認めないことからシャワー浴を行いました。判決では、このように利用者の状態を適切に把握した上で判断（評価）をしているものとして、看護師の責任を否定しました。

2 家族の要望と看護

　本件では利用者の家族が、前日に「リスクを避けたいので清拭はや

第2章　事例にみる看護師の注意義務と責任　　247

めてほしい」といった要望をしています。臨床現場では、このように
患者の家族から看護について様々な要望がなされることがあります
が、家族からの要望には全て応えなくてはならないのでしょうか。

　療養上の世話（ケア）においては、患者や家族の希望を尊重するこ
とは大切です。しかし、家族の要望全てに応えねばならないものでは
ありません。療養上の世話は、看護師の専門的な知識・技術に基づい
て行われるものであり、状況によっては患者や家族を説得することが
求められる場合もあるでしょう。

　特に、患者本人からではなく、家族からの要望に基づく場合、それ
が患者本人の利益となるのか否かについても検討しなければなりませ
ん。患者家族とはいえ、患者本人とは別人です。しかも、家族には、
必ずしも専門的知識・技術があるわけではありません。そこで、家族
の要望として、患者の清拭やシャワー浴を避けてほしいと言われてい
た場合であっても、専門的見地から清潔保持が必要であると評価され
るのであれば、これを実施することは可能です。もっとも、このよう
な場合であっても、患者家族にケアの必要性を理解してもらうことは
重要です。患者の病状、それに見合うケアの必要性を十分に説明し、
家族の理解・協力を得ることは、その後の患者のケアにおいても大切
となります。

3　面談要請について

　本件では、利用者Xの家族である家族Aが施設長との面談を求めて
います。

　トラブル事例では、家族が院長をはじめとした施設管理責任者との
面談を求めることは、少なくはありません。しかし、判決でも示され
たように、そもそも施設長が直接家族と面談するべき法的義務がある
わけではありません。もっとも、これを拒否しなければならないわけ

でもありません。家族への対応としては、施設管理者が直接対応する以外にも、書面による回答や担当部署を通じた対応など、様々な対応が考えられます。

そこで、トラブル事例において、患者家族から施設管理責任者への面談の要求があった場合には、紛争解決の観点から、個別事案ごとに、事案の性質／従前の交渉経緯／責任者が面談に応じることの利益・不利益／代替手段の有無などを総合して、最適な対応を検討するとよいでしょう。

第2章　事例にみる看護師の注意義務と責任　　249

〔21〕　くも膜下出血で病院に搬送され緊急手術を受けた患者が、術後5日目の昼食中に、蒸しパンを喉に詰まらせ窒息したことについて、患者およびその近親者が、病院および主治医に、経口摂取の判断を誤った、あるいは適切な食事介助を怠ったなどの過失ないし注意義務違反があり、これにより後遺障害を負ったとして、損害賠償を求めた事例（認容額：約4,800万円）

事　例　　患者X（昭和22年生まれ、男性）は、平成19年3月31日くも膜下出血を発症し、同日全身麻酔下に脳動脈瘤コイリング術の手術を受けた。

　4月2日朝から主食は全粥食、副食は刻み食となり経口摂取を再開。

　4月3日午前3時頃、午前6時頃、午後6時頃の時点で無呼吸がみられた。午前6時頃には、喀痰が多く、吸引処置がとられた。意識状態は、日中はおおむねJCS3～10で、傾眠傾向にあったが、名前、年齢等を問われると、返答はあった。夕食の際には発語があり、食事の介助をしていた看護師に「何が好きですか」と問われると、「女」と答えた。朝食および夕食は3分の2程度の量を摂取した。この日の朝食にはロールパンが含まれていた。

　4月4日無呼吸が頻繁にみられ、意識状態はおおむねJCS3～10であった。食事は全粥食およびアイソトニックゼリーの摂取が続けられ、昼食は全量、朝食および夕食もほぼ全量を摂取した。

　4月5日朝食は3分の2の量を摂取した。午後0時頃の意識状態はJCS3～10であり、意識状態に変化はみられなかった。この時点でも時々無呼吸を認めた。午後0時10分頃、昼食を摂取している最中に、患

250 第2章 事例にみる看護師の注意義務と責任

者Xは、昼食に提供された蒸しパンを一口大にちぎることなく大きな
塊のまま口に入れ、これを喉に詰まらせて窒息し、呼吸停止となった
（本件事故）。心拍数は低下し、SpO₂の測定が困難となった。すぐに
吸引処置が講じられたものの、詰まらせた蒸しパンを吸引することは
できず、チアノーゼの状態となり心臓マッサージ、挿管等の処置が行
われた。蘇生措置によって呼吸および心拍数が回復したものの、患者
Xは精神障害を主とする後遺障害を負った。

（東京地判平26・9・11判時2269・38＜控訴（後和解）＞）

■患者側の主張（看護師の責任に関して）

食事介助時の注意義務について

食事介助は、一般に、食事内容を説明、確認しながら、一口は飲み
込みやすい量で、1回ずつ嚥下と口腔内の食物残渣を確認しながら行
うべきであるとされている。特に患者Xのように意識障害がある場合
には、一口大の大きさにちぎったりする能力や、飲み込むタイミング
やとろみ具合などを適切に判断する能力が劣っている可能性があり、
そのために一気に飲み込もうとするなどの行動に出る可能性も十分に
考えられるのであるから、看護師は、患者Xの食事を介助するに当た
って、患者Xの動作を慎重に観察し、とりわけ蒸しパンの経口摂取に
当たっては、蒸しパンを一気に飲み込んでしまう可能性を予測して、
一口当たりの量を適切に管理、指導すべき注意義務を負っていた。

看護師には蒸しパンをあらかじめ一口大にちぎっておくとか、蒸し
パンの塊を手の届かない所に置いておくといった配慮を怠った注意義
務違反ないし過失がある。

■病院側の主張

食事介助時の注意義務について

患者Xは本件事故が起きる2日前にもロールパンを問題なく自力摂取していた。また、本件事故の2日前には胸元まで手を挙げるものの口まではうまく食べ物を運べない状態であり、そのように腕の機能が低下していた患者Xが、本件当日に突然蒸しパンを一気に口の中に入れるといった行為に出ることを予測することはできなかった。

本件事故は瞬間的に起きたものであり、Y病院の職員がより注意深く観察していたとしても、結果を防ぎ得たとはいえない。本件事故発生から1分以内に窒息が解消されていることからすれば、十分な見守り体制がとられていたことは明らかである。

裁判所はどう判断したか

嚥下訓練に当たっては、患者の嚥下の状態を見ながら、ペースト食や刻み食、一口大食などと段階的に通常の摂食状態に近付けていくものとされている。

前記認定事実によれば、本件当日は、手術からわずか5日しか経っておらず、患者Xの意識状態は午後0時頃の時点でJCS3～10、蒸しパンを口に入れた時点ではJCS3であった。この状態は、食事を摂取するに当たり、自分の嚥下に適した食べ物の大きさや柔らかさを適切に判断することは困難で、食べ物を一気に口の中に入れようとしたり、自分の嚥下能力を超えた大きさの食べ物をそのまま飲み込もうとしたりする行動に出る可能性があるのみならず、嚥下に適した大きさに咀嚼する能力も低下しており、患者Xの食事介助に当たる看護師は、そのことを十分に予測することができる状況であった。

パンは唾液がその表面部分を覆うと付着性が増加するといった特性

を有し、窒息の原因食品としては上位に挙げられる食品である（このことはリハビリテーションの現場では広く知られている。）。

　本件事故当時、患者Xの食事の介助を担当する看護師は、蒸しパンが窒息の危険がある食品であることを念頭に置き、患者Xが蒸しパンを大きな塊のまま口に入れることのないように、あらかじめ蒸しパンを食べやすい大きさにちぎっておいたり、患者Xの動作を観察し必要に応じてこれを制止するなどの措置を講ずるべき注意義務を負っていたというべきである。

　食事介助を担当した看護師においては、蒸しパンを食べやすい大きさにちぎって与えることをしなかったことは明らかであり、またそれ以上に具体的にどのように患者Xの動作を観察したかが不明であり上記の注意義務を尽くしていたと認めることはできない。

　また、主治医については、自ら食事介助をすべき義務があるとはいえないし、提供すべき食事の形態について指示をしており、それで医師としての注意義務は尽くしているというべきであって、蒸しパンを経口摂取させるに当たり、担当看護師に対して、具体的な食事介助の方法についてまで指示をする義務があったとは認め難い。

コメント

1　食事に伴う窒息事故（誤嚥／窒息）

　少し古いデータですが、公益財団法人日本医療機能評価機構において医療事故収集等事業第26回報告書（2011年4月～6月）では、「食事に関連した医療事故」が個別の分析テーマとして報告されています。その中で、平成15年から平成22年12月31日までに報告された食事に関する医療事故222件を、「指示外の提供・摂取」「誤嚥」「異食」「未提供」等の内容で分類したところ、「誤嚥」の件数は186件であり、食事に関

第2章　事例にみる看護師の注意義務と責任　253

連した医療事故の中では圧倒的に多数を占めていました。しかも、患者に生じた影響（事故の程度）については、「死亡60件、障害残存の可能性がある（高い）69件、障害残存の可能性がある（低い）24件、障害残存の可能性なし14件、障害なし13件、不明6件」となっており、死亡および後遺障害残存の可能性が高い事例だけで129件と、約70％を占めています。食事に関連した医療事故において「誤嚥」は、件数が多いだけでなく、重篤な結果をもたらすものであることが窺われます。

　他方で、食物誤嚥（これによる窒息）は、病院だけでなく自宅でも起こり得る出来事です。高齢者における食事は楽しみの1つでもあり、生活の質（QOL）を維持、改善する上でも重要です。

　そして、生活の質を維持・改善するには、可及的速やかに入院前の食事に戻すことが理想とされており、誤嚥／窒息等のリスクばかりを強調することは、かえって、患者に不利益をもたらしかねません。そこで、早期食事開始を前提に、患者の正確な病態把握、介助の要否、食事内容や形態等を慎重に検討することが大切です。

2　看護師の業務と食事介助

　食事の誤嚥は件数が多く重大な結果を招くものですので、患者の病状に応じた適切な食事介助が求められます。

　食事介助は、「療養上の世話」に位置付けられ、看護師の主体的な判断と技術のもとで行われる、看護師の本来的な業務となります。看護師には、自らも患者の誤嚥リスクを評価し、実際に提供された食事の内容を確認した上で、具体的に食事介助の要否、その方法を検討し、患者の状態にあった食事介助（対応）をすることが求められます。

　本判決において、主治医による食事開始の判断については注意義務違反がないとした上で、「蒸しパンを経口摂取させるに当たり、担当看護師に対して、具体的な食事介助の方法についてまで指示をする義務

254　第２章　事例にみる看護師の注意義務と責任

があったとは認め難い」と判断したのも、個々の食事介助の方法については看護師の本来的業務であることが、当然の前提となっています。

　チーム医療の下では、それぞれが、その専門的知識・技術に基づいた役割を果たすことが大切となります。食事に関していえば、医師が治療の一環として、患者の病態・嚥下機能を評価し、食事開始時期、食事内容の決定を行い、これを踏まえ、看護師が、患者の病状、嚥下機能に応じた適切な食事の介助を行うという役割分担が求められることになります。

　そこで、食事介助を担当する看護師は、様々な食べ物の誤嚥リスクについて理解し、それを踏まえた食事介助についての具体的な方法について、正しい知識と技術を身に付けねばなりません。

第2章　事例にみる看護師の注意義務と責任　　255

5　医療機器取扱いに関する事故

〔22〕　看護師が、アイセル病（先天性代謝異常）で入院中の4歳の
　　　男児を入浴させた後、人工呼吸器を装着した際に装置の脱落
　　　を知らせるアラームのスイッチを入れ忘れたために、異常の
　　　発見が遅れて、死亡した事例（認容額：1,650万円）

事　例　　患児X（4歳）は、昭和63年6月14日出生したが、生後
　　　　　8か月ごろになってアイセル病（ムコリピドーシスII型）
という先天性代謝異常の障害があることが判明した。患児Xは、同疾
患のため入退院を繰り返していた。

　平成3年11月、呼吸困難を伴うようになったため、Y病院に入院し、
ナースセンター前の個室で、人工呼吸器を装着したまま療養すること
となった。本人工呼吸器には、警報器（以下「アラーム」という。）が
取り付けられており、患児Xが動いたりして人工呼吸器が体から外れ
た場合にはこれが鳴る仕組みとなっていた。

　Y病院では、患児Xを入浴させる場合、人工呼吸器を外し、手動の
道具で酸素を送って呼吸させていたが、アラームのスイッチをオンに
したままの状態で人工呼吸器を外すとアラームが鳴ってしまうので、
アラームのスイッチをオフにした上で人工呼吸器を外していた。

　平成4年11月19日午前、担当看護師Y₁ら3名は、患児Xを入浴させた
が、その際アラームのスイッチをオフにして人工呼吸器を患児Xから
いったん外し、入浴終了後、人工呼吸器を患児Xの体に装着したもの
の、アラームのスイッチをオンにしないまま、同日午前10時40分頃、
患児Xの病室を出た。

　その後、人工呼吸器の接続部が外れて患児Xは呼吸困難の状態に陥

256　　第２章　事例にみる看護師の注意義務と責任

ったが、アラームのスイッチが切れていてこれが鳴らなかったために、看護師らがこれに気付くのが遅れ、同日午前11時20分になってようやく異常に気付いたが、患児Ｘは同日午後０時10分、呼吸不全により死亡した。

（神戸地判平5・12・24判時1521・104＜確定＞）

■患者側の主張

　この事故は治療上の過失ではなく、介護における初歩的、基本的なミスによるものであり、担当看護師Ｙ₁らには重大な過失があったというべきであるから、慰謝料増額要素として考慮されるべきである。

■病院側の主張

　医療過誤事故による死亡の場合には、被害者はある程度の危険を受忍すべきものであるから、交通事故による死亡の場合よりも慰謝料額は割り引いて決定されるべきである上、アイセル病（ムコリピドーシスⅡ型）に罹患している場合には6歳を超えて生存する可能性はほとんどないのであり、この事故当時の患児Ｘの余命もわずかであったのであるから、慰謝料額は相当程度減額されるべきであるし、また、Ｙ病院は難病の患児Ｘのために経済面を含めて献身的に尽くしてきたのであるから、このことも慰謝料減額要素として考慮されるべきである。

裁判所はどう判断したか

1　慰謝料減額要素
　(1)　余　命
　アイセル病（ムコリピドーシスⅡ型）の予後は不良のことが多く、

第2章　事例にみる看護師の注意義務と責任　　257

呼吸器感染や心不全等で多くの症例では4歳から6歳で死亡し、これを超えて生存する可能性は極めて少ないことが認められる。したがって、患児Xもこの事故当時4歳であったから、その余命もわずかであった可能性が高かったというべきである。

　死亡による慰謝料には将来を奪われたことによる精神的苦痛を補償するという要素があるのであるから、余命も考慮されてしかるべきである。

　(2)　加害者側の誠意

　Y病院では両親の経済的負担を軽減するために、入院個室料金を減額し、治療費の両親の自己負担をなくすように努めるとともに、看護の目が行き届くように、ナースセンター前の個室を患児Xにあてがう等の配慮をしてきた。

2　慰謝料増額要素（加害者側の重大な過失）

　本件事故の約3か月前にも、人工呼吸器が患児Xの体から外れ、同人がチアノーゼ症状を呈するという事故があったが、このときも人工呼吸器のアラームのスイッチがオフにされていた。事故の翌日、主治医と看護師長が両親に謝罪したが、その際、主治医らは今後はアラームのスイッチは切らないようにすると述べた。しかし、その数日後、再びアラームのスイッチがオフにされていたことがあり、患児Xの母が看護師に注意を促している。

　本件においては、人工呼吸器が患児Xの体から外れると同人の生命自体が脅かされる状況にあったのであるから、担当看護師が負っていた人工呼吸器のアラームのスイッチを入れておくべき注意義務は、極めて重大かつ基本的な義務であるとともに、わずかの注意さえ払えばこれを履行することができる初歩的な義務であるということができる。

258　　第2章　事例にみる看護師の注意義務と責任

　しかるに、本件では担当看護師がこの注意義務を怠ったのであるから、それ自体で重大な過失があったというべきであるが、さらに、以前にも同様の事故があり、病院側もこのような事故が生じる可能性を十分認識し得たにもかかわらず、再び本件事故を惹起したのであるから、その責任は重大であり、慰謝料額の算定に当たっては、この点は看過し得ないところである。

コ　メ　ン　ト

1　争　点

　本件は、患者の命綱ともいうべきアラームがオフにされていたという、あってはならない極めて初歩的、基本的なミスによる事故です。これは患者の安全を全く顧みない無責任な行為と評価されてもやむを得ません。しかも、事故以前にも繰り返しアラームがオフにされており、チアノーゼ症状を呈するという事故まで発生していたのですから、今回の対応が単なる過失（軽過失）とは言いにくい側面もあります。

　そのため、本件では、不法行為の成立（人工呼吸器のアラームがオフにされていたために発見が遅れたこと）については争点とはならず、慰謝料の評価のみが問題となりました。

　慰謝料請求権については、補償的機能を重視するか、満足的機能を重視するかによってその金額が異なる余地があります。この点、裁判実務では、損害賠償における予測性、法的安定性を損ねることを回避するために、交通事故事例を参考に一定の基準化（定額化）が図られています（本章事例〔12〕コラム参照）。当時、大阪地方裁判所交通部の交通事故による損害賠償請求訴訟における死亡慰謝料の基準は、世帯主以外の者の死亡の場合で本人分および近親者分を含めて1,800万円から2,200万円（平成3年の基準／平成30年現在は2,000万円から2,500

第2章　事例にみる看護師の注意義務と責任　　259

万円）となっていました。

　もっとも、上記基準があるとしても、具体的慰謝料の算定に当たって斟酌される事由は多種多様ですので、事案ごとの検討が必要となります。本件では、医療事故の場合にも交通事故による損害賠償請求訴訟における死亡慰謝料の基準を目安として、被害者の余命が短いこと、加害者側に誠意があることが慰謝料の減額要素となり、加害者側の重大な過失がその増額要素となるとされました。

　病院側では、医療過誤事故による死亡の場合は、交通事故による死亡の場合よりも慰謝料額は割り引いて決定されるべきとの主張をしましたが、「本件事故は治療上の過失ではなく、看護上の過失が問題となっているものである上、その過失の内容も、『初歩的かつ基本的な注意義務に違反した重大なもの』であるから、本件事故を治療上の行為が問題となる医療過誤事案と同列に扱うことはできない。」として退けられています。

　この判示内容からは、通常の医療事故（軽過失）は交通事故と同様に捉えることはできないことを前提にしたともいえそうです。しかし、医療機関を信頼し診療契約を締結したにもかかわらず、その信頼が裏切られた医療事故のほうが、契約関係がない交通事故よりも慰謝料は増額されるべきとの考え方もあり、今後の裁判例の蓄積が待たれるところです。

2　予防の方法

　本件は、入浴のためにアラームをオフにし、その後オンに切り替えるのを失念したというものですが、同様の事故が繰り返されていたことからしますと、医療従事者に対する十分な注意喚起がなされていなかったことになります。個々の看護師に注意、指導するだけでなく、医療現場全体として、同手順を行う際に「手順を声に出しての確認」、

260 第2章 事例にみる看護師の注意義務と責任

「指さし確認」の励行を徹底する、「人工呼吸器の周辺の目に付きやすいところに手順を記載する。」等、いくつかの工夫が試みられてしかるべき事案であったと考えられます。

コラム

オオカミが来た

人工呼吸器、心電図モニター、輸液ポンプ等の医療機器にはアラーム（警報）の機能が備わっています。医療機器のアラーム機能は、人による観察を補完するものです。モニターの精度が高まれば高まるほどわずかな異常を拾うことになります。

イソップ童話に「オオカミと少年」という有名な話があります。これは羊飼いの少年が「オオカミが来た」と叫んでは町の人が集まるのを楽しんでいたのですが、本当にオオカミが来た際に叫んでも、誰も助けに来てくれなかったというお話です。

医療現場においても頻回にアラームが鳴りますと、同様に医療従事者がアラームに無関心となるおそれがあります。そこで、個々の患者の病態に応じた適切な設定を行うことが大切となります。

ところが、医療現場において、アラームが頻回に鳴るために、意図的にアラームをオフにしている場合もあるという噂を耳にすることがあります。アラーム機能があっても、これがオフにされていますと、その目的を達することはできません。一時的にアラームをオフにしたくなる医療従事者の気持ちは分からないではありませんが、患者の生命を預かる者としてはいかがでしょうか。多くの場合に問題がないからといってアラームをオフにするということは、「オオカミが来た」と叫び続けた少年以上に危険な行為といえるでしょう。

また、アラームが適切に設定されていても、夜勤帯等では一人で多くの患者を受け持つことになるため、ナースステーションに看護師が

第2章　事例にみる看護師の注意義務と責任　　261

不在となったり、アラームの聞こえるところに看護師が存在しないということもあるようです。アラームがオンになっていたとしても、それが聞こえないようでは何の意味もありません。

　アラームの目的を十分に理解し、業務に従事することが求められます。

コラム

モニターの時刻設定

　医療現場では新しい医療機器が次々に導入され、高度医療が行われるようになりましたが、それに伴うリスクも大きくなっています。医療機器の日常整備・点検を欠かすことはできません。しかしながら、心電図モニターの「時刻設定」等が狂っていることも少なくありません。医療従事者にとってモニターの時刻は重要な意味を持たないのかもしれません。しかし、裁判の場では、この時刻のわずかなズレが問題とされることもあります。

　裁判では、まずどのような事実があったのかを確定し、確定した事実を法的に評価することになります。法律家の多くは「機械は嘘をつかない」と信じているため、診療記録に記載された時刻と、心電図モニター等から印字された記録の時刻とに齟齬がある場合には、印字された時刻は過大に評価される可能性があります。

　日頃の点検が重要であることは当然ですが、万が一、このような齟齬が生じた場合には、モニターの時刻を二重線で抹消し、正確な時刻を記載し、訂正の理由（例えば「モニターの時刻が○分遅れていたため」）を記載する等の工夫が必要です。

262 第2章　事例にみる看護師の注意義務と責任

〔23〕　入院中の患者が低酸素血症により死亡したのは、担当看護
　　　師が心電図モニターのアラームに迅速に対応しなかった、人
　　　工鼻の使用を中止しなかった等の注意義務に違反したこと
　　　が原因であるとして、患者遺族が損害賠償を求めた事例（請
　　　求棄却／控訴棄却）

事　例　　患者Xは、平成26年5月20日小脳出血を生じてY病院
に搬送され、開頭血腫除去術を受けたものの、術後は微
弱な対光反射が認められたもののJCS300であり人工呼吸器による呼
吸管理となっていた。

　その後、5月27日に気管切開術が行われ、同月29日には人工呼吸器か
ら離脱してインスピロンネブライザーによる呼吸管理となった。

　6月18日には意識レベルの改善を認め、患者Xは看護師の呼びかけ
に対して「お・は・よ」と口を動かすなどしていた。6月20日には呼吸
状態も安定し、インスピロンネブライザーによる酸素投与も中止され
た。こうした状況の中、患者Xは度々粘稠度の高い痰を認めていたた
め、6月23日以降、度々人工鼻を用いていた。

　7月1日、看護師Y₁は、午前4時頃に患者Xの喀痰の吸引を行ったが、
この時点で痰の性状に変化はなく、呼吸音や肺音にも異常は認めなか
った。また、午前5時5分〜13分頃にかけておむつ交換を行ったものの
その際にも、患者Xには特段の変化は認めなかった。しかし、午前5時
25分頃に患者Xの心電図モニターアラームが鳴動し、さらに午前5時
27分頃〜28分頃には心拍数が0（ゼロ）となった。看護師Y₁は、これ
を確認し、一度、別室に立ち寄った後に、患者Xの病室に入室したが、
その際に、患者Xは気管カニューレが抜けて心肺停止の状態であり、

抜けていた気管カニューレは粘稠度の高い痰で閉塞していた。

直ちに心肺蘇生を行い、一度は心拍が再開したものの、その後患者Xは同日死亡した。なお、司法解剖がなされ、直接死因は喀痰喀出困難による低酸素血症と判断され、その原因は右小脳出血によるものと判断された。

$$\left(\begin{array}{l}\text{大阪地判平28・10・7（平27(ワ)1617)}\\\text{大阪高判平29・5・30（平28(ネ)2893)}\end{array}\right)$$

■患者側の主張

1 アラームに迅速に対応すべき義務

本件では午前5時25分頃までにアラームが鳴動したのに、看護師Y_1が確認をしてナースステーションを出たのは3分も経過した午前5時28分頃であり、アラームに迅速に対応すべき注意義務に違反した。

2 医師の指示に基づかない不適切な人工鼻の使用継続（中止義務違反）

本件は、気管切開孔から噴出した痰が人工鼻のフィルターを詰まらせたことが原因である。多量の粘稠痰が排出されており、人工鼻の使用を中止すべき注意義務があった。

人工鼻は医療器具であり、添付文書上「必ず医師の指示の下で使用すること」と記載されているにもかかわらず、医師の具体的な指示を得ずに担当看護師の判断で人工鼻を使用していた。

3 アラームの設定の誤り

患者Xに対してサチュレーションモニターと連動するアラームを設定し、SpO_2が低下すればすぐに対応できるようにすべきであった。

264　　　第2章　事例にみる看護師の注意義務と責任

■病院側の主張

1　アラームに迅速に対応すべき義務

　本件心電図アラームが鳴動し始めたのは午前5時27分頃である。また、看護師Y₁は本件心電図モニターを確認の上、頻繁な対応を要する別室を経由したものの、速やかに患者Xのもとに赴いており注意義務違反はない。

2　医師の指示に基づかない不適切な人工鼻の使用継続（中止義務違反）

　患者Xは痰が詰まったため窒息したとは断定できない。また、喀痰の粘稠度に応じて人工鼻を使用あるいは中止しており、かつ医師も回診時に人工鼻の使用を止めていなかったのであり、人工鼻の使用を回避する義務はなく、医師の指示に従う義務違反もない。

3　アラームの設定の誤り

　Y病院では多数の入院患者について、気道閉塞による窒息を警戒しなければならないが、その入院患者すべてにサチュレーションモニターアラームを設定することは不可能であるし、医療水準ではない。

裁判所はどう判断したか

　Y病院病棟では、本件夜勤当時、看護師3人で入院患者37人の看護を行っており、看護師Y₁は本件患者以外にも別室の患者等多数の患者の看護を担当していたこと、本件心電図モニターのアラームが鳴動するまで患者Xは高度に危険な状態にあったとはいえないこと、看護師Y₁があえて本件患者の対応を後回しにしたなどの事情もうかがわれないことなどから、心電図モニターに迅速に対応すべき注意義務違反

第２章　事例にみる看護師の注意義務と責任　　265

があるとはいえない。

　また、仮に心電図モニターのアラームが鳴動した時点で、速やかに患者Xの入院している病室に赴いていても、患者Xが死亡しなかったであろうと認めることはできない。

　本件で、心拍がいったん停止した原因は、粘稠度の高い喀痰を排出したものの、それが本件患者に装着されていた気管カニューレに詰まったことにあったものと認められる。そのため、本件当時に人工鼻のフィルターに喀痰が大量に付着していたとは認められない。

　また、本件当時は前日と比べて粘稠度が高くなったり血性痰が回収されたりすることもなく、午前4時頃に患者Xの喀痰の吸引を行った時点でも痰の性状に変化がないことからは、使用を中止すべき注意義務には違反しない。

　さらに、Y病院の担当医師らは人工鼻を使用していたことを確認していたことからすれば、医師により痰の粘稠度が低い場合には人工鼻を使用しても差し支えない旨の一般的・抽象的な指示があったことが推認される。

　患者Xは、本件当時、手術後相当期間を経過し、重篤な状況ではあったものの、ICUに入る程度にまでは達していなかった。このような状態の患者に対しサチュレーションモニターと連動するアラームを設定することは医療水準とまでは認められない。

━━━━━━（　コ　メ　ン　ト　）━━━━━━

1　モニターアラームへの対応

　本件は、気管切開をしていた入院患者が夜間に急変を来したことについて、主としてアラームへの対応および人工鼻使用の可否について争われた事例です。

アラームへの対応について裁判で争われることは比較的多く、裁判実務上は、「装着されたモニターを注視し、アラーム音に注意しなければならないことはいうまでもない」という評価がなされることが多いでしょう（東京地判平18・3・6判タ1243・224参照）。

本件では、①アラームに気が付いたのが、アラームが鳴動してから2〜3分後であること、②アラームに気が付き、心拍数0（ゼロ）を確認した後にいったん別の患者の部屋に赴いていることから争点となりました。

判決では、①の点については、看護師Y_1は遅くとも午前5時25分頃にはアラームを認識し得る状態にあったとしながらも、実際に他の患者の対応を行っていたこと等を理由に迅速に対応しなかったものではないとしています。また、②の点については、別室の患者が、視神経脊髄炎の後遺症で、高度嚥下障害、四肢麻痺、感覚障害、膀胱直腸障害がある患者で、人工呼吸器管理、全介助、1時間の間隔で喀痰吸引を必要とする患者であったことから、あえて後回しにしたわけではないと判断しました。

この考え方は、臨床現場の感覚を尊重したものと思われます。しかし他方で、他のアラーム対応が問題となった事例（事例〔27〕）では、アラーム対応は人命にかかわることがあるため、アラーム対応を（他の患者の対応よりも）優先すべき、という指摘がなされており、アラームに気が付いたら直ちにその原因を確認しなければならないとされています。

なお、本判決では、注意義務違反がないという判断をしているのに加えて、アラームにすぐに気が付いて対応していても結果的に救命が困難であった（因果関係がなかった）ということを論じています。この点は、心拍数0（ゼロ）でのアラームですので「他の患者よりも本件患者を優先すべき」という意見があることをも考慮したものと考えま

第2章　事例にみる看護師の注意義務と責任　　267

す。

　このようにアラームへの対応については、裁判所によって考え方が異なっていますので、注意が必要です。少なくとも、医療従事者がアラームに慣れ、「大したことはない」と安易に考えることがあってはなりません。

2　人工鼻の使用について

　本件では、看護師が気管切開孔の状況をみながら、人工鼻を使用したり中止したりしていました。

　人工鼻は、吸気の加温・加湿の方法として用いられる装置で、内蔵されているフィルターに呼気中に含まれる熱と水蒸気を蓄積させ、吸気時には加温・加湿されたガスを吸入することができるようになる、気管カニューレの先端に接続する装置です。加温・加湿の方法としては簡便な反面、痰の付着によってフィルターが目詰まりすることがあるため、喀痰が多く分泌されている患者に対して使用する場合には注意が必要とされており、添付文書上は、使用上の注意として「必ず医師の指示の下で使用すること」とされています。

　これを前提に、本裁判では喀痰が多かったことから人工鼻を用いるべきではなかった、また医師の指示なく看護師の判断で使用していた、という点が争われました。判決では、まず、そもそも本件では抜けていた気管カニューレ自体が粘稠度の高い痰で閉塞しており、人工鼻のフィルターが目詰まりしていたという前提は認められないと判断し、人工鼻の使用自体が本件を生じさせたという前提自体を否定しました。

　その上で、人工鼻の使用については、使用を差し控える状態ではないこと、医師から明示の指示はないけれども、人工鼻を使用しても差し支えない旨の一般的・抽象的な指示があったことが推認されることから問題はないと判断しています。

268　第2章　事例にみる看護師の注意義務と責任

　そもそも、人工鼻は医療機器であり、これを使用する場合は「診療の補助」と評価されますので、「医師の指示」が必要となります（保助看37）。医師の指示に基づかない診療の補助行為は、保健衛生上の危害があるとして刑罰の対象ともなりかねませんので、注意が必要です。もっとも、診療の補助における医師の指示は、常に書面で行わねばならないものではなく口頭の指示でもかまいません。また、特別な場合を除いて個別・具体的な指示のほか、一般的・抽象的な指示でもよいと考えられています。

　ところで、本件では、医師が明示的に指示（一般的・抽象的指示）を行ってはおらず、その記録もありません。この点につき、裁判所は、医師において、看護師が人工鼻を使用しているのを認識しながらこれを「黙認」していたことをもって、一般的・抽象的な指示があったと認定していますので、このような見解に立てば、医師の指示は「黙示的」な指示でも足りることになります。

　しかし、診療の補助は、医師の事前指示に基づいて行うのが原則です。「黙示の指示」が拡大解釈されると患者に保健衛生上の危害を発生するおそれもあります。本件では、結果的に人工鼻を使用したことによる悪影響が生じていないとされる場合でしたが、実際に悪影響が発生した場合にも、裁判所が同様の判断を示すかは疑問です。

　特に、人工鼻は、その添付文書に「必ず医師の指示の下で使用すること」とされている器具であることからすると、添付文書の記載に従わなかったとして過失が推認される可能性もあるでしょう。診療の補助として、医療機器を使用するのですから、看護師において、その必要性が認められると判断した場合には、医師に報告し、その使用について指示（同意）を求める必要があります。そして、医師が口頭で使用の指示（あるいは同意）をした場合には、これを記録に残すなどして、医師の指示に基づくものであることを、事後的にも説明できるようにすることが大切でしょう。

第２章　事例にみる看護師の注意義務と責任　　269

コラム

医療慣行が尊重された背景について

　本判決は、他の類似の判決と比較しても、非常に臨床現場の慣行・判断を尊重した内容となっています。

　この点、判決中に次のような事情が触れられています。

　本件では、救命措置を行っていた7月1日午後3時30分頃に患者家族がナースステーションにて「夜勤の看護師出せ」などと大声で怒鳴り散らし、応対した女性看護師の額をボイスレコーダーで殴打したり、同日朝などに担当看護師らの喀痰吸引が足りなかったとの苦情を申し立て、死亡診断書の死因の記載に不服を述べたり書き直しを求めたりするなど様々な要求をし続けました。こうした行為について、本判決では「仮に本件患者の死亡が家族らにとって突然のことであったことから、担当看護師らが、本件患者の死亡に対して落ち度があるにもかかわらず、自己の非を認めようとしないことに対する肉親としての正当な抗議ないし真相究明を求めるための行動であるとの強固な信念に基づくものであったとしても、社会的に許容される限度を明らかに逸脱した性急かつ粗暴な行為であったといわざるを得ない」として、厳しく非難しています。

　このような暴力的患者家族に対応しなければならない医療従事者の現場での苦労が裁判所に伝わったことが、裁判所の判断にも影響を与えたように思われてなりません。

6 患者の経過観察に関する事故

〔24〕 腸閉塞の手術後の患者が腹膜炎のために容態が急変し死亡するに至った事案につき、術後の経過観察において、容態に変化があった場合に当直医に報告することは看護師として当然にとるべき措置であって、当直の看護師が担当医に連絡することを怠った点に過失があるとされた事例（認容額：4,200万円）

事　例　患者Xは、平成8年5月19日、腹痛と腹部膨満感が強くなり、嘔吐がみられるようになったため、Y病院に入院した。患者Xには大腸癌の可能性も疑われたが確定診断に至らないまま（術後分化型腺癌で5年生存率は5割弱であることが判明）、同月27日、主治医Y₁は、腸閉塞（イレウス）に対する一期的手術を実施した。

本件手術後から5月31日の夕刻まで、患者Xの容態は良好であった。6月1日午後5時30分、患者Xから自制不能の腹痛の訴えがあったため、当直の看護師Y₂はボルタレン座薬25mgを投与した。同日午後8時30分、看護師Y₂は、同様の訴えにより、同様の座薬を投与した。これらの事実は、看護師Y₂から当直医には報告されなかった。

同日午後9時、患者Xから、胸部の不快感、呼吸苦の訴えがあったため、当直の看護師Y₂は、独自の判断により、酸素を毎分2ℓ流した。6月2日午前0時、看護師Y₂は、自制不能の腹痛の訴えがあったため、独自の判断により、ボルタレン座薬を投与した。午前3時30分、当直の看護師Y₂は、患者Xに多量の便汁様嘔吐があったため、独自の判断により、6フレンチの胃管を挿入した。午前4時、看護師Y₂は、患者Xの脈拍数が頻脈を呈し、血圧も上昇してきたため、独自の判断により、心

第2章　事例にみる看護師の注意義務と責任　　271

電図モニターを装着した。患者Xの症状は、縫合不全によるいわゆる
SIRSであって、当直の看護師Y₂が、担当医と連絡し、24時間以内（6月
2日夕刻まで）に適切な再手術が行われていれば、救命できた。

　患者Xは、6月3日午前7時、腹膜炎のため容態が急変し、同月13日、
転院先病院で術後縫合不全による多臓器不全のため死亡した。

（大阪地判平11・2・25判タ1038・242＜確定＞）

■患者側の主張

　本件手術後、患者が敗血症性ショックを起こしている可能性が予見
できた。担当看護師は、担当医師に対し、その容態に急変があれば、
これを報告すべきところ、これを怠った過失がある。

■病院側の主張

　本件手術後、敗血症性ショックを起こしている可能性が予見できる
ような症状は呈しておらず、容態の急変は、予見・予測不可能なこと
であった。

裁判所はどう判断したか

　本件手術後、当直の看護師Y₂において、適切な対応をしていれば、
患者Xの救命は可能であったというべきところ、当直の看護師Y₂か
ら当直医に対し、容態の急変が報告されなかったため手遅れとなり、
救命できなかったというべきである。

　なお、主治医Y₁において、当直の看護師Y₂に対し、患者の容態に変
化があれば、直ちに当直医に報告するよう指示していないが、看護師

としては当然とるべき措置であって、主治医Y₁に過失があるとはいえない。

コ　メ　ン　ト

　本件では、看護師Y₂が当直医に容態の変化を報告しなかったことが過失とされました。医師が看護師に対し、患者の容態に変化があったとき直ちに報告するよう指示していないとしても、生命に危険を及ぼすような異状を確認した看護師に医師への報告が求められるのは当然です。

　ところで、経過観察には「療養上の世話」と「診療の補助」という二面性があります。本件では、療養上の世話としての経過観察というより、診療の補助としての経過観察の色彩が強いと考えられます。経過観察は、医師に代わって患者情報を収集するもので、その行為自体に衛生上危害を生ずるおそれを伴うものではありませんので、これを実施するに当たり、必ずしも医師の指示が必要というわけではありません。もっとも、看護師は、応急の手当を除いて自らの判断で医療行為（診療の補助）を行うことは許されませんので、経過観察において患者に異状が確認され診断・治療が必要と考えられた場合には、直ちに医師に報告し、医師による診察を求める必要があります。この点で、医師の指示に基づかずに独自の判断で酸素投与や胃管挿入をしたことは問題のある行為であったといえます。

　看護師が経過観察を行った内容について、緊急性のない容態の変化（治療を要しない訴え）であれば看護記録等により事後的に医師に報告すれば足りることも多いでしょうが、本件では、術後の縫合不全・腹膜炎の可能性があり、それが患者の生命予後を左右するものであることからすると、患者の腹痛等の訴えを軽視することは許されません。

第2章　事例にみる看護師の注意義務と責任　　273

看護師Y₂は、ボルタレン座薬を投与する前に医師の診察を求めることを検討してよかったでしょう。遅くとも、ボルタレン投与後、胸部の不快感、呼吸苦の訴えの時点では、医師への報告がなされてしかるべきであったと思われます。

　術後管理を担う看護師としては、縫合不全や腹膜炎の際に現れる具体的症状等についての知識が求められます。少なくとも、緊急性の有無、医師に対して報告を要する重要な所見・症状か否かについて判断できるだけの知識、技術が要求されるでしょう。

コラム

医師と看護師の協力

　看護師としての知識、経験、技術により「経過観察」の内容も異なります。十分な経験を有する看護師であれば、術後の経過観察につき医師の詳細な指示がなくとも問題はないかもしれませんが、経験の浅い看護師の場合にまで同様に考えることはできません。

　医師が経過観察を指示する場合には、予想される術後合併症、偶発症、観察のポイント等を具体的に示すこと、医師への報告をする基準を明確にする必要があります。一方、看護師としても、医師の具体的指示がないからといって漫然と経過観察を行うのではなく、積極的に経過観察のポイントを医師に確認することが求められます。仮に判断に迷う症状を認めた場合には、万が一の事態を想定し、医師に報告し医師の判断を仰ぐなどの姿勢が大切です。少なくとも、上級看護師に相談をするなどの対応は必要です。

　最近ではクリニカルパスによる患者管理をする医療機関が増えています。これにより、医療の内容を標準化、チームとして情報の共有と連携が図られ、円滑な医療の提供が期待されています。安全で良質な医療の実現に向け、一層の工夫が求められるでしょう。

274　　第2章　事例にみる看護師の注意義務と責任

〔25〕　小児もやもや病の治療のため、頭蓋内外血管間接吻合術を
　　　　受けた患者が、手術後に脳梗塞を生じ死亡したことから、患
　　　　者の両親が、担当医師らに、①適応がなかったにもかかわら
　　　　ず手術を実施した過失、②適切な術後管理を怠った過失、③
　　　　手術の危険性につき十分な説明を怠った過失があったなど
　　　　と主張して損害賠償を請求した事例（請求棄却）

| 事　　例 | 小児もやもや病の診断を受けていた患者Xは、平成13 |

年11月15日に頭蓋内外血管間接吻合術（EDAS）のため、
Y病院に入院した。患者Xは、同月20日にEDASを受け、午後3時50分
頃に小児科病棟に帰室。帰室時には、運動麻痺は認められず、そのこ
ろから両側頭部痛および右上腕部痛を訴えた。午後4時40分頃、ボル
タレン12.5mgを投与したところ、両側頭部痛は軽減した。

　看護師Y$_1$は、同日午後3時50分頃、血圧測定を実施し、以降、看護師
らは、同日午後4時05分（128／54）、午後4時20分（128／52）、午後4時
50分（124／48）、午後5時50分（118／38）、午後6時（128／40）、午後
10時（116／42）、21日午前2時（128／56）、午前6時（130／58）、午前
10時（128／62）に血圧測定を実施した。

　21日午前0時頃、医師が入眠中の患者Xを起こして診察したところ、
頭痛があるものの、意識清明で運動麻痺および巣症状は見られないこ
と等を確認した。

　看護師Y$_1$は、同日午前2時頃、患者Xを観察したが、状態に変化は
なかった。また、患者Xは、同日午前2時20分頃、ナースコールにより
自制不能な程度の頭痛を訴え、看護師Y$_1$がボルタレン12.5mgを投与
したが、頭痛は軽快しなかった。

第2章　事例にみる看護師の注意義務と責任　　275

　その後、看護師Y₁は、同日午前6時、午前8時30分および午前9時に患者Xを観察したが、その間、患者Xは、15分ないし30分毎に頭痛を訴えていたものの、特段の神経症状は認めなかった。

　同日午前10時頃、看護師Y₂は患者Xの左上下肢の動きがいまひとつであることを発見し、医師に連絡、同日午前10時51分頃、頭部CT検査を行ったところ、患者Xの右半球に低吸収域および腫脹が認められ、同日午後2時30分頃、ICUに転棟した。その後、患者Xは脳腫脹および切迫脳ヘルニアと診断され、同月22日午後5時10分から午後6時20分にかけて、内外減圧術を実施したものの、患者Xは同年12月15日に死亡した。

（千葉地判平18・6・26（平14（ワ）2168））

■患者側の主張（看護師の責任に関して）

1　適切な術後管理を怠った過失の有無

　Y病院看護師らは、適切な頻度で観察を行い、特に21日午前2時20分頃に患者Xが頭痛を訴えた時点では、頭蓋内圧亢進等を疑って瞳孔所見、麻痺の有無・程度、嘔気・嘔吐の有無の確認および採血等を実施すべきであった。また、虚血状態の有無の診断においては、綿密な血圧測定が重要であり、特にボルタレン投与後は、高い頻度で血圧測定を実施すべきであったにもかかわらず、20日午後10時から21日午前10時までの間、約4時間毎に測定するにとどまった上、測定の結果拡張期血圧が低かったにもかかわらず、適切な措置をとらなかった。

2　因果関係／相当程度の可能性について

　11月21日午前10時51分頃に実施された頭部CT検査において、脳実

質の広範囲にわたって低吸収領域が出現しているところ、同日午前2時20分頃に患者Xが訴えていた頭痛は脳梗塞と関係していたと考えられ、上記時刻ころまたはそれ以前の時点で、脳梗塞が発症していたと考えられる。

そして、この脳梗塞は、その具体的機序を特定することはできないが、①頭痛等による過呼吸、②輸液不足による脱水、③ボルタレンの投与を含む疼痛コントロールに起因する血圧低下のいずれかが影響している。

いずれについても、治療によって患者Xの死亡を回避することが可能であったというべきであり、少なくとも、その相当程度の可能性は存在した。

■病院側の主張

1　適切な術後管理を怠った過失の有無

Y病院看護師らは、患者Xの状態につき頻回に観察を行っている。患者Xが訴えた頭痛は、本件手術の創部痛によるものであり、その原因が頭蓋内圧亢進等である可能性を疑って患者側の主張する観察をすべき義務があったとはいえない。

2　因果関係／相当程度の可能性について

脳梗塞の画像上の所見は、もやもや病という特殊な血行動態を有する患者については、一般的な医学的知見は当てはまらない。21日午前10時頃の時点で発症または発症の前段階である脳虚血の状態に至ったと考えられる。

また、過呼吸、脱水または血圧低下の事実があったことをうかがわせる事情は存在しない。もやもや病自体の増悪により脳梗塞が発症する可能性も否定できず、患者Xに発症した脳梗塞の具体的な原因は不

第2章　事例にみる看護師の注意義務と責任　　277

明であり、術後管理のいかんにより患者Xの死亡を回避することが可
能であったということはできない。

> 裁判所はどう判断したか

1　看護師Y₁による観察について

　夜間帯の瞳孔所見、麻痺の有無の確認について、看護師Y₁は瞳孔所
見、握手をしてもらって左右差がないか等の神経的な面についても適
切な観察を行っていた旨を証言している。しかし、看護師Y₁はその
他の観察経過については記憶がないとしている部分が多く、看護師
Y₁の証言は、本件における具体的観察経過を述べたものというより
は、脳神経外科の患者に対し通常実施すべき観察内容を述べたものに
すぎない。

　そして、診療録中、Y₁看護師が20日午後3時50分以降に患者Xの看
護を担当した際の記載部分には瞳孔所見および麻痺の有無についての
記載がされているにもかかわらず、21日午前2時以降に担当した際の
記載部分には、これらの点についての記載が存在しないこと等の事情
を総合すれば、看護師Y₁が、瞳孔所見、握手をしてもらって左右差が
ないか等の神経的な面を含め、適切な観察を行っていたとは認め難い。

　また、21日午前2時20分から午前6時までの時間帯に、15分ないし30
分毎に観察されていたか否かについて、看護師Y₁は「（診療録の）こ
の記載を見ると、おそらくそういうことがあったと思います。」と述べ
るにとどまっている。診療録中の21日午前6時の部分には、「上記（頭
痛の）訴え、15〜30分毎にあり」との記載があるものの、これに対応
する各時間ごとの観察内容等に関する具体的記載が一切存在しないこ
とからすれば、上記時間帯において看護師Y₁が、神経症状や血圧測定
を含む十分な観察を行っていたとは認められない。

278　　　第2章　事例にみる看護師の注意義務と責任

2　因果関係について

　患者Xの脳梗塞の発症時期は、21日午前0時から午前7時50分までの時間帯であったと認めるのが相当である。

　しかし、看護師が適切に観察をしていたとしても、実際にどの程度CT検査の時期を早めることが可能であったかは不明であるし、仮に脳梗塞を発見したとしても、脳梗塞に対する対処は困難である。加えて、仮に多少症状を軽減することが可能であったとしても、患者Xの救命が可能であったといえるかは疑問であり、術後の合併症についての観察等を尽くしたとしても、救命が可能であった高度の蓋然性があったと認めることはできず、その相当程度の可能性を認めることもできない。

＝＝＝＝＝　コ　メ　ン　ト　＝＝＝＝＝

1　術後の観察義務について

　本件では、小児もやもや病に対する頭蓋内外血管間接吻合術（EDAS）後の観察義務が問題となりましたが、特に問題となったのは、21日午前2時すぎから午前6時頃までの夜間帯の観察です。本件では、この夜間帯の観察内容および観察頻度が不十分という認定がなされました。しかし、具体的にどの程度の観察頻度で、どのような観察を行うべき法的義務があったのかという点は、明確にはしていません。

　具体的な観察内容に関して、瞳孔所見、麻痺の有無、血圧測定の頻度などを問題にしているようですが、その根拠や、それらをどの程度確認すべき法的義務が存在するのかも、不明確です。

　夜間の観察については、患者が寝ているのを起こしてまで所見を確認しなければならないこともあり、看護師が自発的に観察する内容として法的義務とすることは酷な印象があります。

第2章　事例にみる看護師の注意義務と責任　　279

　術後の観察は、医師の指示（包括指示／クリニカルパス）に基づい
て行われるのが通常です。そのため、本来は、本件において看護師の
責任を検討する前提として、実際に医師の指示がどのようなものであ
ったかを確認する必要があります。医療従事者の個人責任を追及する
のであれば、本件で問題となった観察義務違反が、医師の指示が要因
なのか、または看護師の観察が要因なのかという点について、十分な
検討がなされるべきところです。

　もっとも、患者と病院との関係では、医師の指示の有無や内容いか
んにかかわらず（その責任が医師の指示にあろうと看護師にあろう
と）、患者に対する「看護師の観察が不十分」であれば病院の責任が認
められます。そのため、医師の指示内容についての詳細な検討はなさ
れなかったようです。

2　看護記録の記載について

　本件では、担当した看護師Y₁は、15分〜30分毎に観察をしており、
瞳孔所見や麻痺の確認をしているという証言をしました。

　しかし、①看護師Y₁は当時の記憶がないこと、②日中は、瞳孔所見
や麻痺の有無についての所見が記載されていたにもかかわらず、夜間
帯ではこの点の記載がないこと、③15〜30分毎に観察したという具体
的な内容の記載がないことなどを理由として、この証言は採用されま
せんでした。

　一般的に、事故が生じてから裁判が起こされるまでに数年もの時間
が経過することは珍しいことではありません。その間、当時の記憶は
どんどん薄れていきます。そのような場合、当時の具体的な状況につ
いては記録が残っていなければ難しいでしょう。本件では「上記の訴
え、15〜30分毎にあり」という記録は残っていましたが、それ以上の
記録は残っておらず、結果的に観察が不十分と認定されています。

280　第2章　事例にみる看護師の注意義務と責任

　本件では裁判所は、経過観察義務違反（過失）を認定しながらも因果関係がないとして、病院の損害賠償責任を否定しました。しかし、因果関係が肯定された場合には、高額な賠償となった可能性もあります。

　診療記録は、裁判上の証拠としても極めて重要なものです。医師の指示があれば、その指示内容に対応した看護記録を残すのが通常でしょうが、特段の指示がない場合において、確認した内容全てを逐一記載している看護師は少ないでしょう。特に、夜間帯においては、まとめて記載する場合もあり、個々の観察時に患者に異常がなかったという所見（陰性所見）が明確な記録として残らない場合もあります。

　しかし、記録がないと、実際には適切な観察を実施していたにもかかわらず、本件のように観察が不十分との認定がなされる可能性があります。そこで、イレギュラーが発生した場合には、陰性所見も含めて、観察ごとの詳細な経過を記録する（追記する）などの工夫が求められます。

第2章　事例にみる看護師の注意義務と責任　　281

〔26〕　入院中の患者が脳梗塞を再発して重篤な後遺障害が生じ
　　　たことについて、看護師が患者に何らかの異変が生じている
　　　と気付くべきであったとして、患者家族が病院に対して損害
　　　賠償請求を行った事例（請求棄却）

```
事　　例
```
　患者Ｘ（昭和7年生まれ）は、糖尿病、高血圧症、高脂
血症および心房細動（非弁膜症性）の既往を有する患者
であった。これらの治療のため、インスリン、降圧剤およびワーファ
リン等を処方されていたものの、これまでにもたびたび脳梗塞を発症
していた。

　平成15年12月27日午前5時頃、患者Ｘは、自宅で意識を失ったため、
救急車でＹ病院へ搬送され、脳幹部梗塞（疑い）、けいれん、意識障害
等と診断された。抗けいれん剤およびラジカットの投与により、徐々
に意識レベルが回復し、同月31日には食事を摂ることができるように
なり、平成16年1月9日には退院予定であった。

　同月9日午前1時、患者Ｘは尿失禁しており、看護師によるオムツや
シーツ等の交換時にも目を覚まさなかった。その後同日午前3時およ
び6時の各定期巡視の際にも、患者Ｘは目を覚ましていなかった。さ
らに、看護師Ｙ₁が午前8時に採血しようとした際、患者Ｘはしかめ面
をするのみで起きる気配がなく、針を刺しても、険しい表情をするも
のの声を出さなかった。

　その後、同日午前9時20分頃に家族から連絡を受けて看護師が状態
を確認。午前9時40分頃から医師による処置を開始。右中大脳動脈の
脳梗塞を再発したものと診断された。以後、意識混濁、左半身麻痺、
嚥下障害の後遺障害が残存したが、患者Ｘは平成17年12月11日、Ｙ病

282　第2章　事例にみる看護師の注意義務と責任

院において死亡した。

（那覇地判平19・11・28判タ1277・375＜確定＞）

■患者側の主張（看護師の責任に関して）

①　患者Xは平成16年1月8日までは昼夜を問わず、2〜3時間おきに尿意や便意を大きな声で訴えていた。しかし、同月8日夜から9日朝の間は、前日までと明らかに違う状態で、失禁し、ガウンまで濡らしており、看護師は異変を疑うべきであったのにもかかわらず、これを見落とし、医師に報告しなかった。

　　また、朝の当番の看護師Y₁は、患者Xから採血をしているが、その際、患者Xは反応せず眠ったままであり、異変を疑うのに十分な状況があったにもかかわらず、看護師Y₁はこれを見落とし、医師に報告しなかった。

②　看護師らが異変にいち早く気付き、医師に連絡をとることができておれば、患者Xに対する何らかの応急措置（処置）をとることができた。

■病院側の主張

①　看護師らは、定期的に巡回しており、平成16年1月9日午前7時30分から8時までの間は、患者Xは入眠している状態であり、異変を疑わせるものではない。

②　患者Xに対する何らかの応急措置（処置）をとることができたという点については、争う。

第2章　事例にみる看護師の注意義務と責任　　283

裁判所はどう判断したか

1　看護師の注意義務違反について

　1月9日午前3時および6時の各定期巡視の際、患者Xが目を覚まして
いなかったとしても、当時、就寝時に睡眠薬（マイスリー錠10mg）が
投与されていたことをも考慮すれば、前日までとは明らかに異なる異
常な状態として医師に報告するなどの措置を講ずべきであったとまで
いうことはできない。

　しかし、同日午前8時には、採血しようとした際、しかめ面をするの
みで起きる気配がなく、針を刺しても、険しい表情をするものの声を
出さなかった。同日未明の尿失禁からの一連の状態とその前日までの
状態とを勘案すれば、看護師としては、患者Xに何らかの異変が生じ
ているものと気付くべきものであった。

2　因果関係について

　同日午前8時の段階で看護師が患者Xの異常に気付き、速やかに医
師に報告等をすることによっても、予後への影響はほとんどないと考
えられ、患者Xに生じた結果との因果関係は認められない。

コ　メ　ン　ト

1　争点の整理

　本件では、糖尿病、高血圧、高脂血症、心房細動という脳梗塞のハ
イリスク患者に対する医療行為が問題となりました。裁判上の主たる
争点は、ワーファリン投与時期など治療に関する点でしたが、争点の
1つとして看護師の観察義務が問題となりました。

　争点としては付随的なものであったため、裁判所では看護師の責任

については簡単に触れているのみですが、医療紛争では、患者の状態観察について看護師が責任を問われることはよくあります。

2 看護師の「観察義務」の根拠

看護師は患者の状態を適切に観察し、異常があれば医師に報告しなければならない、という結論に異論はないと思われます。では、その法的根拠は何でしょうか。

そもそも、看護師の業務については、保健師助産師看護師法では「看護師とは、厚生労働大臣の免許を受けて、傷病者若しくはじょく婦に対する療養上の世話又は診療の補助を行うことを業とする」と規定されています（保助看5）。このうち、療養上の世話は、一般的には、患者の症状の観察、環境整備、食事の世話、清拭および排泄の介助、生活指導などのことで、看護師の主体的な判断と技術をもって行う、看護師の本来的な業務のことをいいます。他方で、診療の補助は、身体的侵襲の比較的軽微な医療行為の一部について補助するもので、比較的単純なものから、採血、静脈注射、点滴、医療機器の操作、処置など様々なものがあります。

そのため、一般的には患者の観察義務は、多くの場合には療養上の世話として位置付けられ、看護師の主体的な判断と技術をもって行われるものとされています。

ただし、療養上の世話と診療の補助との区別は、容易ではないことも少なくありません。具体的な患者の状態に応じて、医師から観察すべき所見や頻度（例えば、バイタルサイン測定頻度、呼吸状態、腹部所見、浮腫、足背動脈触知など）について指示されることは、よくあることです。こうした場合には医師による診断に必要な情報を確保するためのものと理解され、診療の補助行為と考えられます。

このように、看護師が行う患者の観察義務は、療養上の世話の性質

第2章　事例にみる看護師の注意義務と責任　　285

と診療の補助としての性質の両者を併せ持つことも多いと考えられます。

　この観察義務の2つの性質から、例えば、医師からの指示が6時間毎にバイタル確認、という指示であったとしても必ずしも6時間に1度しか患者の状態を確認しなくてよいということにはなりませんし（患者の状態によります。）、医師の指示がない場合であったとしても患者の状態を観察して異常を認めたら医師に報告すべき義務が生じ得ます。

　患者の状態の観察については、医師に指示されたことだけをしていればよい、ということではないことに十分気を付ける必要があります。

3　具体的な判断の内容

　観察を行う以上、看護師には、患者の観察をして「異常」かどうかを判断することが求められますが、具体的な疾患まで判断する必要はありません。

　もっとも、異常か否かを判断して、必要な場合には医師に報告をするということは、この「異常」が（医師の診察・処置が必要なほどの）緊急性を有するかという判断までが含まれています。例えば、腹部手術後の患者が「お腹が痛い」と言っていた場合に、創部痛なのか、腹部全体なのか、腹部所見で筋性防御があるのか、などによって緊急性が変わってきます。その意味で、担当する患者の疾患に関する基本的な医学的知見や受けている治療に付随する副作用や合併症としてよく見られるものなど、関連する医学的知識の習得が必要となります。

　別の見方をすれば、このような専門的知識・技術が必要だからこそ、法は国家資格を有する看護師に経過観察業務を独占させているともいえるでしょう。

286　　第2章　事例にみる看護師の注意義務と責任

4　本件の特徴

　本件の場合に、医師が看護師に対してどのような指示を出していたのかは不明であり、看護師に観察義務があることを当然の前提として考えているようです。

　患者は、ワーファリン等を服用していたにもかかわらず、これまで繰り返し脳梗塞を発症していました。今回も脳梗塞の再発による入院でした。このような点からも脳梗塞再発を含めたリスクの高い患者だったといえます。他方で、脳梗塞発症から2週間以内であったとはいえ、退院予定日の出来事であり、医師から急性期は脱して安定していたと評価されている患者であったともいえ、薬剤の影響もあって「異常」と判断すること（あるいは医師に報告するほどの異常と判断すること）が難しかったものと推測されます。

第2章　事例にみる看護師の注意義務と責任　　287

〔27〕　入院中に呼吸停止状態に陥って植物状態となり、その後死
　　　亡したことについて、看護師らにおいて心拍数モニターのア
　　　ラームに対応すべき注意義務があるのにこれを怠った過失
　　　があるなどとして、患者の相続人らが3,550万円および遅延
　　　損害金の請求を行った事例（認容額：2,250万円）

事　例　　患者Ｘは、新生児期、乳児期に完全大血管転位症に対
　　　　　する手術を受けたが、脳梗塞および低酸素脳症を発症し、
右上肢麻痺、右下肢不全麻痺、てんかん、知的障害の各障害を負って
いた。

　その後、患者Ｘは平成19年5月15日、肺炎治療のためＹ病院に入院し
た。患者Ｘの病室は2人部屋で、ナースステーションから廊下を挟ん
で斜向かいの病室2室分ほど離れた位置にあった。患者Ｘは、同月21
日、重症肺炎と診断され人工呼吸器を装着したが、同月31日、呼吸状
態が改善して人工呼吸器から離脱した。その後、6月9日、呼吸状態が
悪化して人工呼吸器を再装着し、同月18日には気管切開を施行され、
気道切開部に気管切開チューブ（本件カニューレ）が装着された。

　7月14日当時には、酸素投与は中断され、患者Ｘは本件カニューレで
自発呼吸していた。また、心電図等のモニターが装着されており、ナー
スステーション内にあるモニター画面において、心電図、心拍数お
よび呼吸数が表示され、心拍数が設定値を超えるか下回るとアラーム
が鳴る仕組みになっていた（なお、この時の病棟夜勤担当看護師は、
Y_1、Y_2およびY_3の3名であった。）。しかし、同日午前5時20分頃まで
に、本件カニューレが患者Ｘの気道から抜けかけて気道を不完全に閉
塞して呼吸が困難な状態となり、アラームが鳴っていたものの気付か

288 第2章 事例にみる看護師の注意義務と責任

れなかった。午前5時37分頃、患者Xは看護師により呼吸停止の状態
またはこれに近い状態で発見され、直ちに心臓マッサージおよびアン
ビューバッグによる人工呼吸が行われ蘇生した。しかし、患者Xは、
その後、意識を回復することなく平成20年5月15日に死亡した。

（神戸地判平23・9・27判タ1373・209＜控訴＞）

■**患者側の主張（看護師の過失に関して）**

1 本件カニューレの固定について

　Y病院の医師または看護師は、本件カニューレが半抜去の状態にな
ることがないように、本件カニューレをしっかり固定して装着すべき
注意義務があった。にもかかわらず、本件カニューレは緩く固定され
たため、その結果、気管カニューレが抜けたか抜けかけ、半抜去の状
態となり気道を閉塞し、呼吸不全や心停止に至った。

2 頻回な巡回をすべき義務について

　看護師らは、患者Xの病室を頻回に巡回し、本件カニューレが外れ
ていないかどうかを確認すべき注意義務があったにもかかわらず、頻
回な巡回を怠り、本件カニューレが抜けたか抜けかかったのを放置し
た。

3 アラームに対応すべき義務

　看護師らは、患者に異常がないかどうかを監視するため、モニター
を注視し、アラーム音に注意しなければならず、モニターが異常値を
示したりアラームが鳴ったりした場合には、直ちに患者のもとに行っ
て状態を直接観察し、異常があれば緊急対応すべき義務がある。

第2章　事例にみる看護師の注意義務と責任　　289

■病院側の主張

1　本件カニューレの固定について

　本件カニューレは付属の滅菌されたガーゼの紐で、指が1本入るくらいの余裕をもって堅結びで固定しており、適切な方法で固定した。本件は、てんかん発作により、無意識に本件カニューレを引き抜こうとしたことで半抜去の状態となったもので、固定方法とは無関係である。

2　頻回な巡回をすべき義務について

　患者Xは、本件事故日の前日には容態も安定し、ナースコールもできる状態であった。本件カニューレの装着自体も何ら危険のあるものではないから、本件事故を予見することはできず、これを防止すべき義務もない。5ないし10分ごとに巡回するというのは現実の医療現場では不可能であるし、これにより突発的な窒息事故を防止することはできない。

3　アラームに対応すべき義務について

①　看護師Y₁がナースステーションに戻った午前5時21分、23分の時点では、ナースステーションの滞在時間はそれぞれ30秒前後の短時間である。手洗いや訪室後の処理、ナースコールなどに忙殺され、アラーム音やモニターの異常に注意を払う余裕はなく、アラームに気付かなかったとしても過失ということはできない。

②　看護師Y₁は、再度午前5時29分にはナースステーションに戻ったが、手洗いをしてモニターを確認し、すぐにナースコールがあり他の患者のところに行った。ナースステーションに在室したのは1分43秒間にすぎず、他の業務に忙殺されモニターの確認が十分できなかったとしても過失ということはできない。

290　　第2章　事例にみる看護師の注意義務と責任

$$\boxed{\text{裁判所はどう判断したか}}$$

1　本件カニューレの固定について

　本件カニューレが装着された6月18日から本件事故日まで本件カニューレが自然に抜けたり抜けかけたりしたことはない。本件事故の際に本件カニューレが緩く固定されたために自然に抜けかけたと認められない。

2　頻回な巡回をすべき義務について

　本件事故は、本件カニューレが抜けかけて本件カニューレを通じて人工呼吸器等から酸素を取り込むことができなくなったものではない。また、本件カニューレは、抜けかけたときに気道を閉塞するという構造上の危険があると認め得る証拠はない。そのため、本件事故が患者Xの自己抜管によるものであるとしても、事故の発生を予見することはできなかったというべきであり、本件看護師らにおいて頻回に巡回しなかった過失があるということはできない。

3　アラームに対応すべき義務について

①　ナースステーションに在室する看護師としては、アラームが鳴った場合には、直ちにモニターを確認して単なる一時的な異常と判断されるのであれば格別、そうでない場合には当該患者の病室を訪問して異常の原因を除去したり医師に異常を伝える等の措置をとるべき注意義務がある。

②　看護師Y₁は本件事故日の、①午前5時21分14秒から39秒ころまでの間、②5時23分59秒から24分34秒ころまでの間、③5時29分21秒から31分04秒ころまでの間、それぞれナースステーションに在室しており、患者Xの心拍数アラームが鳴っていたにもかかわらず、これ

第2章　事例にみる看護師の注意義務と責任　　291

に対して何らの対応も行っていない。少なくとも上記の各時点において上記の注意義務に違反したという評価は免れない。

③　ナースステーションの滞在時間が短時間であり、看護師 Y_1 は、他の患者の対応の途中にナースステーションに立ち寄ったものであるが、約50床の患者を3名の看護師で対応し、当時うち2名はおむつ交換を順次行っておりナースステーションに在室していなかったという状況である以上、看護師 Y_1 は行うべき業務が複数ある場合には、適宜優先すべき業務から対応すべきである。他患者の対応はおむつ交換であり、アラームの対応が優先すべき業務であったといえる。

　なお、看護師 Y_1 がアラームが鳴っていること自体に気が付かなかったとすれば、特に緊急の業務に従事していたなど、これに気が付かなかったとしてもやむを得なかったというべき事情も認められない以上、アラームに気が付かなかったこと自体が過失というべきである。

コメント

①　判決文でも触れられているように、本件は夜勤帯、50床の患者を3名の看護師で対応している中で、事前には予想できない患者の急変が生じたケースです。この多忙を極める状況下で、心拍数モニターのアラームが鳴っていたにもかかわらず、これに対応をしなかったことが、看護師の落ち度として認定されました。

　一般的に、モニターアラームは、安全圏を設定しているために、比較的頻繁に鳴ることが多いため、看護師を含めた医療従事者はアラームに対してはさほど敏感になっていないことがあります。本件では、そもそも「アラームに気が付かなかった」のか、「アラームには気が付いたものの、（一時的な異常だと思い）他の処置を優先させ

た」のかは不明としながらも、いずれの場合であっても過失がある
と判断しています。

　法的には、「過失」は、具体的状況下における注意義務違反であり、
「精神の緩んだ状態」「注意を払わない状態」のことではありません。
そのため、「アラームに気が付かなかったこと」自体を直接的に「過
失」と表現することは厳密には正確性を欠くものといえます。

　しかし、理論的な面ではともかく、現在の裁判実務上は、「装着さ
れたモニターを注視し、アラーム音に注意しなければならないこと
はいうまでもない」（判タ1373・209参照）として、過失の認定に欠ける
点はないとされています。本件の評価としても、「本件では、患者の
心拍数が異常値を示しモニターの心拍数に係るアラームが鳴ってい
たのに看護師が気付かなかったというのであるから、看護師に過失
があったとした本判決の判断は相当」とされ（判タ1373・209）、「本判
決を法の観点から見た場合、合理的な論拠とロジックが展開されて
いるがゆえに、結論の具体的妥当性につき、さほど異論はないだろ
う。」（小西知世「看護師詰所におけるアラーム対処の適切性」甲斐克則・手嶋
豊編『医事法判例百選〔第2版〕』、175頁、2014年）という評価が一般的で
す。

　医療現場の実情に照らしますと「アラーム対応は人命にかかわる
ことがあるため、アラーム対応を（他の患者の対応よりも）優先す
べき」という指摘は、現場の医療従事者にやや酷な印象があるかも
しれませんが、アラームの目的に照らし、少なくともアラームが一
時的なものか否かを確かめた上で、行動することが必要でしょう。

② なお、本件では、患者Xの状態がやや落ち着いたことから、医師
　からはモニター装着の指示は出ておらず、看護師らの判断でモニタ
　ーの装着を継続していたという特殊性があります。

　　仮にモニターを装着していなければアラームも鳴りません。本件

第2章　事例にみる看護師の注意義務と責任　　293

では、最終的にはアラームに気が付いて対応をしていますが、仮に、モニターを装着していなければ、患者Xの急変が発見されるのはより後になったものと推測されます。その意味では、アラームを装着したことが患者の利益となっています。しかし、裁判では、モニターを装着したことで、「アラームに気が付かなかった」点が過失と評価され、法的責任が問われることになりました。よかれと思っての対応が法的責任の根拠とされることについて、不満を抱く医療従事者もいるかもしれません。

　しかし、いかなる理由があるにせよモニターを装着するという判断をした以上は、モニターを装着しているという具体的状況下での注意義務の内容を検討することとなり、その表示やアラームに注意を払うのは当然です。アラームにより患者の異常が知らされているのですから、これを無視することは許されません。裁判所の判断は、医療従事者にとって酷な印象もありますが、法的責任の前に、医療従事者には患者の生命・身体を守るために適切に行動すること（最善の対応）が求められているという、本質を見失うことがあってはなりません。

7 感 染

〔28〕 脳出血に対する開頭血腫除去術等の術後、感染症等により
死亡した事案について、髄液滲出部位の傷の縫合が不十分で
あったとされたが、縫合が十分であったとしてもMRSA感染
が避けられたとはいえず死亡との相当因果関係が否定され、
さらに患者が死亡時点でなお生存していた相当程度の可能
性も否定された事例（請求棄却／控訴棄却）

事 例　　患者Ｘは、平成17年9月11日後頭部から頚部にかけて
の痛みがあり、左手がうまく使えなくなるという症状が
あったため、同日Ｙ病院に救急搬送された。その際、意識障害と左不
全片麻痺を認め、頭部CT検査にて脳出血（右被殻および視床）、脳室
穿破が確認された。そこで、Ｙ病院脳神経外科医は両側脳室ドレナー
ジを実施した。

その後、患者Ｘには、同月14日に瞳孔不同が出現し、頭部CT検査で
水頭症の進行が認められたことから、Ｙ病院では開頭血腫除去術を実
施した。同月25日右側切開創が一部離開し、髄液の漏出が見られたた
め、同部分をステープラーで縫合した。同月28日腰椎穿刺を実施した
ところ細菌性髄膜炎が疑われ、抗生剤を従前使用されていたモダシン
からカルベニンに変更した。

10月2日創部より排膿があり、皮下に膿瘍形成を疑い、皮下膿瘍デブ
リドマン、骨弁除去術を実施した。同日に膿細菌検査を実施し、同月
4日にメチシリン耐性黄色ブドウ球菌（MRSA）が検出されたことが
報告された。そこで、Ｙ病院では同月5日から抗生剤をカルベニンか

らバンコマイシンに変更した。同月11日、頭部CT検査の結果、水頭症の進行が認められ、右側脳室ドレナージを実施したところ、ドレナージチューブから排膿があった。脳膿瘍を来していると考えられたため、抗生剤ゲンタシンを投与した。12月6日、頭部MRI検査にて脳膿瘍の消失が確認された。平成18年3月10日、同月24日および同年4月3日に、喀痰培養検査を受けたところ、そのいずれにおいてもMRSAが検出されなかった。

　患者Xは、平成18年5月6日、気管切開チューブから大量に出血し、ショック状態となり、同月7日、敗血症からDIC（播種性血管内凝固症候群）を来し、同月9日、死亡した。

$$\left(\begin{array}{l}\text{岡山地判平25・11・13判時2208・105}\\\text{広島高岡山支判平26・4・24判時2226・31＜上告受理申立て＞}\end{array}\right)$$

■患者側の主張

1　ペルジピンを投与したことの過失

　脳出血急性期においてペルジピンを投与しているところ、ペルジピンの添付文書（能書）には、頭蓋内出血で止血が完成していないと推定される患者に対してペルジピンを投与することは禁忌である旨記載されている。Xは同薬剤の禁忌事項に該当しており、ペルジピンの投与を回避すべき注意義務があった。

2　感染防止義務

　患者がMRSA等の感染症に感染することを防止するために、手洗い、医療器具の消毒、環境整備、清掃等の基本的な予防策を整備するなどの感染症を防止する対策をとるべき義務があった。

　Y病院の医師および看護師には、術後の創部の管理において、創部

296   第2章　事例にみる看護師の注意義務と責任

を十分に消毒し、ガーゼ等で被覆する、十分に手指の消毒をしてから
創部の処置をするなどMRSAへの接触感染を防止するための適切な
処置を講ずべき注意義務があった。

　しかし実際は創部を十分に消毒、被覆することなく、また、十分に
手指の消毒をせず、ゴミ箱、ベッドの器具等を触ったままの手で創部
のガーゼの交換を行うなどした。

3　相当程度の可能性

　仮に医師の過失と死亡との間に因果関係が存在しないとしても、医
師が適切な検査・診断をし、髄膜炎、脳膿瘍に対する医療水準に適合
した医療を行っていたならば、死亡の時点においてなお生存していた
相当程度の可能性があった。

■病院側の主張

1　ペルジピンを投与したことの過失

　脳出血急性期に降圧すると予後が良いとされており、ペルジピンは
脳出血急性期の降圧薬として推奨されるべき薬剤である。添付文書の
本件禁忌事項の記載には医学的根拠がなく、脳出血急性期にペルジピ
ンを使用すべき特段の合理的理由がある。

2　感染防止義務

　MRSAの感染・発症を抑えるべく、組織的に標準的な感染防止対策
を講じており、感染防止義務違反はない。Y病院にて施行されていた
各種の対策および遵守の程度は当時の医療水準を十分に上回っている
といえ、感染防止義務違反はない。また、医師および看護師は、Xの
術後の創部の管理を適切に行っており、不潔な処置をとった事実はな
い。

3　相当程度の可能性

　何らかの感染防止義務違反があったとしても、髄膜炎の治療期間が多少短縮した可能性はあったかもしれないが、髄膜炎治癒後の状態は同じであったといえるから、患者Xがその死亡の時点において、なお生存していた相当程度の可能性があったとはいえない。

裁判所はどう判断したか

1　ペルジピンを投与したことの過失

　ペルジピンの添付文書上の禁忌事項は、科学的根拠がなく、海外のガイドラインと矛盾しており、国内の使用状況とも合致せず、ペルジピンに替わる脳出血急性期に安全で有効な降圧薬がないという理由により、平成20年に、日本脳神経外科学会から見直しの要求がされ、平成21年7月には、ペルジピンの添付文書から本件禁忌事項が削除されたという事情があり、平成17年当時においても、脳出血急性期の降圧薬としてペルジピンの有用性を指摘し、その使用を推奨する論文が国内外を問わず多数存在した。したがって、Y病院医師が禁忌事項に従わなかったことについては特段の合理的理由がある。

2　感染防止義務

　Y病院では、院内感染予防対策委員会を設置し、定期的に会議を開いて感染防止対策に関わる事項について協議をするとともに、院内感染防止対策マニュアルを策定するなどして、CDCガイドラインに沿った内容の標準予防策、感染経路別予防策を整備した上で、適宜その見直しを行っており、医療従事者に対する院内感染の標準予防策についての教育も頻回に行っていた。

　また、院内の清掃については、専門業者との間で業務委託契約を締

298　　第2章　事例にみる看護師の注意義務と責任

結し、同業者において、感染防止および衛生管理に配慮した仕様書に
基づいての業務遂行がされており、ICUの設備についても、高い空気
清浄度を維持できる空調機を設置しており、組織的な院内感染防止対
策を怠っていたとは認められない。

　看護師らは、無消毒の素手で創部付近を触れるようなことはあり得
ないし、ガーゼの位置を直すときも、創部に触れる可能性のある部分
に素手で触れるようなことはしていないと述べており、看護師らにお
いて、不潔な措置をとった事実を認めるには足りない。しかも、患者
Xから検出されたMRSAと他の患者10名から検出されたMRSAの薬
剤感受性がいずれも異なることが認められ、Xが院内に既に存在して
いたMRSAに看護師ら医療従事者を介して感染した事実を認めるこ
とができない。

　Y病院の医師は、実際行っている以上に、何らかの検査および対策
をとるべき義務があったと認めるに足りる証拠はない。

3　相当程度の可能性

　創部から髄液が漏出していた場合、直ちに滲出部位の傷を十分に縫
合すべきであった。しかし、滲出部位の傷を十分に縫合することなく、
ガーゼを上乗せし、交換する処置をするにとどめていることから、こ
の点において過失がある。しかし、患者XのMRSAの感染経路は不明
である上に、9月28日の髄液検査においてMRSAが検出されていない
ことからすれば、患者Xが同月23日のドレナージ抜去以前にMRSAに
感染していた可能性は低く、同月22日までの間に滲出液の傷を十分に
縫合していれば、MRSA感染が避けられたということはできないか
ら、患者XのMRSA感染、死亡との間に因果関係は認められない。

　Y病院の医師が滲出部位の傷を十分に縫合していたとしても、Xの
治療経過に影響を与えたとは認められず、滲出部位の縫合時期の遅れ

第2章　事例にみる看護師の注意義務と責任　　299

と死亡との間に因果関係は認められないし、また、同月22日以前に滲出部位の縫合をしていたならば、Xがその死亡の時点においてなお生存していた相当程度の可能性の存在を認めることもできない。

コ　メ　ン　ト

　本件争点は多岐にわたっており、その中で特に重要なものを取り上げました。

　患者側は、脳出血に対する開頭血腫除去術等の術後、感染症等により死亡した事案について、看護師が十分に手指の消毒をせず、ゴミ箱、ベッドの器具等を触ったままの手で創部のガーゼの交換を行うなどし、これにより患者がMRSAに感染したと主張しましたが、そのような事実は認められないと否定されました。

1　看護師と院内感染

　裁判所は詳細な事実認定の下、遺族らが提出した証拠に対して疑問を呈しつつ、無消毒の素手で創部付近を触れるようなことはあり得ずガーゼの位置を直すときも、創部に触れる可能性のある部分に素手で触れるようなことはしていないとの看護師らの主張を前提に、不潔な措置をとった事実を認められないとしています。

　医学的に必要な清潔操作を心掛けることは当然です。特に、患者や家族が院内感染という疑念を持った場合には、医師や看護師の一挙手一投足に疑惑の目を持たれかねません。そのため、日頃から院内における感染予防のための体制（各種委員会の開催など）を整えるとともに、これに基づいた基準を策定し、これらの基準に従った感染予防措置をとることが重要といえます。さらに発熱や頻脈などの感染を疑わせる徴候に留意することに併せて、外科的手技後など易感染性の状態

にある患者に対しては、早めの各種培養を検討し、看護師から積極的に医師に検査を検討するよう促すことも考慮してもよいでしょう。

これによって感染菌が明らかになれば正しい抗生剤選択に役立ちます。また、仮に感染菌が検出されなかったとしても、適切な院内感染予防措置をとっていた1つの根拠となるでしょう。

2　添付文書およびガイドライン

本件ではペルジピンの添付文書上の禁忌事項に該当する使用や、細菌性髄膜炎に関するガイドラインが重要な証拠として利用されています。

添付文書の証拠としての重要性は既に広く知られている（事例〔45〕参照）ところですが、本件では禁忌事項に従わなかったことについては特段の合理的理由があるとされた点で注目されます。この判断の過程では、海外のガイドラインやその後の事情なども考慮されています。

医療従事者は、添付文書の注意事項だけでなく、日頃から自分の業務に関連するガイドラインについては内容をチェックし、必要に応じて一読しておく必要があるといえるでしょう。

第2章　事例にみる看護師の注意義務と責任　301

8　新生児・乳幼児の事故

〔29〕　助産師が、生後3日目の男児に腹満が認められたことから
新生児用コットでうつ伏せ寝にしたところ、心肺停止の状態
で発見され、重篤な後遺障害のために8か月後に死亡した事
案につき、心肺停止の原因がSIDSではなく窒息であるとし
て、助産師の不法行為責任を前提とする病院の使用者責任が
認められた事例（認容額：約4,800万円）

事　例　　　男児Xは、平成7年1月5日、Y大学付属病院にて出生し
た。同児の出生時体重は3,460g、身長は51cmであり、心
拍数や呼吸等に異常は見られなかった。同月8日（日齢3日）午前4時頃、
男児Xがかん高く泣いたため、助産師Y₁は、30ccのミルクを授乳し、
それまでと同じように、コットに仰向け寝で寝かせた。

　助産師Y₁は、同日午前5時40分頃、さらに男児Xが泣いたため、お
やつとしてミルクを与えた。その時、男児Xに排気させたが、ミルク
を吐き、腹満もあったことから、再度吐く可能性があることを考え、
同人をうつ伏せ寝で寝かせた。その際、助産師Y₁は、男児Xの顔を横
向きにさせた。

　この時の男児Xの寝具は、Y病院において新生児を仰向け寝で寝か
せる際に使用されるものと同じものであり、枕として二つ折りにされ
たハンドタオルが用いられ、敷布団は、マットレスの上に下から薄い
ベッドパット、バスタオル、防水用ラミシートが順次敷かれ、木綿の
シーツでくるまれたものが用いられ、掛布団は二つ折りのバスタオル
とその上掛けとしての二つ折りの毛布が用いられた。

302　第２章　事例にみる看護師の注意義務と責任

　助産師 Y_1 は、同日午前6時25分頃、朝の授乳開始のため、NICU室から新生児室に赴き、授乳に来ていた母Aに男児Xを渡そうと同人を抱き上げたところ、同人の顔面はチアノーゼ様で、呼吸は停止しており、肌着をはだいて確認したところ、チアノーゼは全身に及んでいた。助産師 Y_1 が抱き上げる前の男児Xは、顔を真下に向けた状態でうつ伏せ寝で寝ていた。

　直ちに心肺蘇生が実施されたが、男児Xは脳性麻痺となり、同年8月9日、気道分泌物を詰まらせて死亡した。

（東京地判平10・3・23判時1657・72
東京高判平13・10・17東高民報52・1〜12・16
最決平15・12・18（平14（オ）101・平14（受）91）＜上告棄却、確定＞）

■患者側の主張

1　心肺停止の原因は「吐乳吸引」による窒息である

　男児Xは、Y病院におけるうつ伏せ寝の際の枕等による鼻口部圧迫による酸素欠乏状態と、これにより惹起された吐乳、吐乳吸引という一連の機序により呼吸停止、心停止状態となった。

2　助産師 Y_1 の不法行為責任

　助産師 Y_1 としては、男児Xをうつ伏せ寝にするに際し、固い布団を使い、枕は外し、布団を頭上までかけない等の細心の処置を施すとともに、常にもまして注意深く男児Xの動静を注視すべき注意義務を負っている。

■病院側の主張

1　心肺停止の原因は未然型乳幼児突然死症候群（未然型SIDS≒ALTE）である

第2章　事例にみる看護師の注意義務と責任　　303

　男児Xには、吐乳の事実はないので、うつ伏せ寝が呼吸停止、心停止の原因とは認められない。窒息があったのであれば、身体の位置が移動したり、掛けられた布団にその痕跡が残ったり、着衣にも異常が認められるはずであるが、そのような異常は存在しなかった。また、気管内挿管終了後、直ちに撮影された男児Xの胸腹部のレントゲン写真等によっても、男児Xにミルク誤嚥による窒息状態を窺わせる所見はない。

　未然型SIDSは、「それまでの健康状態および既往歴から、その発生が予測できなかった乳幼児が、突然の死亡をもたらし得るような徐脈、不整脈、無呼吸、チアノーゼ等の状態で発見され、死に至らなかった症例」と定義されている。未然型SIDSの原因は解明されていない。

2　助産師Y₁の不法行為責任

　男児Xの心肺停止の原因は、ミルク誤嚥による窒息ではなく未然型SIDSによるものであるから、助産師Y₁は不法行為責任を負うことはない。

```
裁判所はどう判断したか
```

1　心肺停止の原因

　うつ伏せ寝にした結果、布団や枕等で鼻口部が圧迫され、低酸素状態となり、嘔吐を引き起こし、その結果吐物を吸引して窒息するとの機序により、心肺停止の状態になったものと推認される。

2　助産師の不法行為責任

　嘔吐する可能性の高い新生児をうつ伏せ寝で寝かせる場合には、担当の助産師は、当該新生児が低酸素状態となって嘔吐し、吐乳を吸引

することのないよう、新生児が頭部の回転により容易に鼻口の圧迫状態から逃れられるような（頭部の運動を妨げないような）形状、材質の寝具を使用すべき注意義務があり、かつ、寝かせた後も、頭部の運動により鼻口が圧迫された状態となっていないか、また、吐物による気道閉鎖が生じていないかを継続的に観察すべき注意義務がある。

　助産師 Y_1 は、上記義務を怠り、仰向け寝で寝かせる場合に使用する寝具と同じ寝具を用い、枕としてハンドタオルを二つ折りにしたものを使用したため、男児 X の頭部の運動が妨げられる結果になった。また、男児 X を寝かせた後の監視についても、午前6時少し前に新生児室を離れた後は、継続的にNICU室に詰めて男児 X のいる新生児室には入らず、NICU室からでも男児 X が見える位置に同人を移動させる等の措置もとっていない。助産師 Y_1 が上記注意義務を果たしていれば、男児 X は前記認定の機序により心肺停止に至ることはなかった。

コメント

1 「窒息」と「SIDS」

　本件では、心肺停止の原因が最大の争点となりました。医療裁判では、悪しき結果の原因が必ずしも一義的に決定されるわけではありません。過失（注意義務違反）の内容は、生じた悪しき結果との関係で異なります。

　仮に、窒息等の外因によるものであれば、窒息が起こりにくい環境を整えること、あるいは本判決が認定したように頻回の観察（常時の観察）により防止することが注意義務の内容となります。しかし、SIDS（ALTE）の場合にはその原因も不明であり、これを防止する手段はありません。過失（注意義務違反）責任を問うためには、予見可

第2章　事例にみる看護師の注意義務と責任　　305

能性、結果回避可能性が存在することが前提となりますが、SIDSの場合には、これを具体的に予見することも、この結果を回避することもできません。そのため、SIDSの場合には注意義務の内容を特定することができないことになります。

　過失、悪しき結果の発生、両者の間の因果関係の主張・立証責任は原告である患者側にあります。したがって、病院側では、心肺停止の原因が「窒息」でないことさえいえれば、積極的に未然型SIDSであったことまで主張・立証する必要はありません。本件では、心肺停止の原因を「窒息」とする高度の蓋然性はないという主張を補強するために、他の原因として考え得る未然型SIDSが挙げられたものと考えられます。

　SIDSの診断には「解剖」が重要となります。しかし、本件では蘇生に成功したため、解剖が実施されたのは本エピソードから7か月が経過した後です。また、SIDSは医師の間でも統一的な理解がなされているわけではないようです。これらの点も裁判を複雑にしています（本件では、控訴審で裁判所の鑑定が実施されたほか、複数の医師による鑑定意見書が裁判所に提出されていますが、医師の見解は、「窒息」と評価するもの、「未然型SIDS」とするもの、「それ以外」とするものとなっています。）。

　また、SIDSと窒息との関係については、うつ伏せ寝を奨励していた時期か否かという時代的要因もあり、裁判所の判断もこの影響を受けています。今後、SIDSの解明が進む中で裁判所の判断も変化するものと思われますので、窒息・SIDSを巡る裁判の動向には注目する必要があります。

2　看護師の注意義務違反

　裁判所は、「仰向け寝で寝かせる場合に使用する寝具と同じ寝具を

用い、枕としてハンドタオルを二つ折りにしたものを使用したため、Xの頭部の運動が妨げられる結果になった」として窒息を認定しています。

しかし、本件に限らず同様の状況でうつ伏せ寝が実施されており、当該寝具が裁判所の認定したようにうつ伏せ寝に適さない危険な状況であったのかについては疑問もあります。

裁判所がこのような判断をした背景には、Y病院産婦人科が産婦に配布していた小冊子に「もし、うつ伏せ寝にするなら、①固い布団を使う、②枕は使わない、③シーツをピンと張る、④ベッドの中にぬいぐるみを置いたり、タオルを敷いたりしない、⑤半袖またはピッタリした袖の服を着せる、等最低の条件は守りましょう。」と記載があったことも大きいと考えられます。つまり、本件助産師が、うつ伏せ寝を実施したコットは病院において通常使用されているもので、うつ伏せ寝にも適していたものですが、枕としてハンドタオルを使用したことと合わせ、小冊子の要求する内容を満たしていないと判断されたわけです。

ところで、本件助産師Y₁が男児Xの下を離れた時間は30分程度と決して長い時間ではありません。本件新生児の状況は、30分程度の目を離すことも許されないほどの状態であったかは首を傾げざるを得ません。その間、NICU等で他の業務を実施しており、現実的には、継続的な観察をすることは困難であったともいえます。

本判決では嘔吐をする可能性の高い児をうつ伏せ寝にする場合には、寝かせた後も、断続的に観察する注意義務があると判断していますが、そもそも、嘔吐との関係でいえば仰向け寝のほうが危険は高いと考えるのが一般的です。悪しき結果の存在を前提とした裁判では、ともすると医療従事者の予見可能性や結果回避可能性を厳しく捉えがちです。裁判所は本件コットの状況がうつ伏せ寝に適さない危険なも

第2章　事例にみる看護師の注意義務と責任　　307

のであると評価していますが、うつ伏せ寝を行った助産師において、その具体的認識をすることは困難で、これを前提に継続的観察を義務付けることの妥当性については異論もあるでしょう。

　この点に関し、参考判例として下記に示した東京地裁平成20年5月19日判決では、窒息やSIDSのリスクは一般的・抽象的としています。

3　補　　足

　本件に関与した助産師は刑事訴追もされています。東京地裁平成15年4月18日判決（平12（刑わ）2615）では「うつ伏せ寝による窒息が原因」と認定した上で、「男児（生後3日）をよく監視するか、仰向けに寝かせれば事故は防げた」として、助産師に罰金40万円が科されました。助産師は控訴をしたようですが、その後これを取り下げ、刑事裁判は確定しました。有罪判決が確定した助産師は、業務停止その他の行政処分の対象となります。

＜参考判例＞

○保育園に入園中の生後4か月半の女児が園内に用意されていたベッドにうつ伏せに寝かされたために鼻口が閉塞した窒息死であると認定して、園側の乳幼児突然死症候群（SIDS）による突然死であるとの主張を排斥し、女児の両親の園および保母に対する損害賠償請求が認容された事例（福岡地判平15・1・30判時1830・118、福岡高判平18・5・26判タ1227・279）

○生後4か月半の児が入院中のうつ伏せ寝の姿勢で呼吸停止の状態で発見され、体幹機能障害等を負った事例について、窒息やSIDSのリスクは一般的・抽象的なものにとどまっており、常時または頻繁な法的監視義務を課すことが、当時の医療水準とはいえないとして請求が棄却された事例（東京地判平20・5・19（平18（ワ）15852））

コラム

院内で配布している資料

　裁判所の判断に大きな影響を及ぼした小冊子は、家庭での注意を喚起する目的で作成されたのもので、専門家が監修したものではありませんでした。そのため医学的に正確な記載がなされていたわけではありません（そもそも健常新生児の病院内での観察期間は出生から1週間程度ですので、小冊子記載の乳児に関する家庭での注意事項と同様に考えられません。）。裁判では医療水準（看護水準）を基準に注意義務の内容を決定しますが、このような小冊子の記載であっても証拠とされ、裁判に影響を及ぼす可能性があります。

　病院で使用しているコットは家庭用布団に比して固いものです。「固い布団を使用する」との記載は家庭用布団を想定したものでしょうし、「枕」「タオルを敷いたりしない」というのも病院で使用しているような薄いハンドタオルを想定したものではなかったと考えられます。

　しかし、文字だけを形式的に捉えると判決のような理解もできます。このように、小冊子も裁判における重要な証拠となることがありますので、院内で配布している小冊子などについても必ず専門家の目を通すなどして、その内容の正確性を担保する必要があります。

第2章　事例にみる看護師の注意義務と責任　　309

〔30〕　看護師が、入院中の1歳の幼児のために家族が持参したコップ状の玩具を与えていたところ、この玩具が鼻口を閉塞し、幼児に重篤な後遺障害が残った事案について、病院が安全配慮（監視）義務を怠ったとして、病院開設者に対する損害賠償請求が認容された事例（認容額：約1億5,000万円）

事　例　　患児X（1歳）は平成5年6月1日、気管支ぜん息、上気道炎の診断で、Y病院に入院した。母親Aは、患児Xが一番気に入っていたおもちゃであるコップ状玩具を持参し、病室に置いておいた。

本件病室は、看護師の詰め所であるナースステーションの斜め向かいであるが、ナースステーションから直接中を見渡すことはできない位置にあり、テレビモニター等の監視装置も設けられていなかった。Y病院では、完全看護体制がとられており、家族の付添いは制限されていた。

翌6月2日、患児Xの状態は比較的安定していた。看護師Y₁は、午後0時40分から50分頃、頭床台に置いてあった本件玩具から3、4個を取って患児Xに手渡した。

看護師Y₁が午後1時頃に訪室したときは、患児Xは本件玩具を3個位重ねたりして遊んでおり、特に異常は見られなかった。看護師Y₁はこれを見て退室し、午後1時30分に本件病室を訪室するまでの間、ナースステーションで事務を執ったり、ナースコールに対応したり、他の部屋を訪室したりしていた。

看護師Y₁が午後1時30分頃に訪室したとき、患児Xは仰向けになってベッドの上に横たわっていたが、本件玩具が鼻口を閉塞しており、

310　　第2章　事例にみる看護師の注意義務と責任

強く引いてようやく取り外すことができた。患児Xの唇は紫色にな
り、顔に本件玩具のうちの上部の円の直径が8.5cm、底部の円の直径が
7.5cm、高さが4.5cmのものが食い込んだ跡が付いており、顔面は蒼白
で、心肺停止の状態になっていた。

　患児Xに対しては、蘇生措置等の治療が施されたが、平成6年2月、
四肢麻痺、精神発達遅滞の後遺障害が残存することとなった。

$$\left(\begin{array}{l}\text{横浜地相模原支判平12・5・25（平8（ワ）168）}\\ \text{東京高判平14・1・31判時1790・119}\\ \text{最決平14・6・25（平14（オ）659・平14（受）680）＜上告棄却、確定＞}\end{array}\right)$$

■患者側の主張

1　看護師の過失を理由とする使用者責任

　看護師Y₁は、頻繁に（せめて10分おきに）訪室して監視すべき義務
がある。この義務を果たしていれば、本件玩具が患児Xの鼻口を覆う
としているか、または覆っている危険な兆候が出現すれば即座に気付
くことができ、本件玩具を取り上げて本件事故を回避することができ
た。

2　安全配慮義務違反

　Y病院は、患児Xの生命・身体に異常がないかその動静を監視し、
生命・身体に対する危険な兆候や異常な事態が出現すれば、即座にこ
れに気付いて適切な措置がとれるように看護師らに対して安全指導を
行い、かつ、このような監視と措置を遂行できる看護師を患児Xの担
当に選任して配置する義務、あるいは、本件病室に看護師がいなくて
も即座にこれに気付いて適切な措置をとることができるように、本件
病室に監視カメラを設置し、ナースステーションに設置したモニター

第2章　事例にみる看護師の注意義務と責任　　311

カメラを通して患児Xの動静を監視する安全配慮義務があった。

　上記義務を怠った結果、本件玩具による生命・身体に対する危険な状況の発見が遅れ、本件事故が発生した。

■病院側の主張

1　本件玩具による本件事故の発生を予見できないこと

　看護師 Y_1 が、本件玩具を患児Xに渡したとしても、看護師 Y_1 は、本件玩具による本件事故の発生を予見していなかったし、予見しなかったことに過失はない。患児Xは、そのように頻繁に訪室して監視すべき容体ではなかったし、本件玩具で窒息が生じることなど全く予見されなかったから、本件玩具による窒息を防ぐために頻繁に訪室したり、頻繁に訪室することを他の看護師に依頼すべき注意義務はない。

2　安全配慮義務違反について

　病院において乳幼児の容体、その他の状態を問わず、看護師が全ての乳幼児に常時付き添う体制はとられていない。乳幼児の患者は、安全な状態にあって、常時の監視は必要がなく、乳幼児の患者全てについて常時の監視を実施することは現実的に不可能である。また、一般にカメラ等の監視装置を病室内に設置する義務はない。

裁判所はどう判断したか

1　本件事故原因

　本件事故は、患児Xがぜん息の発作を起こし、強い咳き込みによって陰圧が生じ、たまたま口元にあった本件玩具を払いのけることができなかったか、迷走神経反射で意識低下が起こったために本件玩具がXの口元を閉塞したことにより発生した。

312　　第２章　事例にみる看護師の注意義務と責任

2　使用者責任について

　看護師の療養の世話や診療の補助業務には、入院患者の病状や身辺に注意を払い、患者の身体の安全や健康を守るべき注意義務が含まれる。

　看護師Y_1は、患児Xの病状の変化、進行およびXの身の回り、環境を監視し、その異常や危険な兆候を早期に発見し、その身体の安全を守る義務がある。この義務を果たすため、看護師Y_1は、訪室して患児Xの安全を監視すべきであった。特に、幼児の行動は予測し難く、本件玩具が患児Xの身体にどのような影響を及ぼすかについても予測し難い状況にあったというべきであり、本件玩具を患児Xに与えた看護師Y_1としては、単にぜん息で入院している1歳児の場合に比してより頻繁に訪室して患児Xの病状を観察すべき義務があった。

　しかし、看護師Y_1は、他の業務のために午後1時30分よりも早い時間帯に本件病室を訪室することは事実上不可能に近い状態であったことから、看護師Y_1のみに訪室義務を負わせるのは相当ではなく、同看護師に不法行為の成立を認めることはできない。

　これを前提とするY病院の使用者責任を認めることもできない。

3　安全配慮義務について

　幼児の行動は一般に予測不可能であり、これを見越して不測の事態が起こらないよう監視を怠らないというのが医療機関としては当然の義務であり、危険を防止できなかったことについてその帰責事由がなかったことを主張立証できない限り、債務不履行責任を免れない。

　具体的には、患児Xの生命・身体に異常がないかその動静を監視し、生命・身体に対する危険な徴候や異常な事態が出現すれば、即座にこれに気付いて適切な措置がとれるように看護師らに対して安全教育を

第2章　事例にみる看護師の注意義務と責任　　313

行い、かつこのような監視と措置を遂行できる看護師を患児Xの担当
に選任し、配置する義務を負っている。

　この義務を履行していれば、容易に患児Xに生じた異常に気付くこ
とができ、患児Xの口を覆っている本件玩具を取り除くことによって、
容易に本件事故を回避することができた。

　担当看護師一人に過失を認めることは困難であるが、Y病院として
は、そのような場合に備えて常時看護師が監視しうる体制を整えるべ
きであって、かかる体制が整っていなかったために、本件事故が発生
したのであれば、医療機関としては、なすべき義務を果たさなかった
と評価されてもやむを得ない。

コ　メ　ン　ト

1　不法行為責任と契約責任

　判決では、医療従事者の個人の責任が否定され、診療契約に基づく
病院の責任のみが肯定されました。

　一般論として病院の安全管理体制に不備があった場合等では、個々
の医療従事者の責任を追及できなくとも、病院としての責任を追及で
きる余地はあります。また、個々の医療従事者の過失の特定が困難な
場合にも、契約責任を問える場面もあり得ます。

　もっとも、本件具体的状況下において、当該看護師等の法的責任を
否定しながら医療機関に安全配慮義務違反を理由とする損害賠償を認
めることの合理性については異論もあり得るでしょう。

　医療機関における安全配慮義務を観念し得るとしても、通常は患者
との契約内容を上回る高度な義務を課すことはできません。当該医療
機関の性格に応じた看護体制を採用していれば、これにより医療機関

に求められる契約上の義務を果たしていると評価されます。一般には「看護基準」をもって、当時医療機関に求められる「看護水準」と考えられますので、当該施設が看護基準を満たしている以上、本判決に示すような高度な安全配慮義務を設定することは難しいように思われます。もちろん、患者の具体的状況によっては、通常の巡回を上回る頻回観察、あるいはモニタリングが必要とされる場合があります。しかし、この場合には医療従事者個人の過失（注意義務違反）が問われることになる場合が多いでしょう。

　本件では、患児の状態は比較的安定しており、午後1時頃には玩具で遊んでいたことが確認されています。幼児の行動が一般的に予測不可能であるとしても、本件玩具を与えた看護師において、本件結果について具体的予見可能性があるといえるのかも疑問です。本判決では、具体的予見可能性があることを前提に頻回観察を要求しながらも、他の患児の世話やナースコールに対応する等の業務を実施していたことから「結果を回避する可能性がない」として、看護師個人の法的責任は否定されました。

　このように看護師個人の責任が否定されるにもかかわらず、医療機関に契約責任に基づく安全配慮義務違反を理由として損害賠償を認めたことが本判決の特徴といえます。上告が斥けられ、本判決は確定しました。医療機関に損害賠償義務があることは是認されましたが、上告審において、その理論構成までが支持されたかは不明です。この点については今後の裁判例の蓄積が待たれるところです。

2　頻回に訪室する義務について

　看護師Y₁は30分後に訪室しています。この点は、医療従事者の間では、頻回観察を実施していると評価されるのではないかと思われま

す。本件看護師は1人で5室7名の患児の看護を実施していました。1人の世話に5分を要するとすれば、単純計算で35分間隔の観察とならざるを得ません。

幼児の行動は予測し難いとの一般論から、当該病棟で求められる水準を上回るより頻回の観察義務を課すことはできません。本判決は、玩具を与えた看護師であったことを重視していますが、頻回の観察の根拠となるような玩具であれば、それを与えること自体が不適切と評価されるようにも思われます。同時点で本件結果を具体的に予見することができたとするには、玩具の危険性に関する看護師の認識についてより詳細な検討が必要であったように思われます。

3　因果関係について

判決では、頻回観察を実施していれば「容易に患児Xに生じた異常に気づくことができ、患児Xの口を覆っている本件玩具を取り除くことによって、容易に本件事故を回避することができた」としています。

ところで、本件事故の原因については玩具が患児Xの口元を閉塞したことにより発生したと認定されています。一般に、心肺停止後10分から20分以上経過すると、蘇生は困難であると考えられています。本件では蘇生に成功しており、心肺停止の時間はそれよりも短時間であったものと推測されます。

「玩具」を与えたこと自体に過失がある、あるいは、玩具を与えた場合には「常時」監視する義務があるのであれば、結果との因果関係は容易に認められるでしょうが、仮に本件心肺停止時間が10分より短いような場合、10分毎の経過観察を実施したとしても、本件結果が回避できたかは疑問です。

4 医師の責任について

　患者側からは、医師に患児Xの病状に応じた看護を指示する義務を怠った過失があるという主張がなされました。この点につき、裁判所は、医師には適切な「療養上の世話」が行われるよう指示する義務があるとした上で、病状のみに着目した場合には10分に1回の観察を要するほど緊急を要したものとはいえないとしています。

　本件では、玩具が引き金となって生じた点を度外視して医師の責任を論ずることはできません。結論において医師の責任を否定した点は正当です。「療養上の世話」が看護師の本来的業務であることからしますと、第一次的な責任は看護師にあるものと考えられますので、医師の責任が問われるのは、患者の病状を看護師に十分に説明していないような特別の場合に限定されるのではないかと考えられます。

5 最後に

　新生児、乳幼児に重篤な後遺障害が生じた場合には、一生涯にわたる介護費用の関係もあり、損害賠償額は高額化する傾向があります。本件でも1億5,000万円を超える賠償額が認容されています。

　本件では、第一審と控訴審とで結論が全く異なっています。その点で法的責任の有無が微妙な事案であったといえます。判決では「完全看護」という表現が用いられていますが、1958年には「基準看護制度」に改められており、このような医療体制についても十分な理解があったかは疑問です。本件では診療契約上の義務を高度化することで、個別の被害救済を図りましたが、あまり高度な義務を課すことは医療機関に不可能を強いることになりかねず、また萎縮医療等の副作用を生じかねません。

第2章 事例にみる看護師の注意義務と責任

> ### コ ラ ム
>
> #### 損害賠償責任
>
> 　我が国では、懲罰的損害賠償請求は認められていません。本判決では1億5,000万円を超える賠償となっていますが、これは、1歳の幼児であるため将来にわたる介護費用や逸失利益が高額となるためです。
>
> 　損害賠償は、あくまでも具体的に発生した損害、将来に発生することが確実な損害を填補するものです。そして、客観的に発生する損害は「軽過失」「重過失」「故意」により異なりません。
>
> 　医療従事者からは、損害賠償において「初歩的なミス」と「合併症・偶発症との判断が微妙な軽過失」とで区別されないのはおかしいという指摘もありますが、主観的な事情により客観的な損害額が変動することはありません。過失の態様は、「慰謝料」算定の増減事由の事情として評価されることになります。

318　　第2章　事例にみる看護師の注意義務と責任

〔31〕　出産後母児同室制度を採用している病院において、帝王切
　　　　開での出産当日に母児同室としたところ新生児に低酸素性
　　　　脳症が発生した事案につき、産科医療補償制度の原因分析報
　　　　告書の意見等を証拠に挙げ、病院の経過観察義務違反等の損
　　　　害賠償責任が否定された事例（第1審認容額：約1億2,000万
　　　　円／控訴棄却／上告棄却・不受理）

事　　例　　新生児X_1は、平成21年11月20日午後0時09分に帝王切
　　　　　　開で出生した。新生児X_1の出生時体重は2,618g、アプ
ガースコア8点（出産直後）、9点（5分後）であった。多呼吸がみられ
ると判断されたことから、新生児室の保育器で管理されたが、パルス
オキシメーター装着による常時モニタリングにおいて、特段の異常は
なく、呼吸が落ち着いたことから、午後6時頃保育器からコットに移さ
れた。

　午後6時10分頃から午後7時頃までの間に行われた第1回母子同室の
際、新生児X_1には特段の異常は認められなかった。午後10時頃から
行われた第2回母子同室の際には、はじめは吸啜しなかったものの、数
回の試行の後に吸啜を開始し、Y病院助産師が退室した際にも特段の
異常は認められなかった。

　母X_2は、午後3時、ロピオン（鎮痛剤）1Aを静脈注射され、同日午
後5時、ペンタジン（鎮痛剤）1A、アタラックスP（抗アレルギー性
緩和精神安定剤）1Aを筋肉注射されているものの、午後10時の時点で
傾眠状態または意識朦朧状態にはなかった。母X_2は、午後10時40分
の時点で、新生児X_1が乳首を吸わず、手を握らなくなる等、その様子
がおかしいと思ったものの、同室していた別の女性が大声を出したり

していたため、同人の処置を優先した方がよいと思い、ナースコールをしなかった。

　同日午後11時20分頃、母X_2がナースコールをし、Y病院助産師が駆けつけたところ、新生児X_1が顔面蒼白、刺激に反応なく、全身筋緊張なしという状態であった。速やかに新生児X_1をNICUに入室させたが、新生児X_1は、全身白色、動きなく、心肺停止状態であった。Y病院スタッフが蘇生措置を実施したが、最終的に低酸素性虚血性脳症となった。

　　福岡地判平26・3・25判時2222・72
　　福岡高判平27・6・19判時2269・19
　　最決平28・3・24（平27(オ)1493・平27(受)1868）＜上告棄却・不受理、
　　確定＞

■患者側の主張

1　窒息防止義務違反

　新生児をうつ伏せにする場合には、新生児は自力で頭を支持することができず、回避反応をとることはできないのであるから、新生児が頭の重み等で口および鼻腔が圧迫されない姿勢にし、その圧迫がされていないかなどを継続的に観察する義務があったにもかかわらず、新生児を母親の左胸の上にうつ伏せに置き、かつ、左腕で押さえるようにしてタオルで固定したまま放置した。

2　経過観察義務違反

　授乳のため、母児同室とするに際し、新生児の急激な容態変化に適切に対応し、安全を確保するため、パルスオキシメーターを装着し、新生児の体温、心拍数、呼吸数および血中酸素濃度を測るなどのモニタリングを実施し、医療従事者による10分〜20分おきの巡回を実施し

て、胎外生活への適応過程の経過を観察すべき義務があった。

3 説明義務違反

帝王切開の場合でも出産当日から母子同室を実施し、授乳を開始することること、その実施方法、意義、危険性等を説明し、母X_2の同意を得るべき注意義務があった。

■病院側の主張

1 窒息防止義務違反

母親に少し体を左に傾けてもらい、左腕で抱くような側臥位に近い姿勢で預けている。新生児には回避反応があり、うつ伏せ状態にあったからといって窒息に陥るということはない。なお、新生児には、窒息の時に見られる鼻口部閉塞を思わせる圧迫痕や傷はなく、うっ血斑もなかったのであり、窒息は生じていなかった。

2 経過観察義務違反

新生児を通常の授乳のために母親の病室に連れて行き母親に預けて授乳させるに際し、血中酸素濃度のモニタリングというような検査や観察などを行う必要はなく、そのような経過観察義務はない。母子共に特段の異常が認められない状況下において、新生児の授乳中、状態をよく観察して異常がないか確認し、異常があればナースコールをするというケアを行うのは、第一次的には母親の役割であり、病院スタッフが四六時中観察すべき注意義務はない。

3 説明義務違反

帝王切開分娩であることを十分認識した上で、出産当日の新生児のケア方法等について、事前に充分説明し、了解を得ていた。

第2章　事例にみる看護師の注意義務と責任　　321

$$\boxed{\text{裁判所はどう判断したか}}$$

1　窒息防止義務違反

　新生児の口を母親の左側の乳首に含ませた際、新生児の体勢は、口や鼻腔が完全に閉塞されているうつぶせの体勢ではなかったこと、新生児に鼻口部閉塞をうかがわせる痕跡が存在しなかったことに照らせば、授乳の際の体勢によって鼻口部が閉塞され窒息したとの事実を認めることはできない。

2　経過観察義務違反

　午後10時頃から行われた第2回母子同室の際、特段の異常は認められていない。

　帝王切開の場合には手術の影響により母体への侵襲が経腟分娩よりも大きいとしても、帝王切開を受けた者が、一般的に、手術自体の影響によって睡眠状態または意識朦朧状態に陥りやすいとの医学的知見は提出されていない。

　病院スタッフにおいて、本件事故の発生を具体的に予見し得たものということは困難であり、第2回母子同室に際して病院スタッフがその経過を観察すべき法的義務を負っていたものと解することはできない。

〔補　足〕

　米国小児科学会・米国産婦人科学会のガイドラインには、「出生直後の状態チェック終了後、新生児のケアプランを策定し、子宮外生活に安定移行するまで（生後2〜24時間）、注意深く観察するべきである。〔中略〕新生児が安定した状態が2時間続くまでは、少なくとも30分毎に、体温、心拍数、皮膚色、末梢循環、呼吸、覚醒状態、身体の常態、活気の状態を観察して記録するべきである。」との記述が存在するが、

社団法人日本産科婦人科学会・社団法人日本産婦人科医会編集・監修の「産婦人科診療ガイドライン—産科編2008」には、新生児の経過観察・管理等に関する記述は存在しておらず、本件事故当時、我が国において、母児同室ないし早期母子接触の際に医療従事者が新生児の様子を継続的に観察することを定めた指針等が存在していたものとは認められない。

助産師の「病院においてルールとして定められていたものではないが、帝王切開の場合において新生児を授乳のために母親の部屋に連れて行ったときには、新生児を連れて行ってから15ないし20分くらい経過したときに変わりがないかを確認するようにしていた」との証言もあるが、これをもって、帝王切開の場合において新生児を授乳のために母子同室を行う際、15ないし20分ごとに経過観察をするとの取決めがされていたとの事実を認めることはできない。仮にそのような取決めがされていたとの事実が認められるとしても、内部における運用にとどまり、そのことのみから15ないし20分ごとに経過観察を行うことが本件事故当時の臨床医学の実践における医療水準として確立されていたということはできないし、診療契約において、15ないし20分ごとに経過観察を行うことが病院側の債務の内容となっていたと解することもできない。

3 説明義務違反

母親学級の際に受領した文書や入院当日に受領した入院診療計画書には、帝王切開の術後1日目から、授乳のたびに新生児を母の部屋に連れて行く旨が記載されており、上記入院診療計画書に母親が署名押印をしていることに照らせば、帝王切開の当日から母子同室による授乳を実施することについては説明をしていたものと認められる。

母子同室ないし早期母子接触の危険性について触れた部分はなく、

第2章　事例にみる看護師の注意義務と責任　　323

これらの危険性を説明した様子は特にうかがえないが、本件事故当時においては、母子同室ないし早期母子接触の際におけるALTEの発症例に関する報告は少なく、早期母子接触における経過観察の必要性が徐々に認識されつつあった段階にすぎないことに照らせば、母子同室ないし早期母子接触の危険性を説明する法的義務を負っていたものとまでは認められない。

コ　メ　ン　ト

　本件では、1億円を上回る損害賠償を認容した第1審判決を取り消し、患者側の請求を全て棄却しました。第1審、控訴審ともに「窒息防止義務違反」は否定していますが、第1審が「経過観察義務違反」を肯定したのに対し、控訴審では、この義務違反もないとされました。

　控訴審においては、病院側から母親の過失を斟酌すべきとの過失相殺の主張も追加されましたが、上述のとおり患者側の損害賠償請求自体が否定されたため、過失相殺についての判断は示されていません。

　本件では、控訴審判決において、産科医療補償制度における「原因分析報告書」が証拠として引用された点が注目されます。

　一般に、原因分析報告書は、医療安全の観点から作成されるもので責任追及を目的としたものではないとされていますが、これも裁判上の証拠として利用することが可能です。医療安全の目的で作成される報告書を裁判の証拠として利用することについて、医療従事者の一部から批判的な意見も聞かれますが、個別具体的事案に即して客観的・医学的見地より公正に作成された報告書の裁判における利用価値は極めて高いといえます。不当に法的責任が追及されるのではないかという医療従事者の不安については、客観的かつ公正な報告書を作成する

ことにより拭い去ることができるものと考えます。この点、本件では、患者側ではなく病院側より、原因分析報告書が提出されており、病院側としても、同報告書の価値が高いと評価したものと考えられます。

この報告書では、本件呼吸停止について、様々な原因について検討した上で、「乳房等による物理的な気道の閉塞による窒息や新生児の予期せぬ無呼吸が考えられるが、その原因を特定することはできないため、本件は【ALTE】の概念に相当すると考えられる」としています。さらに、新生児期の管理について、「①出生後当日に新生児X_1の活気や吸啜反射を確認した後、母子接触を行わせたことは『一般的である』。②家族からみた経過によると、午後10時頃には新生児X_1は全く泣いておらず、少しも吸啜しなかったとされており、そのとおりであったとすれば、新生児X_1の状態を確認せず、医療従事者が十分に観察していない状況で母子接触を行わせたことは『一般的ではない』。③帝王切開が行われた当日に1時間以上にわたり、母子のみの状況で、新生児X_1に乳首の吸啜をさせたことについては、本件当時はＡＬＴＥといった出生直後の児の全身状態が急激に変化する事象についての報告が少なく、明確な基準もなかったことから一般的であるという意見と、上述のように、母子の状態がともに不安定な時期であることから一般的ではないという意見との賛否両論がある。」などの意見が記載されています。裁判のように事実認定をするものではないため、「○○とすれば」などの仮定的な表現もみられますが、制度の目的に即した非常に謙抑的な運用といえるでしょう。

ところで、産科医療補償制度における原因分析報告書では、医学的評価に関し、医療水準に応じて「優れている」「的確である」……「劣っている」「誤っている」までの14段階の表現が用いられます。「一般的である」とは、「ガイドライン等に基づく評価ではなく、実地臨床の

第2章　事例にみる看護師の注意義務と責任　　325

視点から、多くの産科医等によって広く行われている診療行為等である」こと、「一般的ではない」とは、「ガイドライン等に基づく評価ではなく、実地臨床の視点から、多くの産科医等によって広く行われている診療行為等ではないという意味である。なお、不適切であるとか、間違っているという意味ではない」こととされています。

　こうした医学的評価の記載が、控訴審での本件経過観察義務違反についての判断に少なからずの影響を与えたものと考えます。

コ ラ ム

母児同室／早期母子接触について

　出産直後に母親が新生児を抱く、いわゆる「カンガルーケア」について、NICUに入った新生児と一般の新生児のケアとを区別するために、最近では後者を「早期母子接触」と呼んでいます。早期母子接触に関しては「科学的に有効性が証明されているのみならず、一定の条件の下に安全に実施すれば危険ではない。」として、積極的に推奨する意見が有力です。

　ところで、一般に出生後早期は、胎児から新生児へと呼吸・循環の適応がなされる不安定な時期でもあるため、早期母子接触中の呼吸停止などの重篤な事象が生じることがあります。早期母子接触中の急変例の発症頻度につき、全国の「赤ちゃんにやさしい病院」を対象として平成22年に行われた実態調査でも、SIDS／ALTEの事例は1例、発症率は1．1／10万出生であり、早期母子接触の導入前と比較して発症率が増加した事実は認められていないようです。しかし、「窒息」と「SIDS／ALTE」との概念の誤解もあり、早期母子接触の際に重篤な事象が生じると、早期母子接触自体が危険であるかのような取り上げ方がなされることがあります。

第2章　事例にみる看護師の注意義務と責任

　こうした誤解を回避するには、母親学級等の段階で、早期母子接触を行わなくともALTE等が生じ得ることについての正確な情報を伝えることが大切です。本判決において、この危険性を説明するまでの義務はないとされていますが、これは平成21年当時のものであり、現時点においてそのまま妥当するものではありません。紛争防止という観点も意識して妊婦に交付するパンフレット等の記載内容も検討されるとよいでしょう。

コラム

産科医療補償制度

　産科医療補償制度は、産科医不足の改善や産科医療提供体制の確保を背景に、より安心して産科医療を受けられる環境整備の一環として、平成21年1月に創設されました。同制度は、①分娩に関連して発症した重度脳性麻痺児とその家族の経済的負担を速やかに補償すること、②脳性麻痺発症の原因分析を行い、同じような事例の再発防止に資する情報を提供すること、③紛争の防止・早期解決および産科医療の質の向上を図ることなどを目的としています。

　同制度では、分娩に関連して重度脳性麻痺（死亡は含みません。）が発生した場合に、当該事故の原因分析を行い、その結果を分娩機関にフィードバックするとともに、再発防止や産科医療の質の向上のため、個人情報等の取扱いに留意した上で公表されることになっています。

　また、一定の要件を満たした場合に、総額3,000万円（準備一時金600万円、補償分割金2,400万円：120万円×20年）の補償がなされます。平成26年12月31日までに出生した場合と、平成27年1月1日以降に出生した場合とで補償の対象となる基準が異なりますが、参考までに現在の補償対象を示します。

第2章　事例にみる看護師の注意義務と責任　　　327

（平成27年1月1日以降）

（1）　出生体重1,400g以上、かつ、在胎週数32週以上のお産で生まれて
　　いること

　また は

（2）　在胎週数28週以上であり、かつ、次の①または②に該当すること

　①　低酸素状況が持続して臍帯動脈血中の代謝性アシドーシス（酸
　　性血症）の所見が認められる場合（pH値が7.1未満）

　②　低酸素状況が常位胎盤早期剥離、臍帯脱出、子宮破裂、子癇、胎
　　児母体間輸血症候群、前置胎盤からの出血、急激に発症した双胎
　　間輸血症候群等によって起こり、引き続き、次の⑦から⑦までの
　　いずれかの所見が認められる場合

　　⑦　突発性で持続する徐脈

　　⑦　子宮収縮の50％以上に出現する遅発一過性徐脈

　　⑦　子宮収縮の50％以上に出現する変動一過性徐脈

　　⑦　心拍数基線細変動の消失

　　⑦　心拍数基線細変動の減少を伴った高度徐脈

　　⑦　サイナソイダルパターン

　　⑦　アプガースコア1分値が3点以下

　　⑦　生後1時間以内の児の血液ガス分析値（pH値が7.0未満）

328　　第2章　事例にみる看護師の注意義務と責任

9　精神科看護の事故

〔32〕　精神科病棟に任意入院の患者が、全く面識のないAを外出
　　　中に刺殺したという通り魔殺人を起こした場合に、抗うつ薬
　　　などの処方変更による治療上の過失を否定し、処方の変更に
　　　よる高度な経過観察義務は生じないとし、病院側の責任を否
　　　定した事例（請求棄却／控訴棄却／上告棄却・不受理）

　事　例　平成16年10月1日、Y病院医師が、患者Xを診察した際、
強迫症状、思考伝播、思考吹入、関係妄想を認め、統合
失調症と診断した。患者Xは、比較的症状が軽く、退院等の社会復帰
を予定している患者が入院する開放病棟内の個室に入院した。同病棟
では、医師から制限された場合を除き、平日の午前9時から午後5時ま
での間、2時間以内の外出をすることができ、外出に際しては、ナース
ステーションに備え付けられたノートに外出時間と外出先等を記載す
ることにより外出が可能な状態にあった。外泊についても、あらかじ
め主治医あるいは看護師に申し出て、許可を受ければ可能とされてい
た。

　Y病院への入院後、患者Xの強迫症状には幾分の改善はあったが、
幻聴は相変わらず継続し、手足の勝手な動きとイライラ感も始終訴え、
全体としてその病状に目に見えた改善は見られなかった。しかし、一
時的な看護師への暴力行為があった以外は、安定した入院生活を送っ
ていた。患者Xの症状が幾分改善し、退院、社会復帰に向けて、Y病
院関連の中間施設で作業などの社会訓練、リハビリを進めると症状が
悪化するという経過を繰り返し、強迫症状、幻聴、手足のムズムズ感

やイライラ感等の病状に目に見えた改善は見られなかった。患者Ｘは、個室の病室に引きこもり自閉的な入院生活を送っていたが、幻聴や手足のムズムズ感、イライラ感の症状を医師や看護師に訴える際にも、怒鳴ったり、不穏な振る舞いをするということは一度もなく、他の入院患者や病院スタッフと何らのトラブルを起こすこともなかった。

　患者Ｘの入院していた病棟は、当時、患者数対看護職員数の割合が3対1のいわゆる3対1看護となっており、56病床に対し、看護師長以下合計27名の看護師、准看護師、看護助手が勤務し、患者毎に担当看護師が決められていた。看護師は、定期的に各病床を回って、患者の日常生活を観察し、夜間は3人の夜勤看護師が定期的に見回りを行っていた。

　患者Ｘは、平成17年12月6日の午後0時10分頃、外出簿の「行き先」欄に「散歩」と記入してＹ病院から外出し、近くのスーパーマーケットの100円ショップで文化包丁を購入した。そして、患者Ｘは、同日午後0時24分頃、このスーパーマーケット店舗西側駐車場において、付近のレストランで昼食を終え同駐車場に赴いた何の面識もなく初めて会った被害者Ａに胸部付近を目掛けて、包丁を1回突き刺した。これにより、被害者Ａは失血死した。

　その後、患者Ｘは逮捕、起訴された。刑事裁判において、患者Ｘは事理弁識能力や行動制御能力を欠く状態にまでは至っていなかったが、それらが著しく減弱していた心神耗弱の状態にあったと認定され、Ｘを懲役25年に処する旨の判決（高松地判平18・6・23（平18(わ)79））が確定した。

　高松地判平25・3・27（平18(ワ)293・平20(ワ)619）＜請求棄却・控訴＞
　高松高判平28・2・26（平25(ネ)175）＜控訴棄却・上告／上告受理申立て＞
　最決平28・8・23（平28(オ)861・平28(受)1106）＜上告棄却・不受理＞

330　　　　第2章　事例にみる看護師の注意義務と責任

■患者側の主張

　Y病院は、抗精神病薬の投与中止などの処方内容の変更を行った。患者Xの精神症状は、この変更により、離脱症状が発現して攻撃性が激化したり、統合失調症が再燃して妄想、幻聴、幻覚等の症状が増悪した。この離脱症状の発現および統合失調症の再燃による異常症状により、潜在的な暴力発現リスクが増大し、極限状態となっていたイライラ感を解消するためにこの殺人を起こしたのであり、これらの薬物を適切に使用する注意義務に違反した。

　このような重大な処方の変更を行ったことに加えて、患者Xには暴力履歴もあり、Y病院はこれらの詳細を把握しようと思えば把握し得た。Y病院に入院した直後に看護師に対する暴力行為を起こして隔離措置がとられたという経緯もあった。したがって、Y病院は重大な処方変更を他の医師、看護師、薬剤師に周知し、医療スタッフが全体として通常よりも頻度を高めて、顔を合わせてのより注意深い経過観察を行う体制を構築する注意義務があったにもかかわらず、このような慎重な経過観察を行わなかったため、従前通り何らのチェックもせず患者Xの単独外出を許し、結果として患者Xはイライラ感解消のためY病院から外出した後わずか14分間程度の間にたまたま出会った全く見ず知らずのAを刺殺した。

■病院側の主張

　処方の変更によって患者Xの精神症状を著しく悪化させた可能性はない。この殺人事件は、慢性期の統合失調症患者に見られる不可解な衝動行為として理解するほかない。一般的な精神科病院の医療水準で察知することは不可能な種類の精神症状の変化であり、このような殺人事件を予見することは不可能である。

　処方変更後もそれまでと同様に、経過観察を適切に行った。患者X

第2章　事例にみる看護師の注意義務と責任　　331

の暴力履歴は相当以前の出来事であり、Y病院内での看護師に対する暴力のエピソードも殺人から1年以上も前のことであり、今回の殺人事件を具体的に予見させるような事実ではない。処方変更前後2週間を比較して、変更後症状の増悪は認められず、処方変更後の自宅外泊に際しても格別の症状増悪、問題行動等も認められない。したがって、処方の変更から今回の殺人事件に至るまでの間、投薬の再開や何らかの行動制限を実施しなければならないような事情はない。

裁判所はどう判断したか

　患者Xの犯行の態様は、幻覚、妄想等の病的体験が直接殺人行為の原因となったものではなく、精神運動興奮状態や緊張状態にあって誰が見ても自傷他害のおそれが明らかなような精神状況下での殺人行為でもない。殺人の動機は、イライラ感を解消するためという通常人には到底理解し難い統合失調症患者特有の不可解なものではあるが、殺人は、イライラ感を解消する手段として患者Xが自ら選択した行為である。

　処方変更後のXの精神症状は、特に幻覚幻聴症状の重篤な他害行為に結び付くような増悪は起こっていない。処方の変更のみにより直接殺人事件が発生したことを前提とする主張には理由がない。担当医が行った処方変更は、医師の裁量の範囲内の合理的選択というべく、過失は認められない。

　処方の変更により離脱症状等の具体的危険性が発生したことや統合失調症の再燃リスクの具体的危険性が生じたことの的確な立証がない。処方変更により高度の経過観察を行う体制を構築するべきといった内容の注意義務は、抽象的危険性を根拠として結果責任を問うに等しい際限のない経過観察義務を課すことを求めるもので失当である。

第2章　事例にみる看護師の注意義務と責任

　今回の殺人事件と、Xの過去の粗暴な履歴やY病院に入院した直後に看護師に対する暴力行為を起こして隔離措置がとられたという経緯は隔絶した出来事といわざるを得ない。

　患者Xは個室の病室に引きこもり自閉的な入院生活を送っており、他の患者と会話することは一切せず、集団での作業療法にも極めて消極的であり、看護師に対しても身体の異常を訴える以外には自分から話しかけることはなく、1週間毎に2泊3日で自宅で過ごすことを定例とし、昼の散歩のための外出も頻繁に行い、入院直後の暴行の他には、衝動性や攻撃性は全く見られず、他の入院患者や病院スタッフと何らのトラブルを起こすこともなかった。

　過去の粗暴な履歴やY病院に入院した直後に看護師に対する暴力行為を起こして隔離措置がとられたという経緯があったからといって、患者Xが今回の殺人事件のような重篤な他害行為を行うことを予見し得たということはできない。

　Y病院の看護態勢は問題なく、今回の事件以前は患者Xが何らのトラブルもないまま入院生活を送っており、散歩のために外出した際も格別の問題行動のないまま帰院しているのであり、Xの重篤な他害行為、殺人事件を予見することは不可能であった。

コメント

　本件では、統合失調症により任意入院の上加療されていた患者が、外出中に文化包丁を購入し、その購入直後に見ず知らずの第三者を刺殺したいわゆる通り魔殺人事件を起こしたことにつき、その治療に当たっていた病院の法的責任の有無が問われました。

　殺人事件の被害者の家族らからは、病院の治療内容の誤りおよび処方の変更により通常よりも頻度を高めて、顔を合わせてのより注意深

第2章　事例にみる看護師の注意義務と責任　　333

い経過観察を行うべきであったのに、従前通り単独での外出を許可した点に過失があったなどの主張がなされましたが、いずれの争点についても病院側の過失は否定されています。

　裁判所は看護師ら病院側の経過観察や外出の許可の妥当性を検討するに当たり、その前提として過去の患者の状態（特に第三者への暴行行為など）や別の争点となった処方内容の変更の前後における患者の症状の変化の有無を詳細に認定した上で、看護上の注意義務違反を否定しています。

　精神疾患を患う患者の全てが暴力行為を行うわけではありません。結果的に重大事件が発生しますと、当該患者を外出させるべきではなかった、あるいはより厳重な管理をすべきであったなどとの非難がなされることもありますが、拘禁は自由に対する重大な制約であり、具体的な根拠なく外出を禁止することはできません。

　通り魔殺人のような極端な事件の危険性を「具体的」に予見するような事情が認められる場面は多くはないと思われますが、これが認められながら、病院が何らの対応もしないことは考えにくいでしょう（そのような具体的な危険性が予見されていれば、そもそも開放病棟での管理すら医学的には難しいと判断されることになります。）。

　もとより、個別事例に関する判断ですので、本件を他の患者の経過観察や外出許可などの看護上の注意義務に一般化することは困難ですが、病院側の法的責任が否定されたことの意義は少なくありません。

　損害賠償では、具体的予見可能性があったといえるか、これを前提とした結果回避措置がとられていたかが問われます。第三者への加害行為の危険性があるか否かについては、患者の詳細な観察が必要となります。そこで、看護師としては、日頃から患者の言動を観察し、危険性の有無についても事後的に検証にも耐え得るように詳細かつ具体的に記録として残しておくことが重要です。

〔33〕 情緒不安定性人格障害のため精神保健及び精神障害者福祉に関する法律29条1項に基づく措置入院により入院し、治療の必要上身体拘束を受けていた患者が、身体拘束の試験解除中に隔離室で縊死したことについて、遺族らが医療従事者の注意義務違反等を主張したところ、自殺を具体的に予見することは困難であったとし、ストッキングの装着・回収、動静の監視およびベッドのギャッチアップに関する各注意義務違反が否定された事例（請求棄却）

事　例　患者Xは、平成22年2月11日深夜、自宅で夫と口論となった。夫が、患者Xを近所の交番に連れて行ったところ、警察官が精神保健及び精神障害者福祉に関する法律（以下「精神保健福祉法」という。）24条に基づく東京都知事への通報を行った。東京都知事は、同日、精神保健福祉法29条1項に基づき、患者Xに対して措置入院を決定してY病院に入院させた。2月11日から患者Xは隔離室に入室となり、身体の拘束を行うとともに、第三者との電話・面会を制限する措置がとられた。その後、2月13日の午前10時から午後4時までの予定で、身体拘束の試験解除（医師の判断により当該患者ごとに1日の中で一定時間身体拘束を解除し、身体拘束の全部解除が可能かを判断するために行うもの）を行うこととした。2月14日も午前10時から午後4時までの予定で試験解除を行うこととされたところ、午後3時50分頃、隔離室内でXがベッドの上半身側の部分をギャッチアップして隙間を作り、下肢に着用していた弾性ストッキングを脱いでベッドの柵にくくり付け、上記弾性ストッキングに頚部をかけて圧迫した状態で意識を失っているところを、Y病院の看護師によって発見され、Y

病院の職員らによって心肺蘇生措置を施されたが、同日死亡した。

(東京地判平28・3・25（平24(ワ)31894)）

■患者側の主張

1　自殺予見可能性

　患者Xは、10代の頃から情緒が安定せず精神科病院の閉鎖病棟に入院していた経歴があり、夫との交際期間中から婚姻後もたびたび暴行、傷害、自傷行為等の問題行動があった。今回の措置入院の直前にも夫との口論の中で極度の興奮状態となって夫に対して暴力をふるうとともに自殺をほのめかすような言動に及んでいた。

　措置入院中も、たびたび不穏状態があり、「自殺企図または自傷行為が切迫」との理由で隔離室に入室し、「自殺企図または自傷行為が著しく切迫している」との理由で身体の拘束を行うなど、「自傷のおそれあり、また不穏のため」との理由で隔離および身体拘束の指示が複数回にわたりされていた。このような患者Xの精神・身体の状況からすれば、自殺の危険性は相当程度高かった。

2　弾性ストッキングの装着・回収に関する注意義務違反

　Y病院の職員らは、措置入院患者の自殺企図を誘発するような肺血栓塞栓症の予防手段を選択しない注意義務を負っていたにもかかわらず、弾性ストッキングを利用し、着用させていた注意義務違反がある。

　また、自殺の危険性のある患者に対しては、弾性ストッキングを用いた自殺を企図させないようにその取扱いに最大限の注意を払わなければならない。身体拘束を試験解除するのであれば、肺血栓塞栓症を予防するために他の方法に切り替えるなどすべきであり、弾性ストッ

336　　第2章　事例にみる看護師の注意義務と責任

キングを回収して患者の手元においておかないようにしなければならない。Y病院の職員らは、患者Xの身体拘束の試験解除時に弾性ストッキングを回収すべき注意義務がある。

3　隔離室内における患者Xの動静の監視に関する注意義務違反

　患者Xは、身体拘束の試験解除後も隔離室にとどめおかれていたものであるところ、事件・事故・容体の急変等の不測の事態の発生に備えて、一定の頻度で医師・看護師等の職員らが巡回し、その無事を確認しなければならない。患者Xが縊首した際は、約50分間にわたりXの状態を確認する作業が行われていなかったことになるところ、このように隔離室の巡回の間隔を過度に空けたためにXの自殺企図が誘発されるとともに、自殺企図の発見が致命的に遅れたものであって、注意義務違反が認められる。

　Y病院では、隔離室に入室している患者の様子を監視するため、テレビモニターを設置していたが、テレビモニターのチェックを注意して見るとの運用が実際には行われておらず、少なくとも相当長時間にわたって、ナースステーション所在の職員の誰もがテレビモニターの画像を注視せず、画像のチェックがされないまま放置されていたことが疑われ、テレビモニターによる隔離室内のXの監視・監察業務が十分履行されていなかった注意義務違反がある。

　また、Y病院では、隔離室に入室している患者の様子を監視するため、音声モニターを設置していた。音声モニターは、隔離室内の音声を拾い、ナースステーション内のスピーカーから音が出力されるようになっていたものであり、縊死行動をとる上で何らかの音を発していた可能性は高く、それにもかかわらずナースステーション内の誰もがその音に気付いていなかったのだから、音声の出力上の不備か、看護師らが音声に対する注意を払っていなかったかの注意義務違反が認め

第2章　事例にみる看護師の注意義務と責任　　337

られる。

　テレビモニターおよび音声モニターのチェックは、Xの担当看護師であった看護師が、他の患者に対する対応により多くの時間を要する見込みが明らかになった時点で、関係職員間で連絡を取り合うことによって、手の空いているナースステーション内の他の職員がテレビモニターおよび音声モニターのチェックを行う注意義務があったというべきであり、このような職員間の連携作業を怠った注意義務違反がある。

4　ベッドのギャッチアップに関する注意義務違反

　Xはベッドの背もたれ部分のリクライニング角度を90度近くまでギャッチアップし、ベッドの枕側の柵に弾性ストッキングをくくり付けることによって縊首し自殺を図った。Xが措置入院中に自殺企図に及ばないようにするために細心の注意を払い、自殺企図を物理的に可能にする条件を可能な限り除去する義務を負っており、その一環としてベッドのハンドルを取り外して保管すべきであったところ、これを怠った。

■病院側の主張

1　自殺予見可能性

　過去に自傷行為があったからといって、ある時点における切迫した自殺の危険性が具体的に予見できるというものでもない。Y病院の主治医が隔離拘束理由を自殺企図や自傷行為が切迫しているとしたのは、記載上自殺企図と自傷行為が並列して記載されているところ、主治医は、自傷行為を念頭において丸印を付したにすぎない。現に入院診療計画書その他診療録において自殺企図に関する記載はない。2月13日、身体拘束の試験解除の際にも、看護師らがXの精神状態に問題

がないか検討し、問題がないと判断したことから試験解除が実施され、14日の試験解除の際も同様であり、病院職員らは、一つ一つ判断をした上で慎重に対応をしていた。

このように、Xは、Y病院入院後は、特段の問題行動はなく、比較的安定した状態であったため、2月13日以降身体拘束の試験解除を行った。情緒不安定性人格障害との診断、情緒不安定・興奮・自傷行為などの症状から直ちに自殺の切迫した危険性があると判断されるものではない。Xには具体的かつ切迫した自殺の危険性は認められず、自殺の具体的な予見可能性はなかった。

2　弾性ストッキングの装着・回収に関する注意義務違反

試験解除の際に患者に肺血栓塞栓症の予防のために着用させていた弾性ストッキングを外すべきであったか否かは、患者の切迫した自殺の危険性の有無と弾性ストッキング着用の必要性との兼ね合いで判断されるべきものであり、その判断は医師の裁量の範囲内であって注意義務違反はない。

Xは自殺の危険性は認められず、また、動きが少ない患者で拘束解除後も臥床傾向にあったのだから、肺血栓塞栓症のリスクが高いと判断される。しかも、身体拘束は一時的に解除されていたにすぎなかったのであり、これらを総合的に考慮すると、試験解除時にXの弾性ストッキングを回収しなければならない法的義務はない。

3　隔離室内における患者Xの動静の監視に関する注意義務違反

巡回頻度については、30分に1回の巡回が予定されているものの、病棟内には多数の患者がいるのであるから、他の患者への看護等の業務により、若干巡回時間が遅れることは、限られた人数で行っている通常の看護業務の限界として、やむを得ないもので、巡回頻度について

注意義務違反はない。

　Ｙ病院では目視による直接的な観察を行うこととしており、テレビモニターでの観察は補助的なものととらえていた。看護師らが何分かおきにテレビモニターで観察することは法的義務とはいえない。音声モニターについても、縊死行動の際にそれによる音が当然に発されるものではない。したがって、テレビモニターおよび音声モニターによる監視について注意義務違反はない。

4　ベッドのギャッチアップに関する注意義務違反

　ベッドのギャッチアップに関しては、あらゆる自殺の可能性を念頭において患者の周辺から全ての物品を除去することは、患者の療養環境を悪化させるものであり、具体的な自殺の危険性がないＸについて患者側の主張する対応をすべきとはいえない。

裁判所はどう判断したか

　措置入院に至る経過を見ると、患者Ｘは、夫との口論の末、興奮して「あんたを殺して私も死ぬ」などと自殺をほのめかす発言をして包丁を持ち出すなどし、措置入院直前には、ワインボトルを壁で叩き割って夫を刺そうとするなど、夫に対する暴力的傾向が著しく、他害行為に及ぶ危険性は相応に高いものであった。

　精神保健福祉法27条による診察を行った本件指定医らは、これまでおよび今後おそれのある重大な問題行動として暴行や自傷行為を挙げているが、自殺企図は挙げておらず、患者Ｘについて自殺の具体的な危険性があるとは判断していなかった。入院後も患者Ｘは希死念慮をうかがわせるような言動はなく、Ｙ病院職員らに対する対応は穏やかで落ち着いており、精神的に安定した状態であった。情緒不安定性人

格障害が相対的に自殺のリスクが高い精神疾患であることを勘案しても、措置入院後のXについて、自殺の具体的危険性があったと評価することは困難である。

措置入院後試験解除を開始し、事故に至るまでの間に、Y病院職員らにおいて、自殺の具体的危険性があったと判断することは困難であり、自殺を具体的に予見することも困難であった。

患者Xは、やせ形の女性で活動性が低く臥床傾向にあり、身体拘束に伴う臥床によって、深部静脈血栓症の発症の危険性は相応にあった。肺血栓塞栓症が死亡に至る危険性を有するものであることを考慮すれば、深部静脈血栓症ないし肺血栓塞栓症を予防するための対策を講ずる必要があった。そして、その予防策の選択に当たっては医師の合理的な裁量が認められるところ、患者Xについて自殺の具体的危険性があったと評価することはできないことに照らせば、弾性ストッキング着用の危険性が有用性を上回るとはいえず、弾性ストッキングを装着させたことを注意義務違反とはいえない。

患者Xの自殺の具体的な危険性があったと評価し、自殺を具体的に予見することは困難であったといわざるを得ず、そうすると、Xが弾性ストッキングを外して自殺の道具に使用することについて具体的な予見可能性があったということもできない。一方、試験解除中も肺血栓塞栓症を予防する必要性はあった。そうであるとすると、試験解除の実施に際し、弾性ストッキングを回収すべき注意義務があったとは認められない。

患者Xの自殺の具体的危険性があったと評価することが困難であったことからすると、患者Xの隔離室への巡回の頻度を高めるなど監視を強化する必要があったとは認められない。本件事故当時、Xの状態は安定しており、自殺の具体的危険性があったと評価することはできない上、本件事故の40分ほど前においても、自殺企図を具体的に予見

第2章　事例にみる看護師の注意義務と責任　　341

すべき兆候はなかったなどの事情の下では、看護師による巡回が予定時刻より遅れたことをもって監視に係る注意義務違反があったということはできない。

　Y病院においては、看護師の巡回による直接の観察および患者との会話等により、患者の状態を把握することを基本としていたものと認められ、テレビモニターによる監視はあくまでも補助的なものであった。ナースステーションにおいて、上記テレビモニターを頻繁に確認すべき義務ないしXの隔離室のテレビモニターを特に注視すべき義務があったということはできない。

　患者Xの縊死行動によって生ずる音がどのような音でどの程度のものであるか、それがナースステーション内の音声モニターでどのように出力されるかは明らかでないことを併せ考慮すると、Y病院職員らに音声モニターに関する上記注意義務があったとはいえない。

　ベッドのギャッチアップは、その時々の患者の状態に合わせてベッドの傾きを変えることができるもので、身体拘束中の患者には有用な装置であるところ、患者Xについて自殺の具体的危険性があったと評価することはできず、また、弾性ストッキングを利用して縊首することを予見することは困難である上、ベッドを90度近くギャッチアップすることによって生じた隙間に体を入れて自殺するという方法を予見することも困難であったから、試験解除の実施に当たり、Xの隔離室のギャッチアップベッドのハンドルを取り外すべき注意義務があったとはいえない。

$$\boxed{\text{コ　メ　ン　ト}}$$

　本件は、情緒不安定性人格障害のため精神保健及び精神障害者福祉に関する法律29条1項に基づく措置入院により入院し、身体拘束を受

けていた患者が、身体拘束の試験解除中に隔離室で縊死したことについて、遺族らが医療従事者の各行為につき注意義務違反等を主張した事案です。

本件争点の中心は患者が自殺にいたる危険性を具体的に予見することができたか否かの判断にあります。具体的予見可能性があれば、これを前提とした結果回避措置の内容が問題となりますが、具体的予見可能性がないのであれば、そもそも特別な結果回避措置の必要はないことになります。患者遺族側が、様々な結果回避措置を主張したことで、裁判所は1つ1つの内容について、詳細な検討をしています。そのいずれも看護師の業務として密接に関連する部分が多く、参考になる事案といえるでしょう。

本件では患者遺族の求める全ての自殺回避措置について、医療従事者側の責任が否定されていますが、詳細な事実認定をした上で、自殺の具体的危険性があったと評価できない（具体的予見可能性がない）としている以上、当然の帰結といえます。

このように本件では、自殺の具体的予見可能性はあったとはいえないと判断されましたが、例えば措置入院前の患者の症状・訴え（特に自殺念慮の発言の有無など）、措置入院時の医師の判断内容、具体的な病名、入院後の経過などによっては自殺の具体的危険性または具体的予見可能性が肯定される可能性もあります。

自殺の具体的予見可能性がなければ、通常通りの診療態勢で問題はないでしょうが、これが肯定される場合には、本件結果回避措置の判断の際に示された利益衡量が自殺防止の方向に傾く可能性があります。本件当時は肺血栓塞栓症の予防法として弾性ストッキングの有効性はあまり議論の余地がなかったようですが、現在は高リスク以上の患者では単独での効果ははっきりしておらず、歩行ができず筋ポンプ作用の増強が期待できず、認知、知覚機能が低下して医療機器関連圧

第2章　事例にみる看護師の注意義務と責任　343

褥創傷の可能性の高い脳卒中急性期の患者で行われたランダム化試験では弾性ストッキングの有用性は示せず皮膚障害頻度が増加したとの報告もあり、全ての患者に漫然と弾性ストッキングが有効であると判断することは戒めるべきとの意見もあります。弾性ストッキングが縊死の道具となり得ることから、具体的状況によっては、自殺防止を優先すべきと評価されるケースもあるでしょう。また、隔離室の巡視に関する注意義務、具体的には巡視の頻度、テレビモニターの監視体制、病室内の音声の監視についても、具体的危険性の程度によっては隔離室への巡回の頻度を高めるなど監視を強化すべきであったとの注意義務が認められる余地もあります。

　具体的予見可能性の有無により、結果回避措置についての裁判所の判断は大きく異なりますので、医療現場では患者の具体的な言動など、自殺の具体的な危険性を判断し得る要素を十分に検討し、それを記録に残した上で巡視の体制内容を判断することが適切といえます。

　また、ベッドのギャッチアップを含む安静度は、医師の医学的判断となりますが、医師が患者の安静度を判断する要素として看護師からの情報提供は重要です。またベッド周辺の環境整備はまさに看護師の療養上の世話の範疇といえ、ベッドのギャッチアップの適否に関する争点も看護師にとって無関係とはいえません。

　自殺の具体的危険性の程度は、時期によっても異なります。看護師においては、患者の観察を行う中で、看護師の視点で自殺の具体的危険性に関する情報収集を行い、担当医に適切なタイミングで適切な情報を提供するなどの対応が求められます。

344 第2章 事例にみる看護師の注意義務と責任

10　その他の事故

〔34〕 腰椎骨折した患者において、HIV陽性であることが判明し、
看護師等の動揺を避けるために手術を回避したことが期待
権および人格権を侵害したとして、予備的請求に基づく損害
賠償が認容された事例（認容額：100万円）

事　例　　タイ王国国籍を有する患者Ｘは、平成4年12月16日か
ら翌17日の深夜にかけて、スナックにおいてホステスと
して勤務していたところ、氏名不詳の男性客から暴行を受け、これか
ら逃れるために同スナックの店舗2階から飛び降り、負傷した。

患者Ｘは、救急車で脊髄外科が勤務していないＡ病院に搬送され、
臨床症状ならびにエックス線およびミエログラフィー検査の結果か
ら、第2腰椎圧迫骨折、第2、第3腰髄から仙髄までの損傷（疑い）と診
断された。Ａ病院では、患者Ｘがホステスをしていたことから、本人
に無断でHIV検査を実施した。

Ａ病院は、脊髄外科医師の在籍するＹ病院へ転送を予定し、受入態
勢が整うまでの間、ステロイド剤を投与するなどの保存的治療を実施
した。同月21日午前11時、患者ＸはＹ病院に転院となり、脊髄外科医
師は、第2腰髄節以下の神経支配領域の完全運動麻痺、右下肢の知覚脱
失、左下肢の知覚鈍麻、膀胱直腸麻痺が認められたことから、第2腰椎
圧迫骨折および骨片の脊柱管内突出による馬尾神経麻痺と診断し、手
術適応があると判断し、諸検査の上、同月24日に手術を行う予定を組
んだ。

同月21日午後5時頃、患者ＸがHIV陽性であることが判明し、直ちに
Ａ病院からＹ病院に連絡された。患者Ｘは、Ｙ病院最初のHIV感染者

第2章　事例にみる看護師の注意義務と責任　　345

であったが、手術時における医療従事者への二次感染の対策はとられ
ており、本件患者に対して手術的治療を実施することによって生じる
医師や看護師への二次感染の危険は、B型肝炎ウイルス感染者に対す
る手術などと比較しても、特段問題となるものではなかった。

　翌22日、整形外科全体で検討の結果、本件患者がHIV陽性であるこ
とが判明したことにより、二次感染への不安等からY病院の看護師や
患者らが動揺することを避けるためなど、本件患者に対する治療以外
の動機から、Y病院での手術的治療を回避することとし、同月24日、
HIV感染者の受入態勢を整えているB病院に転送した。患者Xは、転
院先のB病院において、平成5年2月22日、タイ王国に帰国するまでの
間、入院加療を受けた。退院時には、車椅子からベッドへ、ベッドか
ら車椅子への移動が単独で行えるまでに回復したものの、下半身運動
麻痺、膀胱直腸麻痺等の後遺障害が残存した。

（甲府地判平17・7・26判タ1216・217＜確定＞）

■患者側の主張

（期待権侵害―予備的主張―）

　医師らの不作為と本件患者の損害との間に因果関係が認められなか
ったとしても、本件患者に対して手術的治療が実施されていれば、本
件患者に後遺障害は残らなかったか、後遺障害が残ったとしても、さ
らに軽症であった相当程度の可能性がある。手術的治療を実施しなか
ったという不作為によって、適切な医療行為を受け、より良い治療結
果を望む期待権または人格権を侵害されたといえる。

■病院側の主張

　保存的治療によって期待以上の回復をみせており、この点からも期

346 第2章　事例にみる看護師の注意義務と責任

待権侵害はない。なお、神経因性膀胱は、手術的治療を行っても改善する可能性がなかった。

裁判所はどう判断したか

　本件患者がHIV陽性であることが判明したことから、看護師や他の患者等への動揺を避けるためなど、本件患者に対する治療以外の目的のために、Y病院での手術的治療を回避した。予定していた平成4年12月24日において、本件患者に対して本件術式による手術的治療が実施されていれば、本件患者の後遺障害がさらに軽症となった相当程度の可能性を否定することはできない。そうすると、Y病院は、本件患者が適切な治療を受ける期待権を侵害されたことによる精神的損害を賠償すべき責めを負う。

　本件患者に対する手術の実施についても医学的に特段の問題はなかったのに、本件患者がHIV感染者であることが判明するや、そのことのみを理由にこれを取りやめ、積極的な保存的治療も行わないまま、本件患者を転院させた。これは、患者がHIV感染者であることのみを理由にした医学的根拠のない差別的取扱いであるといわざるを得ず、本件患者の人格権を違法に侵害し、著しい精神的苦痛を与えるものである。

コメント

1　医療従事者による差別・偏見

　病院側では、本件手術回避の理由について、①本件患者が日本語および英語をほとんど理解しておらず、手術を行うに際しインフォームド・コンセントの観点等の問題があったこと、②本件術式による手術が本件患者のエイズ発症にどのような影響を与えるか不明であったこ

となどを主張しました。

しかし、裁判所は、転院先への紹介状に「AIDS患者に対する病院の対応が整備されていない当院でのこれ以上の加療の継続は、職員・他の患者に与える影響に問題ありとされ、不適当であるとの結論に達し（た）」「AIDSは現在の日本でも、重大な社会問題であり、その疾患の性格上、個人のプライバシー、人権保護という観点からも難しい問題があります。当院でも前例がなく、初回のcaseで、本患者のcaseは特に難しく、当院でopeを強行しても、又は今回の如く貴院にお願いしても、いずれそれなりの社会問題になると私個人は思っています。」との記載があったことなどを根拠として、「医学的根拠のない差別的取扱い」と認定しました。

本件は平成4年当時の事例であり、現在とは「HIV」「AIDS」についての理解も異なっていました。担当医師が、紹介状の記載において「HIV陽性」をもって「AIDS」と同視していることからも、医療従事者においても「HIV」の医学的理解が不十分で、AIDSに対する偏見・差別があったことが窺われます。

また、担当医師の寄稿文書では「AIDS患者への差別、偏見を無くす意識こそが、AIDS撲滅のための基盤であると分かっていながら、実際問題として難しい。これこそが、AIDSという疾患の持つ宿命的な背景であり、又、撲滅の最大の障害である。」と、その心情が吐露されています。

HIVの感染力は弱く、他の感染防止と同様に、スタンダードプリコーション（標準予防策）で対応できます。現在ではHIVについての理解も深まり、本件のようなことはあり得ないと思われますが、医療従事者としては、このような歴史的事実を重く受け止める必要があるでしょう。

医療従事者による差別・偏見は、患者の生命予後、機能予後に直結するだけでなく、社会的差別や偏見を一層助長するという悪循環を招

きかねません。看護師においても、正しい知識・技術を身に付けるとともに、不当な差別的扱いをすることのないよう研鑽が求められます。

2　期待権侵害について

　本件は、最高裁平成23年2月25日判決（判時2108・45）（事例〔47〕）において「適切な医療行為を受ける期待権の侵害のみを理由とする不法行為責任を負うことがあるか否かは、当該医療行為が著しく不適切なものである事案について検討し得るにとどまる」との考え方が示される以前の事案です。期待権侵害に関する最高裁判決以前の下級審判決においては、「相当程度の可能性の理論」と「期待権侵害の理論」との関係について、混乱が見られていました。本件もその一例といえます。

　本件では精神的損害として100万円が認定されていますが、これが、いわゆる「相当程度の可能性」の理論に基づく損害賠償を認めたものか、「期待権侵害（人格権侵害）」の判断要素の1つとして「相当程度の可能性が否定できないこと」を考慮したものかは、判然としません。

　判決に示された事実関係からは、転院先B病院にて保存的治療が選択され、一定の回復も見られているようですので、仮にY病院にて手術療法を選択したとしても、さらに良好な結果を得られたとする高度の蓋然性はもとより「相当程度の可能性」を認定するのも困難であったとの判断が自然と考えられます。相当程度の可能性が「ある」ではなく「否定できない」と表現していることからも、裁判所の悩みが透けて見えます。

　最高裁が、医療行為による期待権侵害については「検討し得るにとどまる」という、極めて慎重な表現を用いていることから、未だ期待権侵害を理由とする損害賠償が認められるかについては議論のあるところですが、少なくとも、本件のように「医学的根拠のない差別的取扱い」により手術を受ける機会を喪失したような場合には、期待権侵害を検討する余地があるものと考えます。

第2章　事例にみる看護師の注意義務と責任　　349

〔35〕　紹介予定派遣として医療法人に勤務した看護師が、MRI検
　　査室に金属製品を持ち込んだことによりMRIが破損したこと
　　について、労働者派遣事業を営む株式会社に使用者責任を認
　　めた上で、医療法人側にも金属製品を持ち込まないよう配慮
　　すべき義務を怠った過失があるとして3割の過失相殺を認め
　　た事例（認容額：約400万円）

　　　　　　　　　　派遣事業を営む株式会社Yは、看護師Y₁との間で、平
　事　例　　成24年2月8日、紹介予定派遣に関わる基本契約を締結し、
その後、同年4月23日、複数のクリニックを開設するX医療法人との間
で看護師としての業務に従事させる旨の紹介予定派遣個別契約を締結
した上で、看護師Y₁をX医療法人に派遣した。

　X医療法人は、看護師Y₁が就労を開始するのに先立ち、MRI検査室
に金属製品を持ち込んではならない旨を電話で告げ、X医療法人に就
労開始後にも、MRI検査の受診者に対しては、電子機器類等の磁性体
金属類をロッカーに置いてくるよう案内し、MRI検査室に入室する前
には受診者および受診者を介助する家族が上記磁性体金属類を持ち込
んでいないかを確認すること等を記載した書面を交付した上、MRI検
査室に磁性体金属製の点滴棒等を持ち込むとMRI機器に引き込まれ、
同点滴棒等が受診者に衝突すると受診者を負傷または死亡させる可能
性があるので注意をするよう説明した。

　X医療法人には、磁性体金属製でない点滴棒を使用するクリニック
と磁性体金属製の点滴棒を使用するクリニックとがあったが、磁性体
金属製の点滴棒を使用するクリニックでは、点滴棒に「MRI禁」と記
載したラベルを貼付し、同旨の記載をした札を掛けていた。看護師

Y₁は、同年7月9日、磁性体金属製の点滴棒を使用するクリニックに初めて就労し、本件点滴棒がMRI検査室に持込み可能でないものであることを確認した。同月13日、本件点滴棒を使用して点滴を受けた状態の受診者を担当した際、「MRI禁」と記載したラベルおよび札を見落とし、本件点滴棒がMRI検査室に持込み可能なものであるか否かを把握せず、その確認もしないまま、持込み可能なものと誤信して、患者を入室させた。

その結果、点滴棒が、MRI検査室内のMRI機器の発する磁力により本件機器に吸着して衝突し、MRI機器が破損したため、X医療法人では修理費用を負担することとなった。

(東京地判平25・10・25（平24(ワ)30209))

■医療法人側の主張

1 使用者責任（民法715条）

株式会社Yは、労働者派遣事業のために看護師Y₁を派遣し、X医療法人から派遣料を得ており、看護師Y₁との間には指揮監督関係がある。

2 過失相殺（民法722条2項）

X医療法人では、本件点滴棒に「MRI禁」と記載したラベルを貼付し、同旨の記載をした札を掛けていた。また、本件事故に先立ち、磁性体金属でありMRI検査室への持込みに対応していない点滴棒などを持ち込むと機械に引き込まれ、それが患者に当たると負傷または死亡させてしまう可能性があるため、注意をするよう説明していたのであるから、本件事故の発生について斟酌されるべき過失はない。

第2章　事例にみる看護師の注意義務と責任　　351

■派遣会社側の主張

1　使用者責任（民法715条）

本件派遣契約に基づくY₁の派遣は、労働者派遣事業の適正な運営の確保及び派遣労働者の保護等に関する法律（平成27年改正前）2条6号所定の紹介予定派遣である。

紹介予定派遣は、労働者派遣のうち、派遣元事業主が、労働者派遣の開始前または開始後に、派遣労働者と派遣先との間の雇用関係の成立のあっせんを行いまたは行うことが予定されているもので、派遣先が派遣労働者を直接雇用することを目的としている。

紹介予定派遣においては、派遣先が特定の労働者を選択すること、すなわち、派遣元事業主から紹介を受けた候補労働者の職歴等の履歴を把握した上で、当該候補者と面接してその取捨選択をすることができ、また派遣期間は最長6か月とされており、派遣先が同期間内に直接雇用への移行をするか否かを選択することができる。

看護師Y₁は国家資格を有しており、X医療法人の指揮命令を受けてX医療法人のために労働に従事する者である。

本件派遣契約に基づく看護師Y₁の派遣は、X医療法人との間の雇用関係の成立をあっせんするもので、最終的にはX医療法人が直接雇用することを目的とし、派遣期間中の株式会社Yと看護師Y₁との間の雇用関係は暫定的なものにすぎない上、看護師Y₁は有資格者であるから、指揮監督する関係にはない。指揮命令し監督する関係にあるのは、X医療法人である。

2　過失相殺（民法722条2項）

磁性体金属製でない点滴棒を使用するクリニックと磁性体金属製の点滴棒を使用するクリニックの双方に看護師Y₁を就労させた上、医療機器の扱いについて指導監督を怠るなどしており、X医療法人には

本件事故の発生について斟酌されるべき過失がある。

裁判所はどう判断したか

1 使用者責任（肯定）

看護師 Y₁ を雇用し派遣する対価として派遣料の支払を受けている株式会社 Y は、事業のために看護師 Y₁ を使用する者として、指揮監督すべき関係にあることとなる。看護師 Y₁ は株式会社 Y の事業の執行として派遣先である X 医療法人のために労働に従事していた際に過失により本件事故を起こし、雇用関係にない第三者としての X 医療法人に対して損害を与えたのであるから、民法715条1項に基づき損害を賠償する責任を負う。

X 医療法人に派遣先としての指揮監督関係があり、将来雇用することを予定したものであったとしても、株式会社 Y において X 医療法人より支払を受けている派遣料を紹介の対価にすぎず、看護師 Y₁ を指揮監督すべき関係になかったなどということはできない。

2 過失相殺（3割）

点滴棒には MRI 検査室に持ち込んではいけない旨が表示されていたにもかかわらず、看護師 Y₁ は、本件事故の際に MRI 検査室に入室するに当たって、この表示を確認せず、本件点滴棒を MRI 検査室に持ち込んだ場合の危険についての認識を欠いたまま、本件点滴棒を使用している受診者をそのまま MRI 検査室に入室させた過失により、本件事故を引き起こしたものであり、過失の内容は、注意を失念し、上記の表示も確認しないまま、上記危険の認識を欠いていたという単純な不注意に起因するものであった。もっとも、医療法人 X が開設するクリニックでは磁性体金属製でない点滴棒を使用するクリニックと磁性体金

第2章　事例にみる看護師の注意義務と責任　　353

属製の点滴棒を使用するクリニックとが混在していた上、看護師Y₁が磁性体金属製である本件点滴棒を使用する本件クリニックで就労したのは本件事故の4日前が初めてで、点滴棒を使用する状態でMRI検査を受診する者を担当したのは本件事故の日が初めてであった。そうすると、X医療法人としては、単独で就労するようになって間がなく、磁性体金属製でない点滴棒を使用するクリニックと磁性体金属製の点滴棒を使用するクリニックの双方に従事していた看護師Y₁に対し、後者の点滴棒を使用する本件クリニックにおける就労を開始する際に、本件クリニックでは磁性体金属製の点滴棒を使用していることを改めて説明して注意を喚起し、あるいは、看護師Y₁が本件点滴棒を使用する受診者に同行してMRI検査室に入室する際に、本件クリニックで勤務するX医療法人の他の従業員による再確認を行って、不注意により本件点滴棒をMRI検査室に持ち込まないよう配慮すべきであったというべきであり、X医療法人にはこれを怠った過失がある。

　派遣元である株式会社Yにおいて、派遣期間中における看護師Y₁の動向を把握しがたいという側面もあるが、一方でX医療法人においても事故を防止するために一定の措置を講じていたことから、過失割合を3割とするのが相当である。

コメント

　本件は、労働者派遣事業の適正な運営の確保及び派遣労働者の保護等に関する法律（以下「労働者派遣法」といいます。）の平成27年改正前の事案です。

　適正な医療が提供されるためには、①医師を中心とする看護師、薬剤師等の専門職から成るチームの構成員が、互いに能力や治療方針等を把握し合い、十分な意思疎通の下に業務を行うことが不可欠である

こと、②医療は、人の生命・身体・健康に直接的に影響を及ぼすものであり、その業務の適正確保については、特に慎重に判断すべきものであることなどの理由から、看護師などの医療従事者は、労働者派遣法で派遣が禁止されています。

もっとも、紹介予定派遣であれば、面接や履歴書によって事前に労働者を特定できるため、それ以外の労働者派遣ほど医療チームの連携に支障を与えないことから、正社員としての雇用を前提とする「紹介予定派遣」については、派遣は例外的に許可されていました。本件もこのような事案です。

派遣契約は、派遣元、派遣先、派遣労働者の三面契約となるため、直接雇用の場合に比して契約関係が複雑になります。具体的には、①派遣元と派遣労働者との間で、派遣労働契約（雇用契約）が締結され、派遣労働者が派遣先に労務を提供し、この対価は派遣元から派遣労働者に支払われ、②派遣元と派遣先とでは労働者派遣契約（派遣契約）に基づき、派遣先から派遣元に対して派遣料が支払われます。派遣先と派遣労働者との間にも指揮命令関係が生じることなどから、派遣労働者が事故を起こした場合の法的関係も複雑となります。

今回の事案において、雇用関係は派遣会社である株式会社Yと看護師Y_1とにあるとしても、具体的場面における指揮命令関係は派遣先であるX医療法人と看護師Y_1との間にありますので、その業務の過程で発生した事故についての使用者責任を株式会社Yに求めることは、少し酷のようにも思われます。しかし、裁判所は、派遣事業の執行として看護師Y_1を派遣していることや対価として派遣料を得ていることなどから使用者責任を免れることはできないとしました。

この裁判では、派遣元と派遣先との関係が問題となりましたが、別に看護師Y_1の法的責任が検討されることになります。本件事故は、看護師Y_1の過失により発生したものですので、看護師Y_1に第一次的

第2章 事例にみる看護師の注意義務と責任 355

責任があります（民709）。そのため、使用者責任として、損害賠償をした株式会社Yから看護師Y₁に対して求償が可能です（民715③）。使用者責任の法的性格については、代位責任とする考え方と報償責任とする考え方がありますが、派遣元である株式会社Yが、看護師Y₁により一定の利益を得ているとしても、裁判所の指摘するように本件事故が「単純な不注意」により発生したものであることからすると、最終的に看護師Y₁にも相応の負担が求められることになります。

　そもそも、国家資格を有する看護師としてMRIに金属製品を近づけてはいけないことは常識ともいえる内容です。派遣元において、この点について指導するとしても限界があるでしょう。本件では、金属製品を近づけてはいけないということを看護師が知らなかったということではなく、派遣先であるX医療法人において、磁性体金属製でない点滴棒を使用するクリニックと磁性体金属製の点滴棒を使用するクリニックがあり、看護師Y₁がいずれのクリニックにも勤務していたことが、本件事故の誘因（遠因）になったといえます。本件医療法人の過失割合が3割にとどまるとすれば、派遣元の責任はさらに小さいものとなると推測されます。

　看護師としては、国家資格を有する専門職としての責任を自覚するとともに、万が一の賠償に備え、損害保険に加入するなどの対応も必要と考えます。

356 第2章 事例にみる看護師の注意義務と責任

〔36〕 健康診断の一環として実施した胃がん検診の際に、受診者がバリウムを服用した後に大腸穿孔、腹膜炎等を発症し死亡したことについて、看護師の説明義務違反、問診義務違反が問題となったが、いずれの請求も斥けられた事例（請求棄却）

事　例　受診者Ⅹは、平成21年1月13日、市から委託を受けたＹ健診施設において、胃がん検診を受けた。

　受診者Ⅹは、受付で、「胃がん、乳がん検診を受診の方へ」、「バリウム製剤による胃の検査を受診されるみなさまへ」と題する各書面、「バリウム製剤による胃の検査を受診されるみなさまへ」と題する冊子、「胃がん検診問診票」を受け取り、本件問診票に氏名、生年月日等を記入し、所定の項目に印を付した上、これを看護師Ｙ₁に提出した。

　看護師Ｙ₁は、問診票の「バリウムを飲んで、アレルギー等の症状をおこしたことがありますか」欄の記入がないことから、受診者Ⅹに発症の有無を確認した上「ない」に印を付し、また、「バリウムを飲んだ後、排便が翌日中までにありましたか」欄の「ない」に印が付されていたものの、改めて検診当日の排便状況につき質問したところ、受診者Ⅹが検診当日は排便があった旨の回答をしたことから、「ない」に付された印を削除し「ある」に印を付した。

　看護師Ｙ₁は、問診後、受診者Ⅹに対し、本件冊子等に基づき、①バリウムが長時間腸内に残存すると、次第に硬くなり、排出しにくくなって、消化管穿孔、腸閉塞、腹膜炎等の重篤な症状を招来し、高齢者の場合、より重篤な経緯をたどることがあること、②できる限り早くバリウムを排出するため、下剤を指示どおりに多量の水と共に服用する必要があること、③帰宅後もできる限り多量の水分を摂取する必要があること、④便意を感じなくとも定期的にトイレに行くよう心掛け

第2章　事例にみる看護師の注意義務と責任　　357

ること、⑤検診後数日間は排便の状況を確認し、バリウム便が排出されない場合や便秘、腹痛等の症状が出現した場合には、直ちに医療機関を受診する必要があることなどを説明した。

　続いて、受診者Xは、バリウムを服用した上、胃のレントゲン検査を受けた。検査後、ソルダナ錠（緩下剤）を受け取り服用し帰宅した。

　その後、受診者Xは、同月17日、腹痛の症状を訴えて大学病院に救急搬送され、CTにてバリウムの貯留、腸管外への漏出を認めたことから、大腸穿孔、腹膜炎と判断し、緊急手術を受けた。その後、入退院を繰り返し、平成22年8月19日、敗血症にて死亡した。

　なお、Y健診施設は、受診者X死亡後に解決金として370万円の支払をする旨の示談の申入れをしている。

（東京地判平27・5・22判時2271・65＜確定＞）

■受診者（患者）側の主張

1　説明義務違反

　バリウムの副作用の重大性について、同人が理解し得るよう具体的に説明するとともに、バリウム便（白っぽい便）が少量排出されるのみでは、副作用の危険性は払拭されず、直ちに医療機関を受診する必要性があることを説明すべきであった。

2　問診義務違反

　慎重かつ正確に問診をし、日常の排便状況等を確認した上、本件検診（バリウムを使用する胃がん検診）の受検を中止することや内視鏡検査へ切り替えることを指導すべきであったのに、慎重かつ正確に問診をせず、本件検診の受検中止や内視鏡検査への切替えを指導することもしなかった。

■健診施設（病院）側の主張

1 説明義務違反

　書面や冊子に基づく説明をし、検診後も、下剤を4錠交付し、うち2錠をその場で多量の水と共に服用させた上、①6ないし8時間経過してもバリウム便が排出されない場合には、残りの2錠を多量の水と共に服用すること、②それでもバリウム便が排出されない場合や腹痛等の症状が出現した場合は、直ちに医療機関を受診する必要があることを説明した。

2 問診義務違反

　本件検診の際、個別に問診をしながら、受診者が記入した問診票の内容を確認し、必要に応じて追記や訂正をするなど、慎重かつ正確に問診をした。

```
裁判所はどう判断したか
```

1 説明義務違反

　事例記載の①ないし⑤の説明をしており、バリウムの副作用の重大性、これが排出されない場合の対応等について、受診者が理解し得るよう具体的に説明したといえ、バリウム便が少量排出されるのみでは副作用の危険性は払拭されないことなどの説明がないからといって、説明義務違反があったとまでいうのは困難である。

2 問診義務違反

　医療従事者の問診に特段不備があったとは認められず、医療従事者において、本件検診の受検中止や内視鏡検査への切替えを指導すべきであったともいえない。

第2章　事例にみる看護師の注意義務と責任　　359

3　その他

　示談の申入れをしていることを考慮しても、説明義務違反等があったとまでいうのは困難である。

コメント

　説明を誰が行うべきかは、インフォームド・コンセントの理解とも関わる難しい問題です。この点、手術説明に関し、「チーム医療として手術が行われる場合、チーム医療の総責任者は、条理上、患者やその家族に対し、手術の必要性、内容、危険性等についての説明が十分に行われるように配慮すべき義務を有するものというべきである。しかし、チーム医療の総責任者は、上記説明を常に自ら行わなければならないものではなく、手術に至るまで患者の診療に当たってきた主治医が上記説明をするのに十分な知識、経験を有している場合には、主治医に上記説明をゆだね、自らは必要に応じて主治医を指導、監督するにとどめることも許されるものと解される」とした判例があります（最判平20・4・24判時2008・86）。

　医療従事者と患者側とには情報の格差がありますので、形式的に同意を得たとしても、その前提となる情報が不正確、あるいは十分なものでない場合には、同意自体の有効性が問題となり得ます。結果として正確な情報が伝達されていれば、同意の瑕疵はないものと評価されるでしょうが、説明を担当する者の知識や経験によっては、説明内容が不正確となるおそれもあります。また、医師と看護師その他の医療従事者とでは、基本的な医学的知識に格差があるのも事実です。

　ところで、診断は、医師のみが行える絶対的医行為であることから、症状を訴えて受診した患者を診察する場合に、看護師が診療の補助としてトリアージや問診を行うとしても、最終的には医師が問診の上、

診断し説明を行う必要があります。

　本件では、看護師が問診や説明を実施しています。実際に、他の健診施設においても、本件のような説明は医師ではなく看護師やその他の医療従事者が行う場合が多いでしょう。今回の事例において、看護師が問診や説明を行ったこと自体の違法性等は争点にはされませんでしたが、この点は、どのように理解をしたらよいのでしょうか。本件では、健診という特殊性があり、疾患を前提とした個別性を有しない一般的な問診であることや、健診後の注意事項についての説明内容は療養上の世話の範疇のものと評価されますので、看護師が説明することに問題はないと考えてよいでしょう。

　上記の最高裁判決では、チーム医療の総責任者に条理上の配慮義務を認めていますが、同時に自らが説明をしなければならないものではないとしています。説明を行う者を一律に決定したり制限をするのではなく、患者側の視点に立って、より望ましい説明という観点で検討することが肝心といえるでしょう。

　インフォームド・コンセントでは、患者にとって分かりやすい説明が求められます。昨今では、ともすると説明義務違反の法的責任ばかりが強調され、敗訴のリスクを軽減するために書面にて同意を残す（訴訟上の立証を容易にする）ことに注目が集まりがちですが、インフォームド・コンセントの本来の意義は、治療を受ける患者側に医療内容について正確な情報を提供する点にあります。そこで、一般的な注意事項等を記載した書面や冊子により理解を助けることは、健診受診者のみならず、患者説明においても大切と考えます。

第2章　事例にみる看護師の注意義務と責任　　361

コ ラ ム

お見舞い金を交付することの危険性について

　本件訴訟において、患者側は死亡との因果関係があることを前提に、5,000万円を超える損害賠償を求めています。裁判では、注意義務違反がないことが明らかであることから、因果関係についての判断を示すことなく請求を棄却しています。本件検診後に緊急入院しているとはいえ、退院可能な状態まで改善したこと、約1年半後の死亡であることからすると、死亡との因果関係を認めることは難しい事案であったと推測されます。

　ところで、健診施設側では、受診者の死亡後に解決金として370万円の支払をする示談の申入れをしているようです。この金額は、死亡を前提とする損害賠償金としては低額といえますが、説明義務違反や生存の相当程度の可能性等を前提とした損害賠償額としては、相応のものと評価される可能性があります。本判決では、冊子等の存在や看護師の証言などから、説明義務違反はないものと認定されています。しかし、裁判所において、証拠評価に迷うような場面では、このような示談の申入れの事実をもって、法的責任を認める事情の1つとして評価することがあります。

　医療機関において、不適切な点はないと評価しながらも、結果の重大性や家族の心情等を重く受け止めてお見舞い金を提示することがありますが、訴訟において不利益と扱われる危険性については認識しておく必要があります。

　仮にお見舞い金として交付を検討するのであれば、その性格を明確にした上で、金額的にも損害賠償を認めたものと誤解されることのない相応額の範囲にとどめるなどの配慮が必要です。

362　　第2章　事例にみる看護師の注意義務と責任

〔37〕　看護師が、診療記録（外来）に虚偽の事実を記載したとの
　　　患者の主張が斥けられた事例（請求棄却）

事　例　　医師Aは、平成26年9月4日、継続受診中の患者Xの求めに応じて、病名を「腰部脊柱管狭窄症、変形性膝関節症、糖尿病」、付記事項として「上記診断および加齢性変化が加わり、連続歩行が困難な状態である。」と記載した診断書を交付した。

　患者Xは、同年10月2日午前9時10分頃、診断書の訂正を求めてY病院を受診したが、医師Aが不在のため医師Bの診察を受けることとなった。

　本件診断書の訂正に関しては、職員Cが対応した。看護記録の「SOAP&フォーカス」欄には、看護師Y₁による『患者Xが本件診察室に入った後に、看護師Y₁が職員Cに対し、患者Xの対応を電話で依頼した』旨の記載がある。

　患者Xは、「継続歩行が困難な為、空き家でよく休んでいると、空き家近辺の住民が警察に通報し、職務質問を度々受けることから、警察に見せる為に診断書を書いてもらったが、この内容では駄目なので、『歩行不能で場所を選ばず緊急に休む必要がある』旨の一文を同診断書に追加してもらいたい。」と述べた。職員Cは、患者Xに対し、診断書の訂正は診断書を作成した医師しかすることができないところ、本日、医師Aは不在であるため、本件診断書の訂正はできない旨の説明をした。

　医師Aは、同月30日、患者Xの求めに応じ、本件診断書の付記欄に「そのつど歩行不能となる。」との一文を加えて同診断書を訂正した。

（東京地判平27・10・23（平27（レ）321）＜控訴棄却＞）

第2章　事例にみる看護師の注意義務と責任　　363

■患者側の主張

　職員Cと一緒に本件診察室に入室したにもかかわらず、看護師Y₁は「患者診療記録（外来）」の「SOAP＆フォーカス」欄に、患者Xが本件診察室に入室した後に、看護師Y₁が職員Cに対し、患者Xの対応を電話で依頼した旨の虚偽の記載を行った。

■病院側の主張

　否認ないし争う。

裁判所はどう判断したか

　患者Xは、本件診察室に入ることになった理由について「職員Cに対して、診断書の訂正を頼んだところ一緒に来てくれた」と述べるが、診断書の訂正はその作成をした医師でなければできないことを承知している職員Cが、このような経緯で医師Bが診察をしている本件診察室に患者Xと共に入室するというのは不可解である。

　看護師Y₁が、同日午後に患者診療記録（電子カルテ）の「SOAP＆フォーカス」欄に、「職員Cに診察に入ってもらい対応依頼」と記入したことが認められるところ、看護師Y₁が診療録に虚偽の記載をしたとは認められない。

コ　メ　ン　ト

1　診断書交付義務について

　医師法19条2項は、「診察若しくは検案をし、又は出産に立ち会つた医師は、診断書若しくは検案書又は出生証明書若しくは死産証書の交

付の求があつた場合には、正当の事由がなければ、これを拒んではならない。」と、医師に診断書交付義務を課しています。医師は、正当な理由のないかぎり、診断書の交付を拒むことはできません。

　もっとも、診断書は「傷病」についての医学的判断を記載するもので、患者の希望する内容を、そのまま記載しなければならないものではありません。患者からの希望があったとしても、医師において確認していない事実関係や、診断に至っていない医学的評価を記載することは不適切です。診察した医師の客観的な医学的評価を記載したものであれば、その内容が患者の希望に添えないものであったとしても、診断書を交付したものと評価されます（なお、虚偽の記載をするよう求められた場合は、診断書交付を拒む正当な理由と評価されます。）。さらに、医師が公務所に提出すべき診断書、検案書または死亡証書に虚偽の記載をしたときは虚偽診断書作成の罪に問われます（刑160）し、民間に提出するものであったとしても、その内容および提出先によっては詐欺（刑246）の共犯と評価される場合もありますので、注意が必要です。

　条文からも明らかなように、診断書を作成するのは「診察した医師」ですので、診察を実施していない医師には診断書の作成義務はありません。本件では医師Ｂも診察をしていますので、医師Ｂに対して、その診察に基づく診断書の交付を求められた場合に、これを拒むことはできません。しかし、医師Ｂには、医師Ａ作成の診断書を修正する権限はありませんので、職員Ｃが医師Ａ不在を理由に、診断書の修正を拒否したことは正当であったと評価されます。

2　看護記録の記載の信用性について

　看護記録は業務の過程で作成されるものですので、その記載内容の信用性は類型的に高いものとされています。本裁判では、患者Ｘが、

第2章　事例にみる看護師の注意義務と責任　　365

医師Bの診察室に入室するに至った経緯について、患者Xの認識と職員Cの認識とに齟齬がありました。

　患者Xが、職員Cと共に医師Bの診察室に入室したと主張したのに対し、職員Cは、患者Xの入室後に、看護師Y₁から連絡を受けて患者側入口とは反対の入口から入室したと陳述書に記載していました。裁判所は、看護記録の記載を根拠に職員Cの認識どおりの事実を認定しました。患者側では、看護記録の記載そのものも虚偽と主張しましたが、この主張も斥けられました。

　判決に顕れた事実経過に照らしても、診察の中で、医師A作成の診断書の訂正を求められた医師Bがこれを拒否し、看護師を介して、職員Cに患者対応を依頼したという流れに不自然な点は見受けられません。

> ## コ ラ ム
>
> ### クレーム対応について
>
> 　本件裁判において、患者側は、他に①別の医師による診察妨害、②別の日に他の医師が診察をせずに診断書を作成した、③他の職員による和解妨害など、様々な主張をして損害賠償請求をしています。本件診断書も警察に見せるために作成を求めたものですし、別の日の診断書も「警察の職務質問により歩行しづらくなった」などの記載を求めるなど、かなり対応に苦慮する患者であったことが窺われます。
>
> 　最近の権利意識の高まりにより、患者側の医療従事者に対する要求は過度なものとなる場合もあり、モンスター、あるいはクレーマーと呼ばれる患者も増えています。このような者の要求に対し、迎合することでその場を納めようとしますと、ますますクレーマーを増長させかねません。

第2章　事例にみる看護師の注意義務と責任

　全ての患者に対して同じく良質な医療を提供するという理念を共有することで、組織的に理不尽な要求を拒否することが可能となります。これに患者が不満を抱いた場合に訴訟へと発展することもありますが、適切な診療が実施されているのであれば、訴訟による解決を怖がる必要はありません。訴訟は「紛争を終局的に解決する」ことを目的としたものですので、訴訟による解決も視野に入れ対応することが、クレームに対する有効な手段といえるでしょう。

第2章 事例にみる看護師の注意義務と責任 367

11　看護師が被害に遭った事例

〔38〕　病院の看護助手が、数人の看護師らと共にせん妄のため暴
　　　れる患者の抑制作業の際に腕を噛まれてC型肝炎に罹患し
　　　た場合に、病院側に安全配慮義務違反があったとして損害賠
　　　償責任が認められた事例（認容額：約2,500万円）

事　例　看護助手Xは、看護専門学校准看護科に通いながら、
　　　　Y病院に看護助手として勤務していた。平成4年9月17日
午前11時頃、Y病院の集中治療室において、脳内出血を発症して救急
搬送されてきた男性患者Aがせん妄状態に陥り、ベッド上で激しく暴
れたため、主任看護師の指示により、看護助手Xが数人の看護師と共
に本件患者の体を押さえつける作業に従事中、いきなり患者Aに左前
腕部を噛まれ、出血するという傷害を負った。

　同月19日、患者AがC型肝炎ウイルス（HCV　ウイルス遺伝子型
2b）に感染していることが判明したため、Y病院内科で採血検査を受
けたところ、HCV検査の結果は陰性と判断され、さらにその3か月後
に再検査を受けたが、このときも陰性と判断された。

　看護助手Xには、平成5年3月初旬頃から高熱、倦怠感、頭痛等の症
状が出現し、Y病院にて劇症肝炎と診断された。他院にて、血漿交換
等の集中治療が実施され、肝機能が改善した。その後もC型慢性肝炎
（ウイルス遺伝子型　2b）、不明熱のため（平成5年10月敗血症と診
断）、入退院を繰り返した。

（大阪地判平16・4・12判時1867・81＜控訴＞）

368 第2章 事例にみる看護師の注意義務と責任

■看護助手側の主張

1 抑制作業を行わせてはならない義務（安全配慮義務違反）について

① 本件抑制作業は、脳内出血に伴うせん妄状態の患者に対する看護業務そのものであるから、看護師以外の者をしてこれに従事させることはできない（保助看31）。

② 本件患者Aは脳内出血に伴うせん妄状態にあり、Y病院に搬送されたときには既に暴れている状態にあったのであるから、本件患者Aを抑制するには通常よりも高度な抑制技術が必要であるので、看護学校に就学中の看護助手X（見習い）に抑制作業を命じたことは危険に対する配慮を極めて欠いたものである。

2 抑制作業を行わせるに当たって適切な指示・監督をすべき義務について

① 雇入れ時に、せん妄状態にある患者の抑制作業に従事する場合の方法等を教育すべき義務があった。実際に患者の抑制作業に従事させる場合は、かかる事態を回避するための適切な指示・監督をすべき義務がある。

② 医療労働者としては未熟であったのであるから、本件抑制作業に従事させるとしても、頭部・肩部付近ではなく、腹部・脚部付近の抑制をさせるか頭部付近の抑制をさせるとしても、効果的に頭部を抑制する技能のある他の看護師等の補助としてのみ作業に従事させる等の配慮をなすべき義務があった。

■病院側の主張

1 抑制作業を行わせてはならない義務について

① せん妄状態にある患者に対する抑制作業は、高度な医学的知識・技術を要せず、看護師でなくとも患者に危害を与えるおそれはないから、看護師の独占業務である「診療の補助」「療養上の世話」（保助

第2章　事例にみる看護師の注意義務と責任　　369

看5）に該当しない。

② 　せん妄状態にある患者が手足を激しく振ることはあっても、抑制作業従事者に噛みつくことはほとんどなく、また、人に噛まれたことによりＣ型肝炎に罹患したという報告は皆無に近いことからすれば、抑制作業中に同作業従事者がＣ型肝炎患者に噛まれてＣ型肝炎に罹患することなど予見不可能であった。

2　抑制作業を行わせるに当たって適切な指示・監督をすべき義務について

① 　看護学校等において抑制方法について教育はされておらず、抑制のノウハウについて述べた文献も存在しない。抑制方法の教育、適切な指示・監督の具体的な内容は不明というべきであり、安全配慮義務の内容は特定されていない。

　　本件患者Ａが看護助手Ｘに噛みつき、看護助手ＸがＣ型肝炎に罹患することは予見不可能であった。

② 　せん妄状態にある患者は手足を振ることが多く、頭部・肩部よりも腹部・脚部の方が危険なこともある。抑制の目的は自傷を回避するためであり、頭部を動かしたとしても自傷のおそれは少ないことから、頭部を抑制することは本来行われず、さらに、本件患者は脳内出血を患っており、頭部を抑制することは病状悪化を招くおそれが強く、禁忌とされる。本件具体的状況下においては、回避可能性もなかった。

裁判所はどう判断したか

① 　医療現場においては、患者のみならず、診療・看護に従事する職員にも危険が生ずる場合があり、特に、常に病原体による感染の危険にさらされているのであるから、使用者にあっては、管理体制を

整え、適切な感染予防処置を講じる等、被用者が安全に業務に従事できるように配慮すべき義務がある。

② 患者の抑制は、患者の自由を奪い、強制的に行う行為であるから、医学的・看護学的理由から患者の動きを制限する必要性を医師によって判断された場合にのみ行うとされている。抑制は、医師の指示に基づき、看護師（ないしはその指示に基づき准看護師）が行うのが原則であるが、医師・看護師等が、これら以外の無資格者に対し、いわばその手足としてその監督・監視の下で、抑制の補助をさせることまでは一般的に禁止されていないので、保助看法31条1項あるいは32条に違反しない。

③ 錯乱状態に陥って暴れている患者や無意識状態にある患者を抑制する場合には、患者が思わぬ行動に出て、抑制作業従事者が危害を加えられるおそれがある。患者の中には、病原体に感染している者もいるのであるから、抑制作業中に創部に触れて感染する等、抑制作業に従事する職員が病原体に感染するおそれも否定できない。

使用者としては、このような抑制作業に伴う危険性に配慮し、看護師・准看護師等以外の知識・経験を有しない被用者に抑制作業の補助を命ずるに当たっては、あらかじめ抑制の方法やその際の基本的な注意事項を説明する等の教育を施し、また、抑制作業に習熟していない無資格者に対しては、重大な感染症に罹患している患者やせん妄状態にあって手足を振る等して暴れている患者等、その抑制作業に伴う危険が大きい患者に対する抑制作業については、その補助を命ずべきではないと考えられる。

④ 安全配慮義務を怠り、看護助手Ｘをして本件患者Ａに対する抑制作業の補助をさせた結果、本件事故が発生したのであるから、民法415条に基づき、本件事故によって看護助手Ｘが被った損害を賠償すべき責任がある。

第2章　事例にみる看護師の注意義務と責任　　371

コ　メ　ン　ト

1　医療従事者が被害に遭った場合の保護

　本件は、患者の行為により医療従事者が傷害を負った事案です。医療現場では、本件のような患者による危害、医療行為に伴う偶発事故として、医療従事者に健康被害が生ずることも少なくありません。患者に意識がある場合には、第一次的責任が患者にあることはいうまでもありません（不法行為責任）。しかしながら、本件のように患者が意識障害を伴っている場合、精神病者、小児等の場合には、行為者自身に責任を追及することは困難です。

　もっとも、医療従事者が、その業務を遂行するに当たって健康被害を生じた場合には、労働災害として労災給付金を受給することが可能です。本件でも、看護助手Ｘは、労災給付金を受給しています。

2　安全配慮義務とは

　使用者は、雇用契約上の付随義務として、労働者が労務提供のため設置された場所、設備もしくは器具等を使用しまたは使用者の指示の下に労務を提供する過程において、その職種、労務内容、労務提供場所等の具体的状況等に応じて、労働者の生命、身体等を危険から保護するように配慮すべき義務（安全配慮義務）を負っています（最判昭50・2・25判時767・11参照）。このような理解は、既に法律実務に定着していますが、具体的状況下における安全配慮義務の内容は、一義的には決定することはできず、事案ごとの判断が必要となります。

　本件では、医療従事者による「抑制」業務が問題となりました。判決では、本件被害者が看護助手（無資格者）であったことから、その抑制作業に伴う危険が大きい業務を命じたことが問題であったとされましたが、具体的状況下において、どのようにすれば患者の噛みつく行為を防止できたかは明示されませんでした。

372 第2章 事例にみる看護師の注意義務と責任

　同様の被害は資格を有する看護師（准看護師）においても生じ得る事象です。本件では看護助手という地位に着目して結論を導きましたが、具体的業務内容に着目した検討も必要であったと考えます。

3　無資格者による抑制

　本件では、付随的論点として、抑制が保助看法が禁止する医療行為に該当するのではないかも問題となりました。判決では、医師・看護師等が、無資格者に対し、いわばその手足としてその監督・監視の下で、「抑制の補助」をさせることまでは禁止していないとして、保助看法31条1項、32条には違反しないとしています。この判断は、傷病者に対する抑制行為が医療行為であることを当然の前提としています。

　ところで、抑制が看護師の行う医療行為であるとしても「診療の補助」、「療養上の世話」のいずれの範疇と位置付けられるのかは難しい問題です。抑制が患者の自由を奪う強制的な措置であることを重視すれば、病態についての「医師による医学的判断」が必須ということになります。一方「ベッドから転落」することを防止するための措置であることを重視すれば、看護師の主体的な判断と技術をもって行う「療養上の世話」の範疇との位置付けも可能です。

　さらに不穏に対する緊急の対処等では、そもそも保助看法の想定している業務（療養上の世話・診療の補助）の範疇として捉えること自体が困難な場面もあり得ます。このように抑制行為の評価には難しい点もありますが、いずれにせよ「傷病者」に対する行為であり、医療的な知識・技術を必要とする場面も多いことから、患者の安全を守るためにも、無資格者が当然に実施可能な行為とは評価せず、具体的状況下において個別的に判断をすることが妥当でしょう。

4　相当因果関係の判断

　本件では、本件受傷とＣ型肝炎の罹患との因果関係も問題となって

第２章　事例にみる看護師の注意義務と責任　　373

います。Ｃ型肝炎の主な感染経路としては、Ｃ型肝炎ウイルスを含有する血液、血液製剤（血漿、血球、フィブリン等）の輸血のほか、医療従事者の針刺事故、滅菌が不十分な医療器具による観血的医療行為（注射、手術等）等の経皮感染があります。

　唾液は、血液と比較して含まれるＣ型肝炎ウイルスは低濃度です。そのため、唾液を介した直接的な感染可能性は極めて低いといわれています。唾液による感染については、血液が混入しない限り、唾液そのものが感染源になることはないという見解もあります。また、潜伏期は、通常、Ｃ型肝炎ウイルス感染後30日ないし150日であり、平均で50日程度とされているにもかかわらず、本件事故後、約180日後に発症している点で、相当因果関係の有無は非常に微妙です。「訴訟上の因果関係の立証は、一点の疑義も許されない自然科学的証明ではなく、経験則に照らして全証拠を総合的に検討し、特定の事実が特定の結果発生を招来した関係を、是認しうる高度の蓋然性」をもって足りる（最判昭50・10・24判時792・3）とされています。

　本件では、感染機序として、血漿交換、針先事故、性交渉等の可能性も否定できませんが、タイプが同種であったこと、同様の機序についての症例報告が存在したことを重視して相当因果関係が肯定されました。

```
コ ラ ム
```

患者の暴力と診療拒否

　最近では、医療従事者が、患者からの暴力、暴言、ストーカー行為による被害を受けることもあるようです。

　医師には応召義務があり、病院としては正当な事由のない限り、診療を拒むことはできません（医師19）。ここにいう「正当な事由」とは、

行政解釈上、医師自身が病気である、あるいは、他の患者を手術中である等、極めて限定的に解されています。

　もっとも、上記解釈は、公法上の義務に関するものであり、患者において、当然に診療を受ける権利を保障したものではありません（患者は、「反射的利益」を享受しているにすぎません。）。そのため、診療契約の成立以前において、診療を求める具体的権利があるわけではありません。

　応召義務については、医療倫理とも関連する難しい問題がありますが、具体的な場面では、患者側の事情（症状の緊急性等）および医療機関の性格や地域の医療環境などを総合的に考慮して「正当事由」の有無を判断することになります。

　この点、既に診療契約が成立している場面での民事責任の有無は、診療を拒否することが、診療契約上の違反（債務不履行）に該当するか否かとして応召義務違反の有無が争われることになります。診療契約が患者と医療従事者の信頼関係を基礎にするものである点に鑑みますと、患者の暴力等の行為が繰り返され、医療従事者の身体に危険を及ぼすことが明白な場合には、もはや信頼関係が破壊されたとして診療を拒んだとしても「正当事由」に該当する余地は十分あると考えます。

　最近では、信頼関係が医療の根幹をなすものとの理解が進み、整形外科領域（東京地判平26・5・12（平25(ワ)3492））、精神科領域（東京地判平27・9・28（平25(ワ)3143））などで、患者側の態度を理由に診療を拒否したとしても正当事由があるとする裁判例もみられるようになりました。

　今日では多数の医療機関が存在し、患者側でも医療機関の選択の道が広がっています。ある医療機関が診療を拒んだとしても、他の医療機関を受診することも可能ですので、患者の繰り返しの暴力などにより信頼関係維持が困難と評価される場合には、患者の具体的病状にもよりますが、問題となる診療経過を明らかにした上で、診療を拒否するという対応も検討してよいでしょう。

第2章　事例にみる看護師の注意義務と責任　　375

〔39〕　担当看護師らが患者の言動が人格権ないし人格的利益を
　　　侵害する不法行為に当たるとして損害賠償を求めたが、患者
　　　が憤慨するのも無理はないとして、その請求が棄却された事
　　　例（請求棄却）

事　例　　警察官である患者Ｙは、平成24年7月11日、糖尿病等で
　　　　　A病院の内科に入院し、インスリン療法による治療を受
けることとなった。同月13日、同日から始まるインスリン自己注射と
血糖自己測定のため、使用するインスリン製剤の特徴や注射をする時
間帯、注射の手技や血糖測定の方法、低血糖の症状や対応等について、
医師Ｂ等から説明を受けた。その際、患者Ｙは、ノボラピッドの注射
後にはすぐに食事を摂ること、そうしないと低血糖になり危険である
こと等の説明を受けた。

①　7月16日昼食時の経緯

　同日午後0時頃、患者Ｙに対し、昼食が配膳された。しかし、担当看
護師X₁は、ノボラピッドの自己注射と血糖自己測定の見守りのため
訪室するのを失念していた。患者Ｙは、ナースコールをすることも近
くにある看護師詰め所に行って声を掛けることもせず、漫然と看護師
の来室を待ったまま、食事に手を付けようとしなかった。

　患者Ｙは、同日午後0時50分頃、引き膳のため訪れた看護助手に対し
「インスリンの注射がまだ来ていない。」旨を告げ、「院長が来ないと
治療しない。」などと、治療を拒否するかのような発言をした。その後、
看護師X₁は、訪室を忘れていたことについて謝罪した上で、血糖測定
をさせてほしい旨告げたが、患者Ｙは「院長を呼ばんとせん。」などと
言って、これを拒否した。

376　　第2章　事例にみる看護師の注意義務と責任

　同日午後1時頃、責任者である副師長と看護師X₁が患者Yの病室を訪室し、改めて謝罪した。しかし、患者Yは「無視していたのか、忘れていたのか、ほっといたのか。わしの言うことが間違っとるんなら、強制退院をしてくれ。」などと怒り、看護師X₁は「そうではありません。申し訳ありません。」と再三謝罪したが、患者Yは、眼を充血させ、唾を飛ばしながら、「自分は病院に命を預けている。何を言われても自分は反論できない。今あったことが院長に正しく伝わらないと、自分は単なるクレーマーにされてしまう。証明する資料がなかったら、何をされてもクレーマーにされてしまう。ここで殺されたとしても、何の反論もできない。」などと声高に主張し、看護師X₁が謝罪しても、その怒りは収まらず、血糖測定やインスリン注射に応じようとしなかった。看護師X₁が土下座をしたところ、ようやく怒りを収めた。

　看護師X₁は、インスリン注射、血糖測定および食事の用意をするため退室しようとしたが、その際、患者Yは、院長への報告および上記の出来事を記載して押印した書面を出してほしいと要求した。その後、患者Yは、血糖測定およびインスリン自己注射の後、作り直された昼食を食べた。

　看護師X₁は、看護師長と相談した結果、謝罪文を交付しない限り患者Yの怒りが収まらないのではないかと考え、本件詫び状〔Ⅰ〕を作成した上、同日午後3時頃、患者Yに対し、これを交付した。

② 7月16日夕食時の経緯

　患者Yは、同日午後5時50分頃、看護師X₂による手技の確認の下、インスリン自己注射を行った。この時点では夕食の配膳はされていなかったが、患者Yの病室のすぐ近くの廊下まで配膳車が来ており、間もなく配膳される状況であった。

　しかし、患者Yは、同日午後5時55分頃、インスリン注射を行ったのに食事が配膳されていないことに立腹し「食事が来ない。わしを殺す

第2章　事例にみる看護師の注意義務と責任　　377

気か。ここで殺されても、誰もわからんだろ。明日、院長に話すから
な。退院でも何でもしてやる。インスリンを打ったら、直後に食事を
食べると説明された。おかしい。」などと唾を飛ばしながら興奮して
怒鳴り始めた。検温のために訪室した別の看護師がこれに気づき、食
事を配膳したところ、患者Ｙは、これを急いで食べた。

　同日午後6時25分頃、患者Ｙが憤慨している旨を聞き、看護師X_2と
看護副師長が訪室し、患者Ｙに謝罪した。しかし、患者Ｙは、激昂し
た状態で「あんたたちは人を殺す気か。あのまま食事が来んかったら
死んどったかもしれん。わしも家族がおるんじゃ、家族がおらんかっ
たら治療もしに来んわ。」などと述べ、看護師X_2らが謝罪しても、そ
の怒りは一向に収まらなかった。また、看護師X_2らが「今後は食事が
来たらナースコールを押してくださいませんか。」と頼んでも、患者Ｙ
は「そんなもん看護師が時間配分してくるもんじゃろ。ブザーなんか
押さん。」などと拒絶した上、「昼と同じように、詫び状なり何なり一
筆書いてこい。」と言った。

　さらに他の看護師に対しても「さっきの看護師に一筆書いてこいと
言ってある。明日の朝までと言ってるからな。」と告げた。これを聞
いた看護師X_2は、書面の交付を拒否すると再度患者Ｙが激昂するの
ではないかと考え、看護副師長に相談した上で、同人と共に本件詫び
状〔Ⅱ〕を作成し、患者Ｙに交付したところ、患者Ｙの機嫌は直った。

③　7月17日担当医師Ｂとの面談

　患者Ｙは、入院病棟内の面談室において、医師Ｂと面談した。医師
Ｂは、患者Ｙに対し、前日の看護師の不手際について謝罪した上、「人
間であるからにはミスをすることはあっても、お互いに気を付けてお
れば、ミスも未然に防げるものである。今回のことに関しても、血糖
測定に来ていなければ、ナースコールで呼ぶ、詰め所に一言声をかけ
たら済んだことを、ここまで事を大きくすることはなかったのではな

いか。糖尿病というものは、自分で気を付ける病気であり、病院はそれに協力しかできない。入院治療とは、お互いに信頼関係が一番である。」といった内容の話をした。すると、患者Yは、「こっちが悪いんか、もう退院させてくれ。」と言って席を立ち、面談室から出て、自身の病室に戻り、自分の荷物をまとめた。医師Bは患者Yを追いかけて病室まで行き、「紹介状も書くし、薬も出します。ここで治療をしたくないのなら、それは仕方ないですが、このままにしておくと命に関わってくることですので。」と患者Yに話しかけたが、患者Yは聞き入れず、「もう、いい、いらない。帰る。」と言いながらエレベーターに乗り込んだ。なお、上記の際、医師Bは、本件詫び状〔Ⅰ〕および〔Ⅱ〕を返すよう求めたが、患者Yは、返す必要はないとして、これを拒んだ。

＜参　考＞

詫び状〔Ⅰ〕

「本日、昼食前の血糖測定の声かけ、インシュリン注射の訪室を忘れておりました。大変申し訳ありませんでした。心よりお詫び申し上げます。今後は同じ事を繰り返す事なく、注意を払い確認を忘れず業務に努めます。平成24年7月16日　担当看護師X₁、責任者看護副師長（各署名押印）」

詫び状〔Ⅱ〕

「夕食が患者様の所に届いていないにもかかわらず、インスリン実施の指示をしてしまいました。申し訳ありませんでした。H24．7．16　担当看護師X₂、責任者看護副師長（各署名押印）」

（岡山地倉敷支判平26・3・11（平25（ワ）30・平25（ワ）186）＜請求棄却、確定＞）

第2章　事例にみる看護師の注意義務と責任　　379

■看護師側の主張：人格権ないし人格的利益の侵害

　暴言および土下座・謝罪文交付の事実上の強制等の行為により、人格権ないし人格的利益を侵害した。

　看護師と患者という立場や看護師の些細なミスに乗じたもので、看護師が絶対に逆らうことのできない状況を利用したものであって、手段が卑劣である。近くの詰め所に看護師を呼びに来ることもなく、ナースコールすら押さないなどと理不尽な発言をしており、病院側の些細なミスを積極的に利用しようという態度が窺われる。

　患者Ｙは、自己の行為について一切謝罪しておらず、看護師らの受けた精神的苦痛に対する慰謝の措置は何らとられていない。

　その態様および程度において、看護師のミスに対する苦情として許容される限度を逸脱し、受忍限度を超えた高度の違法性を有するものである。

■患者側の主張

　患者Ｙは、医師の説明を受け、注射と食事はほぼ同時にする必要があり、これを守る必要があると強く感じた。

　昼食時の出来事については、今回問題が生じた原因は何か、事実について書面にして渡してほしい、そうでなければ本件病院に不手際があったこと自体も証明できず、一方的な苦情として処理してしまうおそれがあるとの趣旨の話を敬語でしていたものであり、威圧したり怒鳴ったりはしていない。

　夕食時の出来事についても、看護師らに対して苦言を呈したが、大声で怒鳴り続けたことも、退院してやるといった発言をしたこともない。また、ナースコールをしてほしいと言われたこともなければ、これを拒否する発言をしたこともない。

　そもそも、看護師個人を責める気持ちはなく、看護師らを威圧・脅

迫したことは全くない。書面の表題を「お詫び」としたのは、看護師側の判断である。

裁判所はどう判断したか

人格権ないし人格的利益が、法的保護に値する権利ないし利益として成熟しているかについては、直ちに肯定しがたいところではある。一般論としてそれを肯定するとしても、看護師としての業務における受忍限度を超えて、不法行為として金銭賠償の対象とすべきほどの精神的損害を与えたとまでは認めがたい。

（補　足）

患者Yにおいては、それまで、再三にわたり、自身の糖尿病に対する病識の甘さについて指導を受け、特にインスリン注射に関しては、低血糖を防ぐために注射後直ちに食事をすることや、低血糖症状の危険性を強調されていたことから、自分に対しては注射と食事の間隔の厳守を強く指導する看護師らが、それを守っていないことについて強く憤慨したとしても、直ちに理不尽とまでは言い難い。

昼食時の出来事について、患者Yにおいてナースコールをするとか看護師の詰め所に行って声を掛ける等すれば済むことであり、それをしなかったまたはそれを拒む患者Yの態度にも問題があるが、他方で、患者Yが看護師X_1に土下座を要求したことはなく、事実経過を記載した書面の交付を求めたものの、謝罪文や詫び状といった書面を要求してはおらず、表題を「お詫び」としたのは、看護師側の判断であること等に照らすと、不法行為に当たるとまでは認められない。

夕食時の出来事に関しては、同日昼食時の出来事があり、自身に対する日頃の指導と看護師らの対応の齟齬に不満を抱いていたこと、そのような状況下で、看護師X_2において、夕食の配膳車が近くまで来て

いることを認識していたとしても、患者Yにその旨を告げることなく、インスリン自己注射を先行させてそのまま退室し、その後数分間、食事が配膳されない状態であったことからすると、患者Yとしては、インスリン注射をしたにもかかわらず食事の配膳が遅れることにより低血糖状態に陥るのではないかとの不安を抱くとともに、看護師らの対応に対する不満をさらに募らせ、憤慨するに至ったとしても、無理からぬところはある。このときにも、患者Yにおいて、ナースコールをするなどして速やかな食事の配膳を要求すれば足りるのであるが、かかる対応に出ていないこと自体が、まさに、患者Yにおいて、糖尿病の治療に臨む患者として必要な、自身でインスリン注射と食事を管理して血糖値をコントロールするという意識が欠如していたことの現れというべきであり（その意味において、7月17日の面談時の医師Bの指摘は、担当医としての適切な指導ということができる。）、未だ不法行為に該当するとまでは認めがたい。

コメント

　本件では、まず患者側が7月17日の担当医師の発言が、名誉毀損・侮辱に該当するとして裁判を起こしました。看護師側が、人格権侵害等を理由として提訴に至った背景には、このような事情も影響したと考えられます。

　担当医師の発言についての損害賠償請求に関しては、面談時における医師の発言内容は、患者側の主張するものと異なっていることや、仮にその発言中に患者の非を指摘するような内容のものがあったとしても、それは、医師として、糖尿病の治療に対する病識の甘さを指導する必要があるとの意図で発せられたものであることから、名誉毀損または侮辱に当たるものではないことは明らかであるとして斥けられ

ています。判決内容に示された担当医師の発言内容を見る限り、極めて当を得た指導内容であったと評価されます。

　本件では、具体的状況をイメージできるよう、判決に示された事実関係をできる限り引用しました。看護師に落ち度や至らぬ点があったとはいえ、患者の対応は常軌を逸したようにも思われます。裁判では、患者側で土下座を強要していないと認定されましたが、担当看護師が自発的に土下座を行うことは通常考えられません。昼食時の出来事は、インスリン注射がなかったために食事開始時刻が遅れたという程度のものです。もちろん、看護師に落ち度があったことは否めませんが、患者がナースコールをするなどすれば、容易に回避できました。通常であれば、看護師が謝罪し、患者側も自分からも声かけをしますなどの会話で終わる出来事ではないでしょうか。

　本件でも、看護師 X_1 は、速やかに非を認めて謝罪をしています。患者の主張するように、看護師個人を責める気持ちはなく、今回の原因や事実について書面を求めただけであれば、看護師が土下座までしなければならない状況に至ることはないように思われてなりません。診療は医療従事者と患者との協力によって成り立ちます。自ら診療に一切協力しようとはせず、一方的に医療従事者を非難する本件患者の態度にも少なからず問題があった事案といえます。

　判決において、患者が激昂し看護師らを詰問していた事実、土下座の事実等を認定しながら、看護師の落ち度を理由に憤慨したことについて一定の理解を示し、損害賠償請求を否定したことについては残念です。いくら憤慨をしたとはいえ、本件のような対応をする患者は、まず存在しないでしょう。

　本件では控訴はせずに判決が確定しましたので、結果的には看護師らも裁判所の判断を受け入れたといえるのかもしれません。しかし、このような理不尽な行為まで医療者は受任しなければならないとする

第２章　事例にみる看護師の注意義務と責任　　383

と、ますます、医療現場を疲弊させることになるように思われてなりません。

　昨今では、ドクターハラスメント、モンスターペイシェントなどの言葉を耳にする機会が増えています。医療現場において、いかに安全に努めようとも、人が行う行為故に、間違いはあります。その間違いを指摘し、非難し合うのではなく、互いに自らの至らなさを顧み、他者の間違いを許す心のゆとりを持つことが、良好な医療環境につながるのではないかと考えます。

コ ラ ム

書面を求められた場合の対応

　本件病院では、患者に書面の交付を求められ、詫び状を差し入れています。患者側は、裁判においては、詫び状を求めたことはなく「今回問題が生じた原因は何か、事実について書面」の交付を求めたにすぎないと主張しています。

　そもそも、患者側から、詫び状の交付を求められたとしても、これに応じなければならない義務はありません。患者に書面を交付するか否かは当事者及び病院としての判断となります。義務なきことを強要する行為は、その態様によっては強要（刑223）の罪にも該当するものです。一般にクレーム対応においては、交付を受けた詫び状を利用して更なる要求へと発展する可能性があるので、これを差し入れることは好ましいものではないとされています。

　退院時に詫び状の返還を求めていることからすると、詫び状の交付は病院としても本意ではなかったと推測されます。そうであるならば、明確に拒絶すべきです。落ち度がある場合に、要求を拒みにくい気持ちになることは理解できますが、患者に迎合したり態度を曖昧にすることは、かえって危険です。

もっとも、本件のように病院側でも反省すべき点がある場合には、積極的に書面にて回答するという対応も検討されてよいと考えます。医療安全の見地からも、事故原因の究明、再発防止策を講じることは重要です。患者からのクレーム内容について院長を含めて共有し、事故原因や再発防止策を検討した上で、これを患者に報告することで、患者に安心を与えることにもつながります。本件では、看護部門だけで処理をするのではなく、安全管理部門や執行部に速やかに報告し、病院としての対応を検討することが望ましかったといえるでしょう。

当然のことながら、病院として調査・検討の上、回答をするには、一定の時間を要します。そこで、初期対応としては、心情を害したことについて道義的謝罪をした上で、①しかるべき部署に報告し病院として対応することを伝え、②調査・検討の必要があるとして回答までの猶予を求めることが適切です。

病院として誠実に対応する姿勢を示したにもかかわらず、すぐに「詫び状を出せ」などと要求する場合には、クレーマー的患者であることが窺われます。このような患者に対しては、改めて「回答までには一定期間を要すること」などを伝えた上、すぐに回答せよとの要求には「応じられない」という毅然とした態度で臨むことになります。

クレーム対応においては、書面による回答も有効な手段の1つです。重要なのは書面を交付するか否かではなく、その内容次第といえるでしょう。

12 個人情報保護に関する事例

〔40〕 県立病院にて発生した医療事故に関し、情報公開条例に基づく医療事故報告書、事故対策委員会報告書、医療事故調査報告書、医師法21条による報告書および医療事故保険の手続文書の開示請求において、記載された患者情報等の一部非開示が適法とされた事例（請求棄却／控訴棄却）

事 例　平成17年ころ、県立Y病院において医療事故が発生し、患者が死亡した。開示請求者Xは、県知事に対し、情報公開条例に基づき、Y病院において発生した医療事故に関する公文書の開示請求を行ったところ、県知事において、「個人に関する情報であって、当該情報に含まれる氏名、生年月日その他の記述等により特定の個人を識別することができると認められるもの（他の情報と照合することにより、特定の個人を識別することができることとなるものを含む。）又は特定の個人を識別することはできないが、公にすることにより、なお個人の権利利益を害するおそれがあるもの」等に該当するとして、公文書の部分開示決定をした。開示請求者Xは、同決定が違法であるとして、同決定中、患者の氏名および住所を除く非開示部分に係る処分の取消しを求めた。

（高知地判平19・12・21（平18(行ウ)22））
（高松高判平20・7・29（平20(行コ)1））

386　　第2章　事例にみる看護師の注意義務と責任

■開示請求者側の主張

1　個人情報該当性（識別可能性）

　患者の性別および年齢、居住する市町村名、医療事故の概要、医師の氏名、診療科程度の情報では、Y病院に多数の利用者が存在する以上、特定することは不可能である。

2　個人の利益侵害性

　　県の医療事故公表基準において、医療事故の概要（事故の発生年月日、場所、状況、原因）、当該関係者の情報、今後の対策と改善策の一定情報については公表するものとなっている。これらの内容は、開示されても関係者の権利を侵害するものではない。

3　優越する公益性

　　条例上、当該公文書を開示しないことにより保護される利益に明らかに優越する公益上の理由が認められるときは、公文書は開示するとの規定がある。医療事故の原因を究明してそれを絶滅し、安心して医療機関を利用できるようにすることは国民共通の利益であり、多額の税金が投入されている県立病院においては、医療事故に関する情報を公開することが、県民に対する説明責任を果たし、県民の共通の利益となる。

■県（病院）側の主張

1　個人情報該当性（識別可能性）

　本件非開示情報は、他の情報と照合することにより、特定の個人を識別できる情報である。要件該当性は、当該個人が帰属し、日常的に接触がある社会的または地域的集団の構成員が当該情報を取得した場

第2章 事例にみる看護師の注意義務と責任 387

合に、当該個人を識別できるか否かによって判断すべきである。

2 個人の利益侵害性

　一般的に、患者の病態、患者・家族の既往歴、診療内容・状況、担当医師名等の診療に関与した職員の情報、治療費等の支払状況、医療事故が発生した場合における交渉経過等の情報およびこれに付随する一切の情報等の患者情報は、患者および家族にとって極めて秘密性が高く、これらの情報をコントロールする権利については、要保護性が高いものであって、患者や家族の承諾なしに患者情報を公開することは、人格権の侵害となる。

裁判所はどう判断したか

① 　本条例は、地方自治の本旨に基づく県民の知る権利にのっとり、公文書は原則として公開されるべきという原則を維持しつつも、個人の権利・利益が不当に侵害されることがないように、最大限の配慮をすべき義務を課している。

　患者情報は、個人に関する情報のうちで最も他人に知られたくない類のもので、患者やその遺族にとっては、その意に反してみだりに開示されることを欲しないであろうし、そうされることはないと期待する。この期待はプライバシー権というか否かは別として、法的保護に十分に値する利益である。

　この点、医療機関は、患者との間の診療契約上、患者の同意なく第三者に患者情報を提供しない義務を負うものと解され、医師に法律上の守秘義務が課され、正当な理由なく、業務上知り得た患者情報などの人の秘密を漏らした場合に処罰されること（刑134）、証言義務を負う証人の立場にあっても、患者情報などの職務上知り得た秘

密については証言拒絶権（民訴197①二、刑訴149）が与えられていることからも窺われる。

　非開示部分には、患者の住所、氏名、年齢等の明らかな個人識別情報や、患者の病状、病歴、診療経過・内容、担当医師名等の診療に関与した職員の情報、死亡の原因、本件医療事故の内容、事故後の患者等への対応、事故原因の分析と再発防止策などが記載されていることから、本件非開示情報には、本件患者の患者情報がほぼ全体的に包含されている。これらの情報をみだりに開示されないことを期待する利益は、法的保護に値する。

　本件患者の遺族の同意を得ることが困難であること、期待利益を放棄した事情も認められないことから、開示することは個人の利益を害するおそれがある。

② 　本件非開示情報を開示することが、開示しないことにより保護される本件患者の遺族らの利益に明らかに優越する公益上の理由があるとはいえない。

　いかに医療事故に関する情報を公開することが医療事故の原因究明や再発防止等に役立ち、ひいては国民共通の利益に資するとしても、本件患者の遺族らが本件医療事故に関する全ての公表を固く拒否している以上、その遺族らの意向を無視し、診療契約上の義務に反し、刑罰規定をも慮ることなく、患者情報を開示されない法的保護利益を侵害することが許される法的根拠は見当たらない。

　このことは民間でも公的な医療機関でも同様というべきところ、多額の税金が投入されているからといって、県立病院の場合のみ患者やその家族らの意向を無視するなどしてその法的保護利益を侵害してもよい道理はない。

第２章　事例にみる看護師の注意義務と責任　　389

> コ　メ　ン　ト

1　患者情報の保護

　本件は地方公共団体の運営する病院の事例で、情報公開条例の規定する例外要件該当性を巡って争われました。地方公共団体や国の保有する情報については、公開原則が働きますが、患者情報という極めて秘匿性の高い情報であることを重視し、第三者からの開示請求に対して一部非開示としたことが適法とされました。

　しかも、情報開示が医療事故の原因究明や再発防止等に役立ち、ひいては国民共通の利益に資するとしても、患者情報に関する法的保護利益を侵害することは許されないとして、公益性よりも個人的利益の優越性を認めています。

　患者情報は極めて秘匿性の高いものであり、これがみだりに第三者に提供されるとのことであれば、患者や家族は安心して医療機関を受診できません。法が医師等の医療従事者に守秘義務を課し、証言拒絶権、押収拒絶権などの権利を認めた趣旨に鑑みても、個人の権利を優先した本判決の判断は正当と評価されます。

　この点、個人情報保護法では、法令に基づく場合など一定の例外を除き、あらかじめ本人の同意を得ないで、個人データを第三者に提供してはならないとされています（個人情報23①）。また、病歴は要配慮個人情報とされ、オプトアウトを利用した第三者提供を禁止しています（個人情報23②）。民間病院の場合には、公開原則は働きませんので、より患者情報の保護を重視した運用が求められることになるでしょう。

2　内部文書性（自己利用文書性）

　本件では、第三者による開示請求であったことから、公開原則と患者や遺族の個人的利益との利益衡量が中心的な争点となりました。し

かし、医療事故調査報告書等には、公務秘密文書的性格（民訴220④ロ）や自己利用文書的性格（同220④ニ）もあります。

そのため、患者本人や遺族が医療事故調査報告書等の開示を請求したからといって、当然に全部開示がなされるわけではありません（最決平17・10・14判時1914・84、東京高決平15・7・15判時1842・57、東京高決平23・5・17判時2141・36等）。医療事故原因の究明、改善策の検討に当たっては、自由かつ率直な意見の交換をする必要もあり、これらの情報が開示の対象となると公務の遂行や法人としての意思決定に著しい支障を生ずるおそれがあることから、文書の性格に応じて、非開示となる場合も十分に考えられます。

また、医療安全の目的で作成されるインシデントレポートやアクシデントレポート等については、一般には開示の対象とならないとされています。

コ ラ ム

弁護士会照会への対応

個人情報保護法が施行されて以降、個人情報についての国民の関心は非常に高まっています。そして、病歴等の患者情報は要配慮個人情報として、特に厳格な取扱いが求められ、患者本人の同意なしに第三者に提供することは許されません。

もっとも、個人情報保護法23条1項は、法令に基づく場合には第三者提供を許容しています。弁護士会照会は、弁護士法23条の2に基づくものであり、患者の同意なしに回答してよいかが問題となります。

弁護士会照会とは、弁護士が依頼を受けた事件について、証拠や資料を収集し、事実を調査するなど、その職務活動を円滑に行うために設けられた法律上の制度で、弁護士会がその必要性と相当性について

第2章　事例にみる看護師の注意義務と責任　　391

審査を行った上で照会を行う仕組みになっています。法令に基づくものであることに加えて、弁護士会において、その必要性と相当性の判断が適切になされていることからすると、これに応じて回答することに問題はないように思われます。

　しかし、医師をはじめとする医療従事者には法律上の守秘義務があり、医療機関においても患者に対し診療契約上の守秘義務を負っています。特に、弁護士会照会は、当該患者と対立関係にある交通事故の加害者や労災紛争における企業側代理人弁護士を通じてなされる場合も少なくありません。本裁判例に示されたように、公益性よりも個人的利益が優先するとの判断も十分可能ですので、公益性を優先するか患者のプライバシーを優先するかは個々の事案に応じて慎重な判断が必要となります。

392　　第2章　事例にみる看護師の注意義務と責任

〔41〕　特定健康診断にて女性が心電図検査実施中に、男児がドア
　　　を開けて顔をのぞかせたことにより精神的損害を被ったと
　　　して、損害賠償が一部認容された事例（認容額：5万円）

事　例　　女性患者Ｘは、平成20年12月27日、精神科、心療内科
を標榜するＹクリニックにて、特定健康診断を受けた。
Ｙクリニックの3つの診察室は、それぞれが個室になっており、待合コー
ナーから診察を受け、会計をするまでの診療過程において、外来患
者がクリニック内で交差しないよう反時計回りの動線となっていたも
のの、患者に対し圧迫感を与えずかつ採光の機能を果たすという目的
で、診察室と廊下との間にはすりガラス状の壁を設置しており、診察
室のドアを開けるとすぐにソファーベッドが目に入るという構造とな
っていた。

　女性患者Ｘは、本件診察室に入った後、ブラジャーのホックを外し、
首のあたりまであげ、ソファーベッドに横になった。その際、女性看
護師を同席させるなどの配慮はなされていない。Ｙクリニック医師
Ｙ₁（男性）が、患者Ｘの胸にゼリー状のクリームを塗り、電極を付け
始めた時点で、男児（5～7歳児）が診察室のドアを開け、診察室をの
ぞき込んで医師Ｙ₁に声をかけた。医師Ｙ₁は、男児に対し「お母さん
はここにはいないよ。」と対応した。この間、女性患者Ｘの心電図の基
線に乱れはなく、心拍数も70回／分であった。

　診察当日、女性患者Ｘは、診察時間が長いことに対して苦情を言っ
たものの男児が診察室のドアを開けたことについての苦情はなかっ
た。その後、女性患者Ｘは、平成21年1月22日に、逆流性食道炎、神経
性胃炎などの診断を受けた。

（東京地判平22・9・2（平22(レ)262・平22(レ)458））

第2章　事例にみる看護師の注意義務と責任　393

■患者側の主張

1　プライバシー侵害

　心電図をとるため上半身裸でいる際に、医師や看護師以外の第三者が診察室内に入室してくることのないように、あるいは仮に入室してきたとしても患者の診察中の姿が見えないように、衝立やカーテンを設置する義務があったにもかかわらず、これを怠った。

2　セクシャルハラスメント

　女性看護師を同室させることなく、心電図検査を行ったのであり、医師の立場を利用して行った悪質かつ卑劣で許されないセクハラ行為、または男児を利用したセクハラ行為である。

■医療機関側の主張

① 　診察室は、医療従事者や多くの患者が出入りを繰り返すところであり、検査のたびに施錠を行うことは現実的に不可能である。診察は医師と患者の二人のみで行うところ、施錠をすることは心理的負荷を与えかねない。男児が母親を捜してドアを開けたことは不可抗力である。

　　心電図検査実施に際しては、毛布を掛けた上で測定するなどの対応をしている。

② 　セクハラ行為を行ったことはない。

裁判所はどう判断したか

1　プライバシー侵害

　医療機関は、特に患者が女性の場合、プライバシー保護の観点から、医師・看護師以外の者に裸体を見られることのないように配慮する義

務がある。女性患者に服を脱がせて診察する場合、患者の精神状態等により衝立やカーテン等による遮蔽が困難と認められる特段の事情がないかぎりは、衝立等により外部と遮断した上で診察する義務がある。

　本件において、毛布を掛けていたと認めるには疑問があり、女性患者Ｘは、男児に裸の上半身を見られ得る状況にあった。

2　セクシャルハラスメント

　本件男児を利用してセクハラ行為を行ったと認めることはできない。男性医師が女性患者に対して心電図検査を行う際に女性看護師を同室させる義務はそもそも認められない。

コメント

1　患者のプライバシー

　一般論として、診察の過程において、女性患者の服を脱がせる必要がある場合、プライバシー保護の観点から、医師・看護師以外の者に裸体を見られることのないよう配慮する義務があります。

　しかし、これは診察中に施錠をする義務までを課すものではありません。実際に、診察中に施錠をしているクリニックは、ほとんどないでしょう。それでも、呼出しがないのに患者やその家族が、診察室に立ち入ることは通常ありません。患者が頻繁に出入りする中で施錠をすることは現実的には困難ですし、施錠し密室とすることによる患者への精神的な圧迫も危惧されます。

　裁判所も診療中に施錠することまでは要求しておらず、女性患者に服を脱がせて診察する場合、特段の事情がないかぎりは、衝立等により外部と遮断した上で診察する義務があるとしたにすぎません。診察の必要性があるとはいえ、上半身、下半身を露出するような検査等で

は、患者は羞恥心を抱きますので、衝立やカーテン等により、患者の
プライバシーに配慮することは重要といえます。患者や部外者等の立
入りがないとしても、当該検査や処置に関係のない医療従事者が立ち
入る可能性もあり、実際、多くの医療機関においても、羞恥心を伴う
検査や処置等を行う場合には、カーテン等による遮蔽をするなどして、
患者のプライバシーに配慮しています。本件では、精神科・心療内科
という特殊性があるとしても、結果的にはプライバシー保護が不十分
であったといえるでしょう。

　本件は、検査中の一定時間、上半身が裸になる心電図検査を実施す
るという特殊な場面ですので、直ちに一般診療全てに同様の配慮が必
要となるものではありません。もっとも、一般的な診察である聴診等
において上半身を脱がせる場合にも、同様の問題が生じる可能性はあ
ります。最近では、女性患者の診察において、プライバシーに配慮し
て聴診器を当てる際にも服を着た状態で行う医師も増えていますが、
この場合には不正確な聴診となるリスクもありますので、患者の主訴
や症状等を踏まえつつ、プライバシー保護と聴診の正確性の調和を図
るのが現実的な対応でしょう。そして、女性患者に上半身を脱がせて
の聴診等を行う場合、着衣の状態で聴診をする医師が増えたことで、
患者側で着衣のままでも十分な聴診ができると誤解している可能性が
あることを考慮し、その目的や必要性について説明するなどの配慮も
必要となります。

　また、昨今のプライバシー意識の高まりに鑑みますと、動線を工夫
するなどして、万が一、診察中に出入りすることがあっても、直ちに
患者が見えないような構造とするなどの見直しも必要となるかもしれ
ません。

2　セクシャルハラスメント

　本件男児が母親を捜して入室してくることまでを具体的に予測することはできませんし、そのような行為をもってセクシャルハラスメントとまで評価できないのは当然といえます。また、裁判所は、男性医師が心電図検査を行う際に女性看護師を同席させる義務はないとしました。正当な医療行為として検査や処置を行う場合に、男性医師が女性の裸を見たり触れたりしたとしても、それ自体がセクシャルハラスメントに該当することはありません。その意味で、本件裁判所の判断は、極めて当然のことといえます。

　もっとも、法的義務の内容は違法性を画すものであり、違法でないからといって望ましい医療（最適な医療）であると評価されたことにはなりません。女性患者が男性と二人きりになることは精神的圧迫を伴いかねません。患者が検査や処置内容を誤解して「強制わいせつ」などの刑事事件へと発展した事例もありますので、診療内容について十分説明し理解を得ることは当然として、安心して検査・治療を受けてもらうために女性看護師の同席についても、積極的に活用することを検討するとよいでしょう。

第2章　事例にみる看護師の注意義務と責任　　397

〔42〕　病院に勤務する看護師が、その夫に、患者の母親の経営する飲食店名とともに、重い病気に罹患していることなどの患者情報を伝えたことが、患者の秘密漏洩に該当するとして、病院開設者である医師に、不法行為に基づく使用者責任としての損害賠償請求が認容された事例（認容額：110万円）

事　例　　患者X₁は、他院にてユーイング肉腫の広範切除、人工関節による再建術を受けた後、平成18年4月頃より、術後リハビリや疼痛緩和目的に、医師Y₁が開設し管理者であるA病院に入通院し、治療を受けていた。看護師Y₂は、患者X₁がユーイング肉腫であることを知っており、余命についても病状の進行や体力の衰弱から推測できる状況にあった。

看護師Y₂は、平成20年6月頃、その夫Y₃に対し、大変に重い病気にかかっている若い子がいることや余命について、母親が経営している飲食店の名とともに話した。その際、看護師Y₂は特に口止めすることはなかった。

同年7月18日、夫Y₃は、患者X₁の母親X₂の経営する飲食店に行き、「娘さん、長くないんだって。」、「あと半年の命なんやろ。」、「病院関係者に知り合いがいる。病院関係者はカルテを見れば余命がだいたい分かるんだ。」などと話した。母親X₂は主治医から、患者X₁が回復不可能であることや余命を聞かされていなかったにもかかわらず、突然、余命が長くないことなどを聞かされ、不安等を感じるとともに、患者X₁の秘密が漏洩されたことを知り、精神的苦痛を受けた。その後、患者X₁は、同年12月20日、ユーイング肉腫により死亡した。

母親X₂が、医師Y₁、看護師Y₂、夫Y₃らに対して訴訟提起。第1審段

階で、看護師Y₂、夫Y₃に関する口頭弁論が分離され、訴訟上の和解が成立したが、医師Y₁については、「事業の執行について」に該当しないことや、監督義務を履行していたなどとして、民法715条、709条に基づく不法行為責任が否定されたことから、母親X₂が控訴した。

（大分地判平24・1・17（平21(ワ)1426））
（福岡高判平24・7・12（平24(ネ)170)）

■患者側の主張

1　守秘義務違反

　病状が末期の状態にあり、余命が長くないことおよび飲食店の名は、業務上知り得た患者の秘密であり、それを夫に漏洩し、口止めもしなかったことは不法行為を構成する。

2　事業の執行

　事業所外であれ、勤務時間外の夫婦間の会話によるものであれ、使用者としては、職務の一環として、顧客の個人情報を管理しなければならず、これが漏洩されれば、職務の範囲内における加害行為である。

3　監督責任

　個人情報に関する組織的、人的、物理的および技術的安全管理措置が不十分であった。

■病院側の主張

1　守秘義務違反

　余命、具体的な病名について話をしておらず、感想を夫に述べたにすぎないから、個人情報を漏洩したことはなく、不法行為は成立しな

第2章　事例にみる看護師の注意義務と責任　　399

い。

2　事業の執行

　外形理論は、主として取引的不法行為に妥当するものであり、事実的不法行為には妥当しない。使用者は被用者の私生活すなわち夫婦の会話によって何らの利益も受けていない。純然たる夫婦間の私的な会話として行ったものであり、病院の業務とは何らの関連性もない。

3　監督責任

　個人情報管理規程を制定し、職員に周知し、誓約書を提出させたほか、①新人オリエンテーション研修における指導、②患者の個人情報保護の基本方針を院内に掲示、③毎月1回の運営会議における指導等の対策を講じていた。

```
裁判所はどう判断したか
```

1　看護師Y₂の民法709条に基づく不法行為責任の成否

　子供が大変重い病気にかかっていることや余命については、業務上知り得た患者の秘密であり、それは法的保護に値するものである。患者の秘密を、経営する飲食店の名前とともに夫Y₃に告げ、口止めをすることもなかったことは、業務上知り得た人の秘密を漏らしたことに当たると認められる。上記の情報は、医師がその判断によって告知する以外の方法でこれが明らかにされることを避けるべき必要性が高く、高度の秘密として秘匿すべきことはいうまでもなく、このように秘匿すべき程度の高い秘密を、その個人が特定できる形で漏洩し、そのことが伝播する可能性を認識しながら口止めもしなかったというのは、軽率のそしりを免れない。

看護師 Y_2 は、守秘義務に違反して母親 X_2 に損害を与えたことにつき、民法709条に基づく不法行為責任を負う。

2 事業の執行

看護師 Y_2 が、患者 X_1 の秘密を知ったのは、病院の事業に従事することによってである。看護師 Y_2 は、従業員として、その職務上知り得た秘密を、勤務時間の内外を問わず、また、勤務場所の内外を問わず、漏洩してはならない不作為義務を負っていた。医師 Y_1 は、被用者である看護師 Y_2 に対し、勤務時間および勤務場所の内外を問わず、職務上知り得た秘密を漏洩しないよう監督する義務を負っており、そのような監督は十分に可能であった。

看護師 Y_2 の行為は、勤務時間外に自宅で夫 Y_3 に対して行われたものとはいえ、従業員として負う上記不作為義務に反する行為であり、事業の執行について行われたものに当たる。

使用者である医師 Y_1 が被用者である看護師 Y_2 としての業務によって利益を受けている以上、使用者責任を負う妨げとなるものではない。また、A病院とは何らの関係もない夫 Y_3 との間で、純然たる夫婦間の私的な会話として行ったものであるとしても、そこで行われた会話の内容がまさにA病院の業務と密接に関連するものであった。

看護師 Y_2 の漏洩行為は民法715条の「事業の執行について」の要件を満たし、同条に基づく不法行為責任が成立する。

3 監督責任

A病院は、個人情報管理規程を制定し、職員へ周知し、職員から誓約書を提出させ、新人オリエンテーション研修における指導、その他個人情報保護の指導を行っていた。しかし、看護師 Y_2 が夫 Y_3 に患者の個人情報を漏洩したのは今回が初めてではないことが窺われ、問題

第2章　事例にみる看護師の注意義務と責任　　401

意識を有していたとは認め難く、秘密の漏洩の意味やそのおそれについて具体的に注意を喚起するものであったとは考えられず、およそ十分なものであったとはいえない。

　医師Y₁が、本件について所轄官庁への報告をしていないことや、看護師Y₂に対する懲戒処分にしても守秘義務違反を認めるものではないなど、守秘義務に対する医師Y₁の認識が不十分であることから、その指導も不十分であったことを推認させる。

　医師Y₁において、その選任およびその事業の監督について相当の注意をしたものとは認め難い。

<hr>

コメント

1　患者情報の漏洩について

　平成17年の個人情報保護法施行後、個人情報に関する社会の関心は非常に高まっています。特に、病院にて取り扱う個人情報は、極めて秘密性の高い情報であることから、その取扱いについては、特に注意が必要です。この点、平成29年5月施行の改正個人情報保護法において、病歴は「要配慮個人情報」であることが明らかにされています。

　そして、個人情報には「他の情報と容易に照合することができ、それにより特定の個人を識別することができることとなるもの」も含まれます（個人情報2①一）。そこで、本件のように飲食店名とともに患者情報を漏らすことは、患者の（要配慮）個人情報の漏洩と評価されます。

　本件では、看護師Y₂から夫Y₃に「ユーイング肉腫」という具体的病名の漏洩はありませんでした。しかし、具体的病名を告げなくとも、その個人を特定する情報とともに「重い病気にかかっている」ことを伝えることは、患者の秘密を漏らしたものと評価されます。第1審に

おいても個人を特定する契機となる飲食店の名前とともに「重い病気にかかっている」ことを伝えたことは、秘密を漏洩したものとして、看護師Y_2は不法行為責任を負うとされました。

本件控訴審では、さらに余命についての患者情報までを漏らしたと認定されました。この点、看護師Y_2は、裁判でX_1の余命は知らず夫Y_3に話したこともないと供述しています。また、A病院の診療記録にはユーイング肉腫の詳細な進行状況や余命についての記載はなく、担当医師も余命についての判断を示していなかったとの事情もあり、看護師Y_2が患者X_1の余命自体を正確に認識していたかは不明です。しかし、診療記録を閲覧していた看護師Y_2が余命について推測することは可能であり、このような推測に基づく患者情報も業務上知り得た秘密に含まれます（実際に患者X_1は約半年後に死亡しています。）。

本件では、看護師Y_2が余命を告知したか否かにかかわらず、重い病気にかかっていることを伝えたことが明らかである以上、秘密の漏洩に該当することに変わりはありません。しかし、「余命」などのより具体的情報を漏洩した場合には、その態様は悪質で被害が大きいものといえ、その結果、損害賠償額は高額となります。

2 監督責任について

そもそも、他人の秘密に接することの多い看護師には、法律上の守秘義務（刑事罰の対象）があります（保助看42の2）。この守秘義務は看護師でなくなった後も負担するものです。当該医療従事者および患者以外の者は、全て第三者となりますので、夫婦の会話であったとしても、他人の秘密を漏らしたものと評価されます。勤務先の指導の有無にかかわらず、看護師であれば、守秘義務の内容については当然に理解しておかねばならないものです。この点、看護師Y_2は、守秘義務についての理解が根本的に欠如していたものといわざるを得ません。こ

第2章　事例にみる看護師の注意義務と責任　　403

の点で、看護師 Y_2 に第一次責任があるのは明らかです。

　本件では、看護師を雇用する使用者の不法行為責任（使用者責任）について、第1審・控訴審とで評価が分かれています。第1審が夫婦間の私的会話の場面であって病院業務に密接に関連したものではないとしたのに対し、控訴審では、「会話の内容が病院の業務に密接に関連したものである」などとして、「事業の執行」に当たるとされました。この点、業務外の私的な行為についてまで、使用者責任が認められたことは医療機関にとって少し酷のように思われるかもしれません。

　しかし、患者の秘密が守られないのであれば、患者は医療機関を安心して受診することはできません。医療従事者と患者との信頼関係は、医療の根幹をなすものです。そこで、勤務時間の内外、勤務場所の内外を問わず、患者の秘密が守られることは極めて重要となります。また、守秘義務の内容は「漏洩をしてはならない」という不作為であり、積極的な対応を義務付けるものではありませんので、病院として、その従業員が患者情報を漏洩しないように指導・監督することも十分に可能といえるでしょう。本件では、看護師 Y_2 が本件以外にも患者情報を漏らしていたなどの事情もあり、医師 Y_1 においても患者情報の保護についての認識の甘さが指摘される事案であったことからすると、使用者責任が問われたのはやむを得ないといえるでしょう。

3　使用者である医師 Y_1 と看護師 Y_2 の関係

　控訴審では医師 Y_1 の使用者責任（民715①）が認定されました。しかし、本件秘密漏洩について、第一次的な不法行為責任（民709）は看護師 Y_2 にあります。不法行為責任と使用者責任とは不真正連帯債務の関係にあり、それぞれが被害者に対して被害額全額の支払義務を負うこととなります。

　そして、使用者である医師 Y_1 は、損害賠償金の支払後に看護師 Y_2

に対し、その「責任割合」に応じた求償をすることが可能です（民715
③）。本件では、使用者である医師Y₁に控訴審判決で指摘されたよう
な落ち度があるとしても、意図的（故意）に秘密を漏らした看護師Y₂
の責任が重いことは明らかですので、医師Y₁が損害賠償金の支払を
した場合には、看護師Y₂に相応額（場合によっては全額）の求償がで
きる事案といえるでしょう。

　ところで、看護師Y₂と夫Y₃は、第1審段階で訴訟上の和解をしてい
ます。事案の性質上、和解に基づく一定の被害弁償がなされたものと
推測されます。そこで、医師Y₁としては、控訴審において、不真正連
帯債務者である看護師Y₂による被害弁償を理由に損害填補（弁済の
抗弁）の主張の余地もあった事案と考えられますが、控訴審において、
この主張はなく、本件損害額（総額）として110万円の判決が言い渡さ
れました。

第2章　事例にみる看護師の注意義務と責任　　405

〔43〕　使用者である病院が、勤務する看護師に関し、患者として
　　　取得したHIVに感染しているとの情報を、看護師本人の事前
　　　の同意がないまま労務管理に利用したこと、この情報に基づ
　　　いて勤務を休むよう指示したことが、個人情報の目的外利用
　　　としてプライバシー侵害に該当するとともに就労を妨げた
　　　ものとして、病院に対し、不法行為に基づく損害賠償請求が
　　　一部認容された事例（第1審認容額：115万円／控訴審認容額：
　　　60万円）

事　例　　Ｙ病院に勤務する看護師Ｘは、Ｙ病院医師の紹介で患
　　　　　者として受診したＡ大学病院にて、平成23年8月に梅毒・
HIV感染症と確定診断された。

　この情報は、同月11日付け書面にて紹介元であるＹ病院担当医師
Ｙ₁に伝えられ、担当医師Ｙ₁から同じ診療科の上司である副院長Ｙ₂に
報告された。同月15日には、感染対策をするために、副院長Ｙ₂から院
長Ｙ₃へ情報が伝達され、看護師Ｘの勤務内容を確認するため、看護師
Ｘの直属の上司である看護師長Ｙ₄を交えて話合いが行われた。その
結果、HIVウイルス量が下がるまで、しばらく看護師Ｘを休ませると
いう方針を決定し、この方針に基づいて、看護師Ｘの患者情報が、看
護師長Ｙ₄から看護部長Ｙ₅、事務長Ｙ₆に伝達された。

　看護師Ｘは、同月18日にＡ大学病院を受診して、HIV陽性と診断さ
れたことを上司に報告すべきかについて相談したところ、「業務上患
者に感染させるリスクは極めて低いので今後も看護業務を続けること
は可能であるし、HIVに感染していることを上司に報告する必要もな
い」との助言を受けた。

406 第2章 事例にみる看護師の注意義務と責任

　同月22日、Y病院副院長Y₂が、看護師Xに対し、看護師長Y₄同席の下、現状では患者に感染させるリスクがあるから、ウイルス量が低下するまで仕事を休むよう伝えられた。その後、看護師長Y₄から看護師Xに対し、看護部長Y₅と事務長Y₆に報告することを伝え、同意を得た。

　看護師Xは、8月23日以降出勤しておらず、11月30日付けで退職した。退職届を持参した際に、別の部署での仕事もあると慰留されたが、看護師XはY病院内で情報が知れ渡っているのではないかとおそれ、断念した。

$$\left(\begin{array}{l}\text{福岡地久留米支判平26・8・8判時2239・88}\\\text{福岡高判平27・1・29判時2251・57}\\\text{最決平28・3・29（平27(受)910）＜不受理・確定＞}\end{array}\right)$$

■患者側（勤務看護師）の主張

1　プライバシー侵害

　担当診療科が紹介先病院から取得した情報を、本人の同意なく院長や看護部長等に提供したことは、第三者提供として個人情報保護法23条1項に違反する。また患者情報を労務管理に利用したことは、目的外利用として同法16条1項に違反する。HIV感染という情報の保護の必要性の高さに鑑みれば、その義務違反は看護師Xのプライバシーを侵害する不法行為に当たる。

2　不当な就労制限（働く権利侵害）

　HIV感染を理由に勤務を休むよう指示したことは、拒絶するという選択肢のないもので、就労制限の通告であり、正当な理由なく就労を制限したものである。

第2章　事例にみる看護師の注意義務と責任　　　407

■病院側の主張

1　プライバシー侵害

同一事業者内での情報共有であり、第三者提供には該当しない。また、あらかじめ公表されている個人情報保護規程において定められた収集目的の範囲内で利用したにすぎないので、目的外利用とはいえない。

HIVに感染した医療従事者の存在が判明した場合、具体的対応策を検討して体制を整えるため、適切な者の間でその情報を共有することが必要である。本件情報共有を拒否しても、個人情報保護法により目的外利用が認められる場合であった。加えて、本件情報が共有されることについて事後的にではあるが、看護師本人が承諾している。

2　不当な就労制限（働く権利侵害）

病欠をとることを勧めたところ、この申入れを納得して受け入れたのであって、休むことを強要したものではない。労働契約において就労請求権は認められず、業務命令権の濫用に当たらない限り、使用者が、雇用者に対して休むように指示したことが不法行為となることはない。健康上の理由から十分な労務を提供することができないと判断される合理的な理由があれば、賃金支払義務も発生しない。

裁判所はどう判断したか

1　プライバシー侵害

一般に「第三者」とは当事者以外の者をいう。「第三者」に当たるか否かは外形的に判断されるべきであって、ある情報を保有する個人情報取扱事業者（平27法65改正前個人情報2③）及び当該情報の主体である本人（平27法65改正前個人情報2⑥）以外の者を意味するというべきである

408 第2章 事例にみる看護師の注意義務と責任

（なお、個人情報ガイドラインにおいても、同一事業者内で情報提供する場合は当該個人データを第三者に提供したことにはならないとされている。）。本件情報共有は、同一事業者内における情報提供であって、第三者提供には該当しない。

しかし、診療の過程で取得した診療情報を、労務管理を目的として用いることは、目的外利用に当たり、事前の本人の同意がないかぎり許されない。患者個人の医療情報は、医師に守秘義務が課されている（刑134①参照）ことから明らかなとおり、重要な秘密とされる個人情報である。また、平成22年4月30日改正の「職場におけるエイズ問題に関するガイドライン」（厚生労働省）においても「HIVが日常の職場生活では感染しないことを周知徹底し」、「科学的に根拠のない恐怖や誤解、偏見による差別や混乱が生じることを防止する」といった記述があることからしても、HIV感染症に罹患しているという情報は、他人に知られたくない個人情報であるといえる。このような個人情報を、本人の同意を得ないまま法に反して取り扱った場合には、特段の事情のない限り、プライバシー侵害の不法行為が成立する。

個人情報保護法16条3項2号は、同意を得ない目的外利用が許容される要件として、本人の同意を得ることが困難であることを必要としているから、何らかの労務管理上の措置をとる必要があったとしても、HIV感染の情報を労務管理の目的に利用することについて事前に看護師本人の同意を得ることは十分に可能であったにもかかわらず、同意を得る努力もしないまま本件情報共有をしたことが違法であることに変わりはない。

本件情報共有は、プライバシーを侵害する不法行為に当たる。

2　不当な就労制限（働く権利侵害）

被用者が労働契約に基づいて働き賃金を得ることは義務であるとと

第2章　事例にみる看護師の注意義務と責任　　409

もに権利でもあり、これを不当に制限することは許されず、病欠等被用者の都合により勤務を休む場合には、賃金の減少といった不利益をももたらすことからすると、被用者が病欠として勤務を休むことについては、病気により勤務に耐えられる状況にない等勤務を休ませざるを得ないような合理的理由があるか、その自由な意思に基づくものでなければならず、雇用者が合理的な理由なく、被用者に対して勤務を休むように指示するなどして勤務を休むことを強いることは不法行為となる。

　本件において、病欠することについて合理的理由の存在や自由な意思に基づく同意があったと認めることはできず、勤務を休むよう指示したことは、就労を妨げる不法行為となる。

コメント

1　患者情報の目的外利用について

　Y病院に勤務していた看護師Xの場合には、労働者と患者という二面性を有しています。本件では、使用者であるY病院が患者情報として取得した看護師Xの情報を労務管理目的として使用することが許されるのかが問題となりました。

　裁判所は、同一事業所内での情報共有が第三者提供に該当しないとしましたが、診療の過程で取得したHIVに罹患しているとの診療情報を、本人の同意を得ないまま一部の病院関係者で共有したことは目的外利用に当たるとして、プライバシー侵害を認めました。

　個人情報取扱事業者は、個人情報を取り扱うに当たっては、その利用目的をできる限り特定しなければならず（個人情報15①）、あらかじめ本人の同意を得ないでこの特定された利用目的の達成に必要な範囲を超えて個人情報を取り扱ってはならない（個人情報16①）としています。

410　　　第2章　事例にみる看護師の注意義務と責任

　この点、Y病院では、患者や職員の個人情報を取得すること、それぞれの取得目的に応じた利用方法を定め、公表していました。しかし、患者情報と職員情報とは、その取得目的や利用方法は異なりますので、診療の過程で取得した患者情報を労務管理の目的で利用することは、目的外利用に該当することになります。そのため、患者情報を労務管理に用いる場合には、別途の同意が必要となります。

　もっとも、「人の生命、身体又は財産の保護のために必要がある場合であって、本人の同意を得ることが困難であるとき」は、例外的に本人の同意なしに個人情報を利用することが可能です（個人情報16③二）。この点に関し、裁判所は本件具体的状況下では「同意を得ることが十分に可能であった」として、同意を得る努力もしないまま本件情報を共有したことを違法と判断しています。個人情報を目的外利用するには、患者の事前同意が原則であることから、その例外である「同意の困難性」の要件について厳格に解釈したものと考えられます。患者情報の目的外利用や第三者提供における「同意の困難性」については、類型的に判断するのが通常です。しかし、本件のように労働者と患者という二面性がある場合に「類型的に同意が困難」と評価しますと、患者本人の同意なしに使用者が極めて秘匿性の高い疾患等の情報を自由に利用できることとなり、プライバシーが不当に侵害されるおそれがあります。疾病という極めて秘匿性の高い患者情報に触れることになりますので、労務管理など緊急性がない場面では、まずは説得を試み、その上で同意が得られない場合に「同意の困難性」があると判断する手法をとることが求められます。

2　個人情報保護法改正による影響（要配慮個人情報）

　本件は、改正個人情報保護法施行前の事例です。改正個人情報保護法において、病歴は、不当な差別、偏見その他の不利益が生じないよ

うにその取扱いに特に配慮を要する「要配慮個人情報」の1つに位置付けられています（個人情報2③）。この点からも、本件で問題となったHIVなどの疾患情報の取扱いについては、より慎重な配慮が必要となります。要配慮個人情報は、他の個人情報と異なり、法の定める例外を除き、『あらかじめ本人の同意を得ず』に「取得」することや「第三者提供」することは許されません（個人情報17②一〜六・23①②）。

　もっとも、日常診療において通常必要な範囲内で医療連携等を図る場合には、院内掲示等で公表しておくことによりあらかじめ黙示の同意があったと評価されます（「医療・介護関係事業者における個人情報の適切な取扱いのためのガイダンス」参照）ので、これまでの取扱いを大きく変更する必要はありません。しかし、黙示の同意があったと評価できるのは「患者のための医療サービスの提供に必要な利用の範囲」に限られます。したがって、これを超えて、同意なしに患者情報を取得することや第三者提供することは許されません。

　なお、本件では、患者の診療情報を紹介元であるＹ病院に報告したＡ大学病院も被告となっており、第1審において看護師Ｘとの間で金100万円を支払う訴訟上の和解が成立しています。Ａ大学病院では、当然、紹介元への報告は「患者への医療の提供のため、他の医療機関等との連携を図ること」などの利用目的を院内掲示していたものと推測されますので、紹介元への報告について黙示の同意があったと評価する余地もありました。しかし、和解内容は金100万円と高額なものとなっています。このような背景には、HIV感染症という極めて秘匿性の高い情報であったこと、看護師Ｘにおいて HIV 感染が職員に知られてしまうことをおそれＡ大学病院で治療を受けようと考えていたことなどから、本件具体的状況下において「黙示の同意」があったとの評価は困難とされたものと推測されます。仮に、明示的に看護師Ｘより、紹介元への報告を拒否する意思表示があれば、法の定める例外を除き、紹介元に診療情報を提供することはできません。

412 　第２章　事例にみる看護師の注意義務と責任

　HIV感染症など、不当な差別、偏見につながるおそれのある情報の提供については、安易に黙示の同意があると捉えるのではなく、患者に明確に意向を確認すること（場合によっては、書面での同意を得る）などの工夫があってもよいでしょう。

3　共同不法行為の成否について

　本件第1審では、Ａ大学病院とＹ病院とで共同不法行為が成立することを前提に、訴訟上の和解に基づいてＡ大学病院が負担した金100万円について、本件損害額の一部填補があったと認定しました。しかし、控訴審では、Ｙ病院の不法行為と「関連共同性」が認められるＡ大学病院の不法行為があったことを認めるに足りる証拠はないとして「共同不法行為」の成立を否定しました。その結果、Ｙ病院では、Ａ大学病院の和解金を、自身の負担する損害賠償の填補に充当することはできず、独自に認容額全額を負担することになります。

　第1審と控訴審とで「共同不法行為」の成否について評価が分かれていることから、本件は共同不法行為の成立の限界を考える上でも参考になる事例と考えます。

┌──── コ　ラ　ム ────┐

HIV感染者の勤務について

　HIVは日常の職場生活では感染しないといわれていますが、科学的に根拠のない恐怖や誤解、偏見による差別や混乱が生じることがあるため、厚生労働省では平成7年に「職場におけるエイズ問題に関するガイドライン」を示すなどして、啓発に努めています。

　このガイドラインでは、労務管理について次のように記載されています。

第2章　事例にみる看護師の注意義務と責任　413

（雇用管理等）

・事業者は職場において、HIVに感染していても健康状態が良好である労働者については、その処遇において他の健康な労働者と同様に扱うこと。また、エイズを含むエイズ関連症候群に罹患している労働者についても、それ以外の病気を有する労働者の場合と同様に扱うこと。

・HIVに感染していることそれ自体によって、労働安全衛生法第68条の病者の就業禁止に該当することはないこと。

・HIVに感染していることそれ自体は解雇の理由とならないこと。

ところが、このガイドラインにおいて「労働者が通常の勤務において業務上HIVを含む血液等に接触する危険性が高い医療機関等の職場は想定していない。」とされていたことから、医療機関等においては、ガイドラインに定める労働者の雇用管理等についての基本的な考え方を踏まえた対応は必要ないとの誤解を招くことがありました。最も正確な情報を有している医療機関等において、このような誤解が生じたことは、それだけHIVに対する偏見が強いことを示しています。

平成22年に、上記の医療機関に関する記述部分は「医療機関等の職場においては、感染の防止について、別途配慮が必要であるところ、医療機関等における院内感染対策等については、『医療機関における院内感染対策マニュアル作成のための手引き（案）』等が作成されていることから、これらを参考にして適切に対応することが望ましい。」と改訂されました。

HIVの感染力は弱く、他の感染防止と同様に、スタンダードプリコーション（標準予防策）で対応できます。そこでHIV感染者について一律に就業制限をするのではなく、各患者の具体的症状・ウイルス量等を踏まえて、配置転換の要否を含めた適切な対応をすることが求められます。

HIVは社会的偏見のある疾患であるからこそ、医療機関としては、その誤解をなくすべく一層の配慮が必要といえるでしょう。

13 看護師が知っておきたい重要判例
（最高裁判所判例）

（1） 医療水準

〔44〕 診療契約に基づき医療機関に要求される医療水準

（最判平7・6・9判時1537・3＜破棄・差戻し＞
差戻後控訴審：大阪高判平9・12・4判時1637・34（認容額：1,700万円））

判決要旨 　新規の治療法の存在を前提にして検査・診断・治療等に当たることが診療契約に基づき医療機関に要求される医療水準であるかどうかを決するについては、当該医療機関の性格、その所在する地域の医療環境の特性等の諸般の事情を考慮すべきであり、上記治療法に関する知見が当該医療機関と類似の特性を備えた医療機関に相当程度普及しており、当該医療機関において上記知見を有することを期待することが相当と認められる場合には、特段の事情がない限り、上記知見は当該医療機関にとっての医療水準であるというべきである。

　昭和49年12月に出生した未熟児が未熟児網膜症に罹患した場合につき、その診療に当たったＹ病院においては、昭和48年10月ごろから、光凝固法の存在を知っていた小児科医が中心になって、未熟児網膜症の発見と治療を意識して小児科と眼科とが連携する体制をとり、小児科医が患児の全身状態から眼科検診に耐え得ると判断した時期に眼科医に依頼して眼底検査を行い、その結果未熟児網膜症の発生が疑われる場合には、光凝固法を実施することができるＡ病院に転医をさせることにしていた等判示の事実関係の下において、Ｙ病院の医療機関と

第2章　事例にみる看護師の注意義務と責任　　415

しての性格、上記未熟児が診療を受けた当時のＹ病院の所在する県およびその周辺の各種医療機関における光凝固法に関する知見の普及の程度等の諸般の事情について十分に検討することなく、光凝固法の治療基準について一応の統一的な指針が得られたのが、厚生省研究班の報告が医学雑誌に掲載された昭和50年8月以降であるということのみから、Ｙ病院に当時の医療水準を前提とした注意義務違反があるとはいえないとした原審の判断には、診療契約に基づき医療機関に要求される医療水準についての解釈適用を誤った違法がある。

解　　説　　人の生命および健康を管理すべき業務（医業）に従事する者には、その業務の性質に照らし、危険防止のために「実験上必要とされる最善の注意義務」が要求されます（最判昭36・2・16判時251・7）。

そして、具体的な個々の案件における医師の注意義務の基準となるべきものは、「診療当時のいわゆる臨床医学の実践における医療水準」です（最判昭57・3・30判時1039・66）。

本判決は、新規の治療方法が開発された場合に関するものですが、「臨床医学の実践における医療水準」の内容がある一時点において全国一律に決定されるものではなく、「当該医療機関の性格、その所在する地域の医療環境の特性等の諸般の事情を考慮すべき」により異なることが明らかにされました。なお、続く最高裁平成8年1月23日判決（判時1571・57）では、本判決を引用しながら「診療に当たった当該医師の専門分野」によっても、求められる医療水準が異なることが確認されています。

これら一連の判例により、看護師の行う業務について、注意義務の基準となるものは、学問としての看護学ではなく「当時のいわゆる臨床看護学の実践における看護水準」であること、その具体的な内容は、

第2章　事例にみる看護師の注意義務と責任

「看護に当たった当該看護師の専門分野、所属する医療（診療）機関の性格、その所在する地域の医療環境の特性等の諸般の事情を考慮して決せられるべきもの」となります。

　もっとも、医療水準を個別相対的に検討するといっても、看護業務がチームで行うという性格上、「当該医療機関（あるいは「看護チーム」）」としての看護水準が問題になることが多いでしょう。少なくとも、個々の看護師の知識や経験が劣っているからといって、当該医療機関に求められる看護水準が軽減されるものではありません。指導・監督等を通じて、当該医療機関に求められる看護水準を満たす看護の提供を行う必要があります。

　その結果、看護師の具体的行為が、看護水準を満たさない場合には、法的責任を問われることになります。看護水準の内容は、固定したものではなく、時間の経過、医療機関の性格や医療環境により変化しますので、看護師としては、看護雑誌等に目を通し、新しい情報に触れるよう努めるとともに、その勤務する医療機関の性格等についても十分な理解が必要です。

(2) 能書判決

〔45〕 医薬品の添付文書（能書）に記載された使用上の注意事項
と医師の注意義務―医師が医薬品を使用するに当たって医
薬品の添付文書（能書）に記載された使用上の注意事項に従
わず、それによって医療事故が発生した場合には、これに従
わなかったことにつき特段の合理的理由がない限り、当該医
師の過失が推定されるとした事例―

(最判平8・1・23判時1571・57＜破棄・差戻し＞)

判決要旨 医療水準は、医師の注意義務の基準（規範）となるも
のであるから、平均的医師が現に行っている医療慣行と
は必ずしも一致するものではなく、医師が医療慣行に従った医療行為
を行ったからといって、医療水準に従った注意義務を尽くしたと直ち
にいうことはできない。

本件麻酔剤の能書には、「副作用とその対策」の項に血圧対策として、
麻酔剤注入前に1回、注入後は10ないし15分まで2分間隔に血圧を測定
すべきであると記載されている。医薬品の添付文書（能書）の記載事
項は、当該医薬品の危険性（副作用等）につき最も高度な情報を有し
ている製造業者または輸入販売業者が、投与を受ける患者の安全を確
保するために、これを使用する医師等に対して必要な情報を提供する
目的で記載するものであるから、医師が医薬品を使用するに当たって
上記文章に記載された使用上の注意事項に従わず、それによって医療
事故が発生した場合には、これに従わなかったことにつき特段の合理
的理由がない限り、当該医師の過失が推定されるものというべきであ
る。

418 　　第2章　事例にみる看護師の注意義務と責任

　昭和49年当時であっても、本件麻酔剤を使用する医師は、一般にその能書に記載された2分間隔での血圧測定を実施する注意義務があったというべきであり、仮に当時の一般開業医がこれに記載された注意事項を守らず、血圧の測定は5分間隔で行うのを常識とし、そのように実践していたとしても、それは平均的医師が現に行っていた当時の医療慣行であるというにすぎず、これに従った医療行為を行ったというだけでは、医療機関に要求される医療水準に基づいた注意義務を尽くしたものということはできない。

| 解　説 | 本判決では「医療水準」と「医療慣行」が必ずしも一致するものではなく、医療慣行に従っただけでは直ちに |

注意義務を尽くしたといえないことが明らかにされました。医療裁判では「医療水準」が過失（注意義務違反）の判断基準として定着していますが、従前「医療水準」と「医療慣行」との区別は必ずしも明確ではありませんでした。一般には、医療従事者において医療水準を満たす医療行為を繰り返し行うことにより医療慣行として定着しますので、通常は医療水準と医療慣行とは一致すると考えられます。しかし、医療水準を下回る医療行為が繰り返し行われ慣行として定着していたとしても、これは過失（注意義務違反）を判断する基準とはなりません。

　本件では、医薬品の使用について、原則として添付文書（能書）の記載をもって医療水準とすることが確認されました。つまり、薬剤の使用という限られた場面ではありますが、添付文書の記載が過失（注意義務違反）を判断する際の基準となることを示したものといえます。

　なお、本判決では「特段の合理的な理由」がある場合には、添付文書（能書）と異なる医療慣行を許容する余地を残しています。しかし、昭和49年当時の医療現場においては5分間隔での血圧測定で足りると

考えていた医師も多く、平成5年4月に日本麻酔科学会の採択した「安全な麻酔のためのモニター指針」においても「原則として5分間隔で測定し、必要ならば頻回に測定すること」とされている等、本件では、能書と異なる取扱いをすることにつき一定の理由はあったと考えられます。これが「特段の合理的な理由」に該当しないということからしますと、添付文書（能書）による使用上の注意と異なる取扱いをした場合に、過失の推定を覆すことは極めて困難であるといえます。

　ところで、看護業務には経験により習得したり、上司や先輩看護師から口頭で伝えられる知識、技術も少なくありません。医療現場において「医療水準」と「医療慣行」とを明確に区別して行動している看護師はそれほど多くはないでしょう。この点、医療水準と医療慣行とが一致していれば問題として表面化することはありませんが、医療水準を下回る医療慣行が定着している中で、悪しき結果が発生すれば看護師の法的責任を免れることは困難でしょう。

　看護業務は「体で覚える」部分もありますが、法的責任を問われないためには、自らの行っている看護業務が「医薬品添付文書」の注意事項に従っているか、さらには「ガイドライン」に合致しているかなど、常に確認する習慣を身に付けることが大切です。その上で、これらと異なる取扱いをするのであれば、その対応に合理的な理由があることについて説明が求められます。「現場では○○という取扱いをしている。」というだけでは医療慣行を主張しているにすぎず、特段の合理的理由と評価されることにはなりません。

　高齢社会が進む中で、特定行為を行う看護師など、看護師の裁量はますます大きくなっています。日々の研鑽により、常に「医療水準」を意識した適切な看護を提供するよう努めることが求められます。

420　　第2章　事例にみる看護師の注意義務と責任

(3)　相当程度の可能性の理論

〔46〕　医師の過失ある医療行為と患者の死亡との間の因果関係
　　　の存在は証明されないけれども、医療水準にかなった医療が
　　　行われていたならば患者がその死亡の時点においてなお生
　　　存していた相当程度の可能性の存在が証明される場合、生存
　　　の相当程度の可能性侵害についての損害を賠償しなければ
　　　ならないとした事例

（最判平12・9・22判時1728・31（認容額：約200万円）＜上告棄却、確定＞）

判決要旨　　本件のように、疾病のため死亡した患者の診療に当た
った医師の医療行為が、その過失により、当時の医療水
準にかなったものでなかった場合において、上記医療行為と患者の死
亡との間の因果関係の存在は証明されないけれども、医療水準にかな
った医療が行われていたならば患者がその死亡の時点においてなお生
存していた相当程度の可能性の存在が証明されるときは、医師は、患
者に対し、不法行為による損害を賠償する責任を負うものと解するの
が相当である。けだし、生命を維持することは人にとって最も基本的
な利益であって、上記の可能性は法によって保護されるべき利益であ
り、医師が過失により医療水準にかなった医療を行わないことによっ
て患者の法益が侵害されたものということができるからである。

解　　説　　本判決では、上告を棄却し、期待権侵害を理由に金220
万円の慰謝料請求を認容した原審の判断を維持しました
が、その理由の中で「相当程度の可能性」の理論を示したものとして

第2章　事例にみる看護師の注意義務と責任　　421

注目されています。

　損害賠償請求では、①過失、②悪しき結果の発生、③両者の因果関係という3つの要件を全て証明する必要があります。そして、③の因果関係の立証は「一点の疑義も許されない自然科学的証明ではなく、経験則に照らして全証拠を総合検討し、特定の事実が特定の結果発生を招来した関係を是認しうる高度の蓋然性を証明することである（最判昭50・10・24判時792・3）」とされています。そのため、医療行為に過失が認められたとしても、その患者の死亡との間の因果関係が証明されない場合には、医療機関の責任は否定されることになります。

　この点につき、下級審の中には「期待権の侵害」という表現を用いて、結論として請求の一部を認容するものも散見されていました。確かに「患者は適切な治療を受けること」を「期待」していますが、このような「期待」が法的利益として保護されるものといえるかについては、さらに検討の余地があります。

　私たちは日常生活において様々な期待をしています。例えば、タクシーに乗るときには安全に目的地まで届けてもらうことを「期待」しますし、食堂に入れば、おいしい食事が出てくることを「期待」します。ただ、具体的場面において、相手がどのような期待を有しているのかは必ずしも明確ではなく、このような主観的な期待を、権利あるいは法的保護に値する利益ということは問題です。また、期待権の理論は「過失行為」そのものによる損害賠償を認めるに等しい結果になりかねません。原審では「患者は適切な医療を受ける機会を不当に奪われて精神的苦痛を被った」として金200万円の損害賠償を認めていましたが、本判決では、この判決を修正しました。

　本判決では、生命を維持することは人にとって最も基本的な利益であることから、「その相当程度の可能性」は法によって保護されるべき利益であるとされています。この「相当程度の可能性の理論」は、重

度後遺障害を負った事案に関する最高裁平成15年11月11日判決（判時1845・63）においても踏襲されています。

期待権のように主観的なものではなく「生存の相当程度の可能性（重度後遺障害が残らなかった相当程度の可能性）」を法的に保護に値する利益と考えることで、ある程度の客観化が可能です。

「相当程度の可能性」という表現から「高度の蓋然性」までは求められていないこと、単なる「可能性」では足りないことは窺われるものの、どの程度の生存の可能性があれば「相当程度の可能性」として法的保護の対象となるかが、実務的な課題となっています。本件における鑑定で「適切な治療が行われていたならば、20％以下ではあるが、救命できた可能性は残る。」との見解が示されていたことから、20％前後の可能性があれば法的保護に値する利益と捉える見解も有力です。しかし、鑑定での意見は判決の基礎資料の1つにすぎず、その後の重度後遺障害の事例に関する判旨上も、より高い可能性をもって相当程度の可能性と評価しているものと理解する余地があります。

これらの判決は、医療訴訟において、最も証明が困難とされていた「因果関係の証明（高度の蓋然性の証明）」を実質的に軽減するものと評価されます。そのため、医療訴訟に拍車がかかることが危惧されましたが、これは杞憂に終わりました（医療訴訟の提訴件数は、平成16年の1,110件をピークに減少傾向を示し、近年は850件前後を推移しています。）。

最高裁で「相当程度の可能性」の理論が示されて以降、裁判において因果関係（高度の蓋然性）の認定が厳格になされるようになったとの声も聞かれます。「相当程度の可能性」の理論に基づく損害賠償の場面では、死亡や重度後遺障害との因果関係が否定されるため、逸失利益や将来介護費用、さらには死亡慰謝料や後遺症慰謝料の損害として評価されず、精神的慰謝料のみが賠償の対象となることから、死亡

第2章　事例にみる看護師の注意義務と責任　423

や重度後遺障害等の結果が生じていたとしても、同理論による賠償額は数百万円程度にとどまるのが通常です。

　そのため、患者側としても、訴訟は時間的にも経済的にも割に合わないと考えるケースも多いようです。また「相当程度の可能性」の理論が実務に定着したことで、訴訟外での話合いによる迅速な解決が図られるケースも増えています。

（4）　いわゆる期待権侵害の理論

〔47〕　深部静脈血栓症に関し、専門医に紹介するなどの義務を怠
り、約3年間、その症状の原因が分からないまま、その時点に
おいてなし得る治療や指導を受けられない状況に置かれた
ことを理由に精神的損害の損害賠償を認めた原審を、期待権
の侵害のみを理由とする不法行為責任は当該医療行為が著
しく不適切なものである事案について検討し得るにとどま
るとして、破棄した事例

（最判平23・2・25判時2108・45＜破棄自判＞）

|判決要旨|　当時、下肢の手術に伴う深部静脈血栓症の発症の頻度
が高いことが我が国の整形外科医において一般に認識さ
れていたものではない。左足の腫れ等の原因が深部静脈血栓症にある
ことを疑うには至らず、専門医に紹介するなどしなかったとしても、
上記医療行為が著しく不適切なものであったということができない。

　患者が適切な医療行為を受けることができなかった場合に、医師が、
患者に対して、適切な医療行為を受ける期待権の侵害のみを理由とす
る不法行為責任を負うことがあるか否かは、当該医療行為が著しく不
適切なものである事案について検討し得るにとどまるべきものである
ところ、本件は、そのような事案とはいえない。したがって、不法行
為責任の有無を検討する余地はなく、不法行為責任を負わないという
べきである。

第2章　事例にみる看護師の注意義務と責任　　425

| 解　　説 | いわゆる「期待権侵害の理論」は、悪しき結果との因果関係が肯定されない場合に「適切な医療を受けることを期待した患者の期待が裏切られたこと」を損害として、損害賠償を認めるものとして、いくつかの下級審裁判例で採用されていたものです。

　もっとも、その法的概念は一義的ではなく、下級審では①不適切な医療行為や診療の機会が与えられなかったことによる患者や遺族の心残りを問題にするもの、②どの程度延命できたかは不明である事案において延命利益が失われたとするもの、③適切な治療が行われても救命が可能であったか不明である場合など、様々な場面で「期待権」という表現が用いられていました。

　いわゆる「期待権侵害の理論」については、「期待権」なる概念が極めて主観的であるだけでなく、損害賠償で求められる、①過失、②悪しき結果の発生、③両者の因果関係という3つの要件のうち、①の要件を立証するだけで損害賠償を認める結果となるとして理論的にも破綻しているという根強い批判がありました。

　一般には、最高裁平成12年9月22日判決（判時1728・31）（事例〔46〕）で、「相当程度の可能性」の理論が示されたことにより、最高裁は、いわゆる「期待権侵害の理論」については消極的な立場をとったと理解されるものの、相当程度の可能性をも認めない場合に、期待権侵害を理由とする損害賠償の余地があるのか、あり得るとしてどのような場面かの議論もなされていました。

　本判決では、「期待権の侵害のみを理由とする不法行為責任は当該医療行為が著しく不適切なものである事案について検討し得るにとどまる」としてしています。期待権侵害を理由とする損害賠償が検討される場面につき「著しく不適切」と表現されていることから、少なくとも、単なる過失にとどまる場合に、期待権侵害の法理の余地はない

ことが明らかにされたことになります。その結果、過失が認められたとしても「相当程度の可能性」が認められない場合には、損害賠償請求は棄却されることになります。松果体腫瘍摘出術後に血腫を生じ高次脳機能障害が残存した事例についての最高裁平成28年7月19日判決（平26（オ）1476）では、「適時に注意義務を尽くさなかったことにより適切な医療を受けるべき利益を侵害され、これにより精神的苦痛を受けていることが認められるから、同苦痛を慰謝すべき責任を負担させるのが相当である。より早期の血腫除去術が行われ、これにより後遺する障害の程度を少なく抑えることができた可能性があることを考慮し、慰謝料額は1,000万円とする。」とした控訴審判決を、期待権侵害の法理の適用場面ではないとして破棄し、損害賠償請求を棄却しています。

　また、「検討し得るにとどまる」との表現からすると「著しく不適切」な行為があった場合に当然に「期待権侵害」による損害賠償の対象となるまでは評価していないといえるでしょう。

索　引

428

事　項　索　引

【あ】

	ページ
あっせん・仲裁	88
アラーム	255
心電図モニターの――	262
心拍数モニターの――	287

【い】

医行為（医療行為）	16
絶対的――	22
相対的――	22
医療安全	184
医療行為	15
医療事故調査制度	67
医療事故調査報告書	69
医療訴訟	92,184
因果関係	275,276
インシデント・アクシデントレポート	66,241
院内感染	299

【え】

AED	19
永久気管ろう	228
HIV	344,405

SIDS	301
MRSA	294

【お】

オオカミが来た	260
オムツ交換	239

【か】

開頭血腫除去術	294
過失相殺	350,351 352
カニューレ	288
看護慣行	98
看護業務	38,42
――と介護福祉業務の違い	61
――と法的責任の関係	73
看護記録	200,240
――の追記	211
看護師	
――の業務の独占	37
――の守秘義務	34
――の名称独占	37
看護職賠償責任保険制度	103,105
看護水準	96
観察義務	284
監視義務	225

患者
　——の取違え　139
　——のプライバシー　394
　——の暴力　373
患者情報　389,397
　——の目的外利用　409
感　染　294
　院内——　299
感染防止義務　295,296
　　　　　　　297
浣　腸　185

【き】

気管挿管　57
期待権侵害　345,424
救急救命士　60
行政責任　75,84
　　　　　116
共同不法行為　412

【け】

経過観察義務　319,320
　　　　　　　321
計画審理　90
刑事責任　75,82
　　　　　115
原因分析報告書　318
献　血　164,168
言語聴覚士　60

【こ】

誤　嚥　252
個人情報該当性（識別可能性）　386
個人情報保護法　106

【さ】

最善の看護　95
債務不履行責任　80
作業療法士　60
産科医療補償制度　318,326

【し】

CRPS　193
自殺予見可能性　335,337
示　談　88
自動体外式除細動器（AED）　19
視能訓練士　60
死亡慰謝料　185,191
社会的責任　115
シャワー浴　243,246
術後管理　275
巡　回　288
使用者責任　350,351
　　　　　　352
静脈注射　24,169
　　　　　172
　——の実施に関する指針　177

事項索引 431

——の補助 54

食事介助 250,251

助産師 60

人格権 379

人格的利益 379

人工鼻 262,267

身体拘束 217

心電図モニター 262

心拍数モニター 287

診　療

——の補助 45,47
52,102

診療情報開示請求 110

診療放射線技師 61

【す】

頭蓋内外血管間接吻合術（EDAS） 274

【せ】

清　拭 244,246

セクシャルハラスメント 393,394

絶対的医行為 22

説明義務 320,322
357,358

専門員制度 90

【そ】

素因減額 229,234

相対的医行為 22

相当因果関係 294

相当程度の可能性 275,276
294,296
297,298

訴　訟 90

損益相殺 229

損害の公平な分担 175

【た】

体位交換 239

【ち】

チーム医療 58

窒　息 249,252
301

窒息防止義務 319,320
321

千葉大採血ミス事件 117

注意義務 93

調停・ADR 88

【て】

点　滴 193

転　倒 206

添付文書 300

転　落	202,206 207	**【ひ】**	
転落防止義務	208	被害の救済	175
		秘　密	402
【と】		ヒヤリ・ハット	66
道義的責任	76,115	**【ふ】**	
特定行為	26,51		
特定行為研修	49	複合性局所疼痛症候群	193
床ずれ	235	不法行為責任	78
都立広尾病院消毒剤誤注入事件	128	プライバシー侵害	393,406 407
【な】		**【へ】**	
ナースコール	202		
内　診	56	米国小児科学会、米国産婦人科学会 のガイドライン	300
内部文書性（自己利用文書性）	389	ベッド柵	209
【に】		**【ほ】**	
入　浴	246		
入浴介助	228	法的責任	73,75 115
		北大電気メス器誤接続事件	122
【の】		保健師	60
		保健師助産師看護師法	31
能書判決	417	母児同室	318,325
脳梗塞	274		
脳出血	294		

事項索引

【ま】

麻酔行為
　——の補助　54

【み】

右大腿骨骨折　235
民事責任　75,77
　　　　　115

【も】

問診義務　357,358

【や】

薬剤師　59
薬剤の取違え　133

【よ】

要配慮個人情報　108,401
　　　　　　410
抑　　制　216,217
抑制帯　222
抑制帯使用義務　224
横浜市立大学患者取違え事件　136
予備的主張　345

【り】

理学療法士　60
療養上の世話　43,44
　　　　　100
臨時応急　48
臨床検査技師　60
臨地実習　40

判例年次索引

○事例として掲げてある判例は、ページ数を太字（ゴシック体）で表記しました。

月日	裁判所名	出典等	ページ	月日	裁判所名	出典等	ページ
		【昭和13年】				**【昭和49年】**	
10.14	大 審 院	刑集17・18・759	70	6.29	札 幌 地	判時750・29	122
		【昭和36年】				**【昭和50年】**	
2.16	最 高 裁	判時251・7	95,98 415	2.25	最 高 裁	判時767・11	371
				4.30	最 高 裁	判時777・8	31
				10.24	最 高 裁	判時792・3	373,421
		【昭和37年】				**【昭和51年】**	
9. 4	最 高 裁	判タ139・51	81	3.18	札 幌 高	判時820・36	122
12.28	最 高 裁	刑集16・12・1752	93				
		【昭和44年】				**【昭和55年】**	
3.27	東 京 地 八王子支	刑月1・3・313	132	12.18	最 高 裁	判時992・44	82
		【昭和47年】				**【昭和57年】**	
9.18	千 葉 地	判時681・22	98,118	3.30	最 高 裁	判時1039・66	95,415
12.22	千 葉 地	刑月4・12・2001	118				
		【昭和48年】				**【昭和58年】**	
5.30	東 京 高	判時713・133	118	9. 6	最 高 裁	判時1092・34	81
						【昭和63年】	
				6.30	東 京 高	判タ684・241	22

判例年次索引

月日	裁判所名	出典等	ページ

【平成3年】

| 2.15 | 最 高 裁 | 判時1381・133 | 22 |

【平成4年】

| 6.25 | 最 高 裁 | 判時1454・93 | 234 |

【平成5年】

| 12.24 | 神 戸 地 | 判時1521・104 | 256 |

【平成7年】

| 6. 9 | 最 高 裁 | 判時1537・3 | 95,414 |

【平成8年】

1.23	最 高 裁	判時1571・57	96,98
			415,417
6.28	大 阪 地	判時1595・106	164
10.29	最 高 裁	判時1593・58	234

【平成9年】

| 12. 4 | 大 阪 高 | 判時1637・34 | 414 |

【平成10年】

| 3.23 | 東 京 地 | 判時1657・72 | 302 |

【平成11年】

| 2.25 | 大 阪 地 | 判タ1038・242 | 100,271 |
| 11.12 | 最 高 裁 | 判時1695・49 | 67 |

【平成12年】

5.25	横 浜 地 相模原支	平8(ワ)168	310
9.22	最 高 裁	判時1728・31	420,425
12.27	東 京 地	判時1771・168	129

【平成13年】

| 9.20 | 横 浜 地 | 判タ1087・296 | 137 |
| 10.17 | 東 京 高 | 東高民報52・1～12・16 | 302 |

【平成14年】

| 1.31 | 東 京 高 | 判時1790・119 | 310 |
| 6.25 | 最 高 裁 | 平14(オ)659・平14(受)680 | 310 |

【平成15年】

1.30	福 岡 地	判時1830・118	307
3.25	東 京 高	東高刑報54・1～12・15	137
4.18	東 京 地	平12(刑わ)2615	307
5.19	東 京 高	判タ1153・99	132
7.15	東 京 高	判時1842・57	390
9.25	東 京 地	平14(ワ)11231	203
11.10	京 都 地	平14(わ)1287	141
11.11	最 高 裁	判時1845・63	422
12.18	最 高 裁	平14(オ)101・平14(受)91	302

月日	裁判所名	出典等	ページ

【平成16年】

月日	裁判所名	出典等	ページ
3.10	大 阪 地	平15(ワ)4329	208
4.12	大 阪 地	判時1867・81	367
4.13	最 高 裁	判時1861・140	132

【平成17年】

月日	裁判所名	出典等	ページ
6.13	京 都 地	平16(わ)832	147
7.12	京 都 地	判時1907・112	147,170
7.26	甲 府 地	判タ1216・217	345
10.13	大 阪 高	平17(う)717	147
10.14	最 高 裁	判時1914・84	390

【平成18年】

月日	裁判所名	出典等	ページ
3. 6	東 京 地	判タ1243・224	266
4.20	東 京 地	判タ1225・286	229
5.26	福 岡 高	判タ1227・279	307
6.23	高 松 地	平18(わ)79	329
6.26	千 葉 地	平14(ワ)2168	275
9.23	名古屋地 一 宮 支	民集64・1・266	215
11. 1	京 都 地	平13(ワ)2820	141,145
12.18	京 都 地	平18(わ)201	154

【平成19年】

月日	裁判所名	出典等	ページ
3.26	最 高 裁	刑集61・2・131	137
6.26	福 岡 地	判時1988・56	212
11.28	那 覇 地	判タ1277・375	282
12.21	高 知 地	平18(行ウ)22	385

【平成20年】

月日	裁判所名	出典等	ページ
2.18	東 京 地	判タ1273・270	179
4.24	最 高 裁	判時2008・86	359
5.19	東 京 地	平18(ワ)15852	307
5.30	東 京 高	東高刑報59・1～ 12・44	22
7.29	高 松 高	平20(行コ)1	385
9. 5	名古屋高	判時2031・23	215

【平成21年】

月日	裁判所名	出典等	ページ
3.30	福 岡 地 小 倉 支	平19(わ)500	161
9.29	岡 山 地	判時2110・60	223

【平成22年】

月日	裁判所名	出典等	ページ
1.26	最 高 裁	判時2070・54	215,226
9. 2	東 京 地	平22(レ)262・平 22(レ)458	392
9.16	福 岡 高	判タ1348・246	161
12. 9	広 島 高 岡 山 支	判時2110・47	223

【平成23年】

月日	裁判所名	出典等	ページ
2.25	最 高 裁	判時2108・45	348,424
5.17	東 京 高	判時2141・36	390
9.27	神 戸 地	判タ1373・209	288
9.30	最 高 裁	平23(許)27	67
10.14	千 葉 地	平21(ワ)1651	246

【平成24年】

月日	裁判所名	出典等	ページ
1.17	大 分 地	平21(ワ)1426	398
3.27	大 阪 地	判時2161・77	186
7.12	福 岡 高	平24(ネ)170	398
9. 6	東 京 地	平22(ワ)11382	236
10.11	東 京 地	平24(ワ)13335	244

判例年次索引

月日	裁判所名	出典等	ページ

【平成25年】

月日	裁判所名	出典等	ページ
3.27	高松地	平18(ワ)293・平20(ワ)619	329
7.18	東京地	平24(ワ)19193	201
10.25	東京地	平24(ワ)30209	350
11.13	岡山地	判時2208・105	295

【平成26年】

月日	裁判所名	出典等	ページ
3.11	岡山地倉敷支	平25(ワ)30・平25(ワ)186	378
3.25	福岡地	判時2222・72	319
4.24	広島高岡山支	判時2226・31	295
5.12	東京地	平25(ワ)3492	374
8.8	福岡地久留米支	判時2239・88	406
9.11	東京地	判時2269・38	250

【平成27年】

月日	裁判所名	出典等	ページ
1.29	福岡高	判時2251・57	406
5.22	東京地	判時2271・65	357
6.19	福岡高	判時2269・19	319
9.28	東京地	平25(ワ)3143	374
10.23	東京地	平27(レ)321	362

【平成28年】

月日	裁判所名	出典等	ページ
2.26	高松高	平25(ネ)175	329
3.24	最高裁	平27(オ)1493・平27(受)1868	319
3.24	静岡地	判時2319・86	194
3.25	東京地	平24(ワ)31894	335
3.29	最高裁	平27(受)910	406
7.19	最高裁	平26(オ)1476	426
8.23	最高裁	平28(オ)861・平28(受)1106	329
10.7	大阪地	平27(ワ)1617	263
11.17	東京地	判時2351・14	18

【平成29年】

月日	裁判所名	出典等	ページ
3.23	東京高	平28(ネ)2387	194
5.30	大阪高	平28(ネ)2893	263
10.26	最高裁	平29(受)1332	194

〔新版〕看護師の注意義務と責任
―Ｑ＆Ａと事故事例の解説―

平成18年 7 月25日　　初　　　　　版発行
平成30年11月19日　　新版初版一刷発行
令和元年 6 月19日　　　　　　二刷発行

編　　著	加　　藤　　済　　仁
	蒔　　田　　　　　覚
著	小　　林　　弘　　幸
	大　　平　　雅　　之
	墨　　岡　　　　　亮
	中　　田　　　　　諭
	櫻　　井　　順　　子

発 行 者　　　新日本法規出版株式会社
　　　　　　　代表者　服　部　昭　三

発 行 所　　**新 日 本 法 規 出 版 株 式 会 社**
本　　社　　（460-8455）　名 古 屋 市 中 区 栄 1 － 23 － 20
総轄本部　　　　　　　　　電話　代表　052(211)1525
東京本社　　（162-8407）　東京都新宿区市谷砂土原町2－6
　　　　　　　　　　　　　電話　代表　03(3269)2220
支　　社　　札幌・仙台・東京・関東・名古屋・大阪・広島
　　　　　　　高松・福岡
ホームページ　　http://www.sn-hoki.co.jp/

※本書の無断転載・複製は、著作権法上の例外を除き禁じられています。☆
※落丁・乱丁本はお取替えします。　　　　　ISBN978-4-7882-8481-4
5100040　新版看護師責任　　　ⒸＣ加藤済仁 他　2018 Printed in Japan